中央民族大学"985工程"体育学科队伍建设资助项目

莫待此情成追忆
——从技艺到记忆的邢台查拳

◎张延庆／著

中央民族大学出版社
China Minzu University Press

图书在版编目（CIP）数据

莫待此情成追忆：从技艺到记忆的邢台查拳/张延庆著．—北京：中央民族大学出版社，2014.6

ISBN 978-7-5660-0636-3

Ⅰ.①莫… Ⅱ.①张… Ⅲ.①查拳—邢台市 Ⅳ.①G852.12

中国版本图书馆CIP数据核字（2014）第004314号

莫待此情成追忆
——从技艺到记忆的邢台查拳

作　　者	张延庆
责任编辑	李苏幸　康　璐
封面设计	布拉格
出版者	中央民族大学出版社
	北京市海淀区中关村南大街27号　邮编：100081
	电话：68472815（发行部）传真：68932751（发行部）
	68932218（总编室）　　　68932447（办公室）
发行者	全国各地新华书店
印刷厂	北京宏伟双华印刷有限公司
规　　格	170mm×240mm　16开本
印　　张	14
字　　数	230千字
版　　次	2014年6月第1版　2014年6月第1次印刷
书　　号	ISBN 978-7-5660-0636-3
定　　价	42.00元

版权所有　翻印必究

总　　序

　　近年来中央民族大学体育学院的同行们积极致力于教学科研工作，撰写发表了大量相关的科研论文与论著，主持或参与了民族传统体育与体质等方向的课题研究，并取得了较为丰富的成果。

　　中央民族大学体育学院"985工程"资助项目系列成果，总体以体育学与民族学为研究基本视角。发挥交叉学科科研方法的多缘优势，以提升相关问题研究的科学性与使用价值。

　　教材类书籍吸收国内外成熟的理论观点，结合中央民族大学多年来的体育教学实际，编写与我校体育教学培养方案与教学大纲相匹配的教材内容。在理论指导的基础上，提出切实可行的教学方案和评价体系，突出教材在教学过程中的规范与可操作性。

　　科研论著我们力求一改以往同类课题以宏观阐述为主的模式，深入到影响少数民族学生身心的具体环节，得出相关结论，最终依据论证结果设计出最佳解决方案。使民族体育研究具备严谨科学的理论依据，避免以往该类型课题论证与实践过程的粗放与随意。

　　教学科研成果大多运用了体育学中运动生理学和运动心理学等学科原理，通过测试、数据采集等方式，论证少数民族各群体的健康现状。将民族学人文研究模式与体育学生物性研究模式有机结合，拓宽了民族体育与民族体质研究的渠道。

　　在民族体育的田野挖掘调研阶段，以民族志"深描"理论为依据。在民族体育的质性研究中，将研究者的现场观察与体验真实地表达，同时把一切能够表达独特关系的情节和文化背景以及民族体育的形式与结构，深入而细致地描述出来。而民族传统体育健身功效价值的研究与应用，从感性认识逐步上升为理性的学理实证研究，为民族传统体育的应用实践提供理论依据。

  常规体育项目的健身功效已经被证实，并为人们所接受。而民族体育的健身功效，现阶段多为感性介入层面，缺乏体育学学理的实证数理支撑。少数民族体育作为他者被人们特别是被体育界所接受，需要在体育学与民族学等学科中形成共同的语言系统，从而在学科的概念上展开沟通，并按照通行的规范来展开对话。在此前提下，民族传统体育与体质的研究与应用，通过体育学科中的运动生理学和运动心理学等理论，展开实证研究产生比对数据，得出学界认可的论证结果，形成民族体育和少数民族体质健康研究的崭新模式。

  希望今后体育学院的科研工作和做学问的态度，犹如鲁迅先生所说"有真义，去粉饰，少做作，勿卖弄"，质朴而深入。我们也在试图通过以"广开言路，平权交流"、"多元共生，包容互利"为主旨的读书交流和科研讲座等活动，搭建营造体育学院畅所欲言的科研氛围和政治环境。逐步引导我们的学生和老师以平民立场、专家深度、环球视野看待、讨论社会问题和学术问题，最终形成体育学院"提升人文素养，张扬体育精神"的独特的人文气象。

中央民族大学体育学院院长 张涛
2013 年 9 月 27 日

目 录

序 ·· 王建民（1）

前 言 ·· （1）

第一章 绪论 ·· （1）
第一节 该书的缘起 ··· （1）
一、我与查拳 ·· （1）
二、纠结的情怀 ·· （3）
第二节 研究现状与分析 ·· （5）
一、国内研究现状与分析 ·· （5）
二、国外研究现状与分析 ·· （8）
第三节 研究方法与理论框架 ··· （11）
一、建构的记忆 ··· （12）
二、实践的认知 ··· （14）
三、身体的表征 ··· （16）

第二章 建构中的查拳"历史" ··· （20）
第一节 查拳起源的"历史"建构 ··· （20）
一、查拳起源的"历史" ·· （20）
二、创拳始祖的纷争 ··· （25）
三、冠县查拳的传承脉络 ··· （29）
第二节 邢台查拳与徐青山 ·· （31）
一、少年习武 ·· （33）
二、军旅生涯 ·· （33）
三、邢台传拳 ·· （38）

第三章　场景构建下的认同 (41)
第一节　游离于"边缘"的我 (41)
一、初练查拳 (42)
二、"场内"与"场外" (43)
三、一起练功 (45)
第二节　师徒如父子 (46)
一、投帖拜师 (47)
二、仪式过后 (49)
三、重构的"家庭" (51)
第三节　兄弟如手足 (54)
一、先生的去世 (54)
二、"练功场"的消失 (56)
三、世俗的偏见 (57)

第四章　身体记忆的查拳 (61)
第一节　"身体实践"的查拳 (62)
一、社会场域中的"身体实践" (62)
二、查拳场域中的"身体实践" (64)
三、身体实践后的"拳谱" (67)
第二节　"身体技术"的查拳 (68)
一、日常行为的身体技术 (69)
二、特定行为的身体技术 (71)
第三节　"身体技艺"的查拳 (73)
一、抻筋拔骨第一关 (74)
二、拳势的打造 (74)
三、技艺中的"风范" (77)
第四节　身体隐喻的"常识" (81)
一、超越肉身的功力 (82)
二、融入宇宙的身体 (86)

结论 (95)

附录一 ·· (104)
    一、查滑拳基本功 ·· (105)
    二、查滑拳术套路 ·· (112)
    三、查滑拳器械套路 ·· (134)
    四、对练 ··· (159)

附录二 ·· (174)
    从回族武术文化现象透析我国少数民族武术的传承与发展 ··· (176)
    非物质文化遗产中的三类回族武术 ·································· (185)
    山东冠县查拳田野调查个案分析 ····································· (195)
    附录小结 ··· (199)

参考文献 ·· (202)

后　记 ·· (209)

序

  武术可以被视为一种"藝"或者一种"術",可又绝不是简单的"武艺"或"武术"。很早人们就在"执技论力"的过程中切磋"武艺",到了近代以来,在民族国家建构过程中,又使用了"国术"、"武术"的概念,成为强国保种、振兴中华的工具和途径。武术与权力、意识形态、社会话语紧密关联,在长期的历史发展过程中,一方面受到传统的中国哲学、中医、军事学、美学、气功等观念影响,不仅注意到外部的形态,更强调形神合一、内外兼修,天人合一、五行相克、阴阳转换、尊卑长幼等观念体现于武术之中,更在武术的内外、形神、气、动静、刚柔,与特定的历史阶段、区域社会和族群文化联系在一起,逐步形成了独具地域和民族风貌的、由多种复杂的有差异的"术"构成的武术文化体系。

  应当认识到,中国武术既是一个大的文化体系,又是表现出区域和族群文化多样性的复杂系统。然而,直到最近,中国武术的研究依然过多地在中国文化一体性的假设上进行讨论,多援引中国传统文化典籍作为研究的基本材料,关注每一种具体武术类型的深入研究并不多。

  在这样的研究背景下,我作为一个从事人类学研究的学者,很欣慰能够看到大家面前的这部新著问世。我之所以这样说是基于以下这几个方面的理由:

  首先,张延庆教授完成的这样一项基于田野工作(fieldwork)的民族志研究,虽然是在他的人类学硕士学位论文基础上完成的,但却是一部难得的体育人类学研究之作。人类学倡导用田野民族志研究的方式去关注个案研究,在一项研究中不一定要涉及很大的区域、很多的族群和很广泛的文化事项。总体性的探索是必要的,但在一定的开创性研究之后,延续泛泛而论的研究路径往往会使后来的研究缺乏原创性,并最终失去真正的研究所应当具有的旨趣与目的。因此，体育人类学应当将体育运动放置于社会文化场景之中去研究，更应当特别强调作为文化一部分的体育与更广泛的社会文化之间的联系。

按照我的理解和我们近期的研究实践，用民族志的途径研究体育人类学，一方面，不应该离开体育运动本身去谈体育；但另一方面，又必须把体育和社会文化相联结。这样就要求我们从对于所研究的体育活动个案所在的广泛的生态环境、历史、社会、文化入手，全面了解该个案所处的总体环境和具体场景；进而去更多地探讨与该体育活动密切相关的社会与文化。探究武术，就应该根据研究者的侧重角度，重视武术会社和团体、重视和武术密切相关的道德观、价值观、审美观、社会权力、性别角色、男子汉气概、方位观、宇宙观。不了解这些内容，想要做体育人类学研究就无从谈起；在研究中更要把很大的气力用在体育活动本身之上，对于体育活动的结构、章法、规则、技术、技巧，以及在不同的场景中怎样运用和转换，都应该了如指掌。只有这样，才可能把体育活动和与之密切相关的其他社会文化、更广泛的生态环境、历史、社会、文化真正联系起来，从而对于体育活动有一种全新的认识。与此同时，基于长期的田野工作民族志者才能够更好地认识和理解影响体育活动的各种社会和文化的结构性力量的影响和作用，认识和理解体育活动，特别是中国传统体育之中蕴含的各种礼法和规则以及社会结构和社会关系，也能够发现在千变万化的场景中人们如何依照文化的规则、情理和现实的需求，进行微妙而恰当的，有时甚至是不露痕迹的调整。这样对于体育活动与社会文化之间的关系才可能有更为清晰而透彻的认识，以彰显出体育人类学研究的独特学术贡献。

其次，这项偏重身体实践"技艺"行为的研究是和研究者张延庆个人的生活经历密切相关的，更离不开他长期从事武术练习和教学的身体经验。作为从小随徐青山拜师学习查拳的武术爱好者、年少成名的武术运动员和接受过大学武术专业教育并供职于高等院校承担武术主项教学任务的体育教师，在他的研究中，突出了对身体"技艺"的获得途径和过程的探索，通过身体记忆来阐释查拳与日常生活的联系，将习武者个体融入到整体社会结构之中，通过查拳技艺来展现武术场域中的身体观与宇宙观。

在人类学家来看，身体是隐喻性的，既是客观存在的躯体，更是观念和情绪情感的承载体；既是被父母养育和社会文化塑造的生物体，更是主动地有可能改变社会文化的能动体。人们的思考、行动和感觉都是实际的行为，需要一种身体化的实践过程，人们通过感知身体来感知世界，身体几乎就是一个可以在哲学层面上加以解读的小宇宙。

在当代人类学的视野中来开展这种探索，其中一条富有挑战性的研究路径就是在长期参与实践中，不仅搜集大量深度访谈和参与观察资料，更要靠身体实践中形成得一种"记忆"，而这恰恰是在行之有效的"体验式参与观察"田野民族志研究过程中获得的。这样的田野工作就不仅要求进行深度访谈和一般意义上的参与观察，来自异文化的研究者更要以学徒、弟子的身份，以习得身体技艺的方式亲自参与到文化实践之中，从而更为深入地把握文化知识体系、确认自身所处的社会关系。从实践过程中身体的"记忆"到"技艺"如果能够实现贯通，对于文化与身体之间关系的认识就可能会有一个大的提升。对于这项武术个案来说，"身体记忆"的过程也就是"武术技艺"的获得过程，而武术技艺的掌握程度恰恰又影响和制约着人们的身体记忆，乃至更大群体共享的社会文化记忆。

第三，以身体作为媒介的技艺和记忆，需要和对于身体的感受感觉联系起来。换句话说，通常在谈论武术或者其他身体技艺时人们所说的身上的"活儿"是离不开对身体的感受和感觉的。感受和感觉既是身体行为，也是文化行为。视觉、听觉、味觉、触觉不仅是人们理解物理现象的手段，也是传递文化观念的渠道。在反复进行的具体而细微的日常社会实践之中，作为文化实践者其实很少会通过单纯的抽象演绎和理论思辨去掌握生存技能和文化知识，而是通过在现实生活场域中的亲身实践去不断认知，文化实践群体中的佼佼者也许还要反复琢磨、细心拿捏、精准把握，以达到炉火纯青的境地。在西方思想中身体概念曾经发生过三次大分离：人与其自身的分离（人与其身体之别、心灵与身体之别、精神与身体之别等）、人与他人的分离（由群体中相互依赖而存在的个体到不受制于他人的独立个体）和人与宇宙的分离（人类身体与宇宙论脱钩，只是完整的生物体）。在比较的视野中，中国传统的身体概念是如何看待心灵、精神与自我，怎样看待个体的身体与个体生活于其中的亲属及拟亲属群体之间的关系，怎样认识身体与周围环境和整个宇宙的关联性，也许就是一个需要更为深刻思辨的命题。

研究者获得文化实践主体的感受和感觉，恰恰是对于"文化"这样一种习得的和共享的概念系统、意义体系和情绪情感模式的真正理解和把握。在这样的意义上说，查拳不单单是一种武术功法和技能，更是特定的生活方式对人们身体的具体型塑，是人们在复杂的社会历史过程中对于生活的感受和理解的一种特定表达方式。民族志者如果不能够和当地人同喜同悲、共欢共乐，何以谈论对于文化实践主体的理解、何来基于本文化理解的理解、阐释的阐释？通过身体可以反馈出人们在长期的濡化（enculturation，一个婴儿通过不断实践习得本文化并成为本文化群体的一员）过程中逐渐习得并成为文化传统知识体系的东西，对于身体感受和感觉的关切也就成为更为深入地完成田野民族志研究的重要路径。

最后，我觉得很有挑战性的是研究过程中呈现出的对于文化实践主体和研究主体之间关系的认识和处理。在操习武术的过程中，本书作者以一个青少年武术学徒长期的操练实践和扎实的社会关系为基础，添加了最近这些年在中央民族大学研读人类学过程中获得的新的眼光，也许可以说是一种新的"客位的"研究者的观察角度，重新认识和理解特定的武术群体的社会结构和社会关系，与此同时，作者本人过去和现在又作为一个"主位的"文化实践者处于这种田野工作的民族志场景之中，以个人和他人的记忆为脉络，将习练查拳的过程以及困惑纳入到研究文本之中。这项民族志研究正是在这样一种文化实践主位与民族志研究主位的自我对话中实现的，它可能会为我们更好地理解在民族志反思过程中对于互为主体性（intersubjectivity）这样一个概念做出独到的贡献。因为最有意思的是，尽管也有研究者与之密切互动的研究对象存在，但这种互为主体性也同时发生在同一位从事田野工作的研究者个体身上，而并非通常的仅仅是在至少两个独立的个体之间的互动中实现的。

我知道这项研究并非十全十美，希望它能够引发大家的关注、批评和讨论，也希望能够给我们大家带来些许启发，能够在这项良好的体育人类学个案研究之后有更多的相关成果呈现出来。

王建民

2014 年 3 月 18 日

前　言

　　武术是中华民族共同的财富，各民族对传统武术体系的构建和发展都有贡献，而回族武术尤为引人注目。回族查拳作为我国传统武术体系中的一个主要流派，其本身具有鲜明的民族特色和深厚的文化内涵，无论是外在的拳势表现，还是内化的身体型塑都会使人感受到其独特的文化蕴意。所以，查拳实际上已成为一个具有回族族性隐喻的符号象征，成为回族文化的重要组成部分和表征系统。但是，对传统武术的研究并没有成为人类学家的主要研究对象，在既往研究中多是体育界和武术界的人士参与，由于过多注重对武术的外在表象描述和技术分析，而对于这种惯习行为缺乏从民族的观念情感和不同场景中的认知方面的分析和阐释。所以，本书试图从一个全新的角度，运用人类学知识与理论，以邢台查拳名师徐青山先生家族传承的文化现象为个案，通过田野考察和深入访谈等方法，借鉴皮埃尔·布尔迪厄的实践理论、马塞尔·莫斯的身体技术理论、布莱恩·特纳的身体社会学理论、莫里斯·哈布瓦赫和保罗·康纳顿关于集体记忆等相关理论，同时结合自己习武的切身体会和身体对"艺"的感悟来分析和阐释回族查拳其背后蕴含的文化意义及所发挥的社会功能，为传统武术研究提供一些新的思路和探讨途径。

　　本书主体从三个层面来进行探讨和分析。首先，从收集得文献资料和对当地一些回族老拳师及其徐青山家人的访谈和口述中，进一步分析查拳的起源与传承过程中出现的问题，并将查拳的起源与创拳始祖的纷争引入到一个关于对"历史"构建的层面上进行探讨；其次，便是围绕着以个人和他人的记忆为脉络，将习练查拳的过程以及遇到的问题引入到社会场域中来，进一步探究传统武术中蕴含的各种礼法和规则以及世俗社会的结构关系等。武术习练者是社会人，社会人则是由社会关系连接在一起的。

·2· 莫待此情成追忆——从技艺到记忆的邢台查拳

通过对回族教门查拳的个案研究,可以从中认识到,以武术为媒介的这些错综复杂的社会关联,在族群认同基础的层面上又建立了一种全新的社会关系,这种关系在包容和承认着原有社会关系的同时,又进一步呈现出在不同场景建构下的不同群体自我认同的构建过程;最后,通过身体记忆来阐释查拳与日常生活的联系,将个体融入整体社会结构中来,通过查拳来展现武术场域中的身体观与宇宙观,并借鉴马塞尔·莫斯的身体技术理论以及布莱恩·特纳的身体社会学理论来探讨查拳与世俗社会的联系,从而说明查拳不但是一种功法技能,同时也是一种生活方式在人们身体上的具体体现。

回族查拳作为一项偏重身体实践的"技艺"行为,它曾是御敌防身之术,也是除暴安良之法。但将回族查拳放置到社会场域中时,它的拳势表征同样和艺术及其他表征文化一样,与社会行为有着千丝万缕的关系,其功能不仅在于防身自卫、强身健体、愉悦身心和传承民族文化,同时还体现在构建个体与社会、身体观和宇宙观、结构与能动性的理念方面具有独特的表征意义和功能。

另外,需要说明的是,在本书的附录部分中占据了较大的篇幅,似乎与整体文本的结构比例不谐,这其中原因有三:一是由于在田野中所搜集的《查滑拳谱》所包含的内容较多,既有基础入门的功法,如十路弹腿等,也有相关门派的各路拳法、器械、对练等,不唯查拳和滑拳两个拳种体系,例如还有炮锤、少林拳等;二是作者在写作过程中还添加了一些业内人士在相关领域的研究和观点,以及自己在身体实践中的认知和感悟,虽然有些体悟还不为成熟,但不妨展示出来以供业内人士和专家学者的批评指正;三是作者还将本人以前所发表和未发表的相关论文一并辑录进来,虽然与书的主体内容有重叠的部分,但看问题的角度不同,也算是对本书的一些补充吧!

第一章 绪　　论

第一节　该书的缘起

回族武术是我国传统武术的重要组成部分，一向以种类繁多、技术精湛、影响广泛而著称于世，习拳练武已成为该民族的日常惯习，也是回族文化的符号象征之一。近年来在我国兴起的"非物质文化遗产"保护工程中，许多以武术为代表的门派拳种纷纷提出申请，希望国家各级部门将其列入"非物质文化遗产名录"。在国家首批"非物质文化遗产名录"中有六项武术内容，其中"天津回族重刀"、"沧州回族武术"被列入进来；在第二批"非物质文化遗产名录"中又有14项武术被选入进来，其中具有回族文化特色的"山东冠县查拳"名列其中。在以上两批"非物质文化遗产名录"中，有三项是有关少数民族武术的，而三项内容均与回族关联紧密。武术是中华民族共同的财富，各民族对传统武术体系的构建和发展都有贡献，而回族武术尤为引人注目，武术实际已成为回族文化的重要组成部分和表征系统了。回族查拳作为我国传统武术体系中的一个主要流派，其本身具有鲜明的民族特色和深厚的文化内涵，无论是外在的拳势表现，还是内化的身体型塑都使人感受到其独特的文化蕴意。该书的选题结合目前学术界对传统武术研究存在的实际问题及现象，采用人类学的相关理论，以邢台徐青山家族查拳传承的文化现象和生命史为个案，通过田野考察和深入访谈等方法，同时结合自己习武的切身经历和身体对"艺"的感悟来分析和阐释回族查拳背后蕴含的文化意义及所发挥的社会功能，为传统武术研究提供一些新的思路和探讨途径。

一、我与查拳

回族武术中的主要流派——查拳，其本身具有鲜明的民族特色和文化

·2· 莫待此情成追忆——从技艺到记忆的邢台查拳

表征功能。"查拳"虽然在称谓上没有明确标明"回族"二字，但由于其为回族教门拳的一种流派，故而多在回族群众中习练和传承，由此自然被纳入回族武术体系中来，在民间达成契约和共识，一提起查拳通常认为是回族武术中的一个流派，实际上查拳已成为回族武术体系中一个具有"回族"隐喻特色的符号象征。由于查拳的发源地——山东冠县，地处冀鲁交界地区，所以查拳在这些地区有着较为深厚的群众基础，在回族中开展得极为普及。查拳与汤瓶七式拳和回回十八肘在传统武术界被称为"教门拳"，而除去查拳以外，其他两种拳法已经难得一见了。查拳在演练形式上具有明显的伊斯兰教的特点，许多元素就是以在参拜过程中使用的器具和动作演变而来的。不管是内行还是外行，只要是略微熟知伊斯兰文化的人都能通过其外在的拳势表现而认同查拳与回族的关系。

邢台查拳与山东冠县查拳一脉相承，有着极深的渊源，曾经在20世纪80年代初期辉煌一时，个中原因主要是由于祖籍山东冠县张尹庄的回族查拳名师——徐青山先生定居于此。同时，由于电影《少林寺》在全国的公映，引发了人们学习武术的热潮，很多人投师其门下，多达百人，一时间查拳在邢台也随之声名鹊起。但是，在1993年，随着徐青山先生的逝去，稳定的结构平衡被打破，许多门人弟子失去精神上的依赖，这种"辉煌"的状态也随之消失。如今这一具有家族传承特点的查拳流派，在邢台的留存状况十分堪忧，许多功法习练内容都已束之高阁，即将面临失传的濒危境地。本人幼年随徐青山先生习武三年，虽未正式拜师入门，但师父与我的感情甚笃，可以说是他将我引领进武学之门，并由此开始踏上一条通过习武来改变自己的人生之路。从初学查拳，到被选入邢台市武术队，再到河北省武术队接受集训，并通过武术考入北京体育大学武术系，直至现在仍然从事武术的教学与研究工作。从某个角度说，我的人生之旅与武术有着极为紧密的关联。

作为20世纪70年代出生的人，对很多人来说，那一段岁月虽然不过是三四十年前的事，时间不算很长，可是感觉上，已经是属于上个世纪的一个非常久远的年代了。在那个年代，也许发生了许多在后人看来比较重大的事件，而关乎个人的记忆，仿佛难以与重大历史事件相提并论。但同样作为一种个体记忆，对发生在自己周边的事，依然充斥在身体的各个"角落"里。费孝通先生在其《乡土中国》一书中言及："人之所以要有记忆，也许并不是因为他的脑子是个自动的摄影箱。人有此能力是事实，人利用此能力，发展此能力，还是因为他'当前'的生活必需有着'过去'所传下来的办法。我曾说人的学习是向一套已有的方式的学习。唯有学会了这套方式才能在人群中生活下去。这套方式并不是每个人个别的创制，而是社会的遗业。"① 记忆既有个人经验，又会融合、吸收别人的经验，所以才会形成一个整体的记忆系统，并且依赖这个象征体系和个人的记忆而维持着社会的共同经验。不过，现在似乎随着年龄的增长，一些脑海深处的儿时记忆已略显模糊却又让我挥之不去，如果没有这本书的写作，许多记忆就好比是一些漫漶不清的老照片，在翻弄出来后，只能留下一点依稀的影子，难以辨认，也难以追寻，可能有许多现在认为比较珍贵的历史记忆就会随着岁月的流逝而逐渐离我远去。

二、纠结的情怀

目前在我国学术界，研究传统武术多是体育界和武术界的人士参与，往往较为注重它的外在表象的描述和技术分析，而对这种惯习行为缺乏从民族的原生情感和不同场景中的认知方面进行分析和阐释。我国的传统体育或者说传统武术，并没有成为人类学的主要研究对象，或者说因为既有深厚的武学造诣，又接受过正规人类学训练的专业人士相对较少的缘故，致使人们对传统武术的研究，尤其是在理论认知方面成为一个难以逾越的瓶颈，有关对回族查拳活动的探析更是相对匮乏。目前民族体育界针对外在表象和文化阐释方面的研究远远落伍于其他学科，与我们有相通之处的舞蹈、音乐、美术以及与艺术相关的学科已经很早意识到这个问题了。之所以落伍，主要原因是民族体育学科理论的落伍以及从事民族体育研究的人的文化自觉意识落伍。可能是过度地苛求技术本身的研究，反而恰恰欠缺对民族体育背后的文化关怀，这种关怀的缺失，也就造成了民族体育文化研究的被动性，只能是借鉴或是模仿其他学科的研究成果来填补自己学科中更高层次的文化阐释的缺失。从这个角度来说，在研究传统武术的过程中，理论把握能力的提高就成了一个亟待解决的实际问题了。

通过查阅一些文献资料可知，在我们对传统武术的前期研究中，通常存在两种情形：一类是单从武术的角度来研究，由于许多从事武术研究的

---

① 费孝通．乡土中国．北京：北京出版集团公司北京出版社，2011.23.

学者往往从技术角度出发，缺少理论的关怀，而理论的关怀是需要通过一定方式的学术熏陶和专业培训才能达到的，而这恰恰是学武之人所最为欠缺的。只谈技术和实践应用，却没能梳理出其内在的文化内涵和所表征的意义；另一类是一些从事武术研究的人，本人并没有实践的经验，单从理论角度去分析一些表面现象，始终不能获得实质性的认知，有隔靴搔痒之感，甚至有时会误导人们。这两种情形就是我们通常所说的"两张皮"现象。就个人体会而言，这种"两张皮"现象的形成主要是二者之间缺乏"身体实践"（练功）的过程，身体实践又包括"体化实践"和"刻写实践"两个体系。没有身体感悟怎么能有思想认知？所谓的"身体感悟"就是功夫上身的另一种表述方式，是要跨越时空维度的，也就是"身体记忆"的形成过程。将技术转化为"文本"，就必须将身体感悟和身体记忆经过刻写实践之后，利用语言的表征系统从而形成文本式的"拳谱"或是书籍。目前这种将文本和技术融二为一的能力在体育界还是无法实现，而且这种现象只在各自的学术圈子里，没能打破学科研究的局限，只闻鸡犬之声，却老死不相往来，从而形成谁也说服不了谁的一种尴尬境地。

就目前学术界来说，在研究武术的领域中，借鉴其他学科的理论方法和手段还是较为少见的，即使有，也缺乏一定的田野实践和个案的考察和分析，大多是从文化与梳理历史文献的角度来就某一个现象进行阐释。但由于学者自身从事的专业问题，汇聚的焦点难免存在差异，尤其是在功法内容的习练和技艺的获得过程上，没有系统的研究，致使"两张皮"的现象一再出现。其实，人类学家很早就意识到通过文化阐释来理解一个外在物象的惯习行为，并通过个案的分析，提炼出事物的普遍性，再从人类学角度对其形成的社会过程加以考察和研析，以便走出个案的局限性。针对以上情形的认知，可以发现，采用人类学的理论和手段研究我国的传统武术，尤其是蕴含浓郁民族特色的回族查拳，具有一定的理论意义和学术价值。

"他山之石，可以攻玉"。通常情况下，在一些人类活动的行为和表征下，不同学科会采用本学科独有的思维方式、研究方法以及实现的机制来进行某项研究。深入访谈和参与观察作为人类学的经典方法与手段，则可以为我们研究传统武术弥补这样的缺憾。

第二节 研究现状与分析

一、国内研究现状与分析

现在我国关于回族武术的研究和相关记载，大都源于1979年1月国家体委发出《关于挖掘、整理武术遗产的通知》之后在1980年代初期整理出来的。在前期的一些相关研究中，较为注重外在表象的描述和技术分析，缺乏从民族的原生情感和不同场景中的文化认同进行分析和阐释。但近年来，一些从事民族体育文化研究的学者和专家也开始注重对传统武术文化现象背后的实质和功能进行有针对性的探讨，但仍流于文字和图像的表述行为，缺乏实质性研究。通过综合归类，研究的重点主要放在以下四个方面：

（一）影视图像收集和套路整理

20世纪80年代初，国家相关部门进行了一次全国性的武术挖掘整理工作。由于查拳是回族武术的主要拳种，所以以北京体育学院教授张文广先生为首的查拳挖掘小组，首先选定了查拳的发源地山东冠县为重点调研地区，发掘和整理了大量有关查拳的资料，并邀请全国七位回族老拳师到北京进行查拳的整理工作，编纂出版了《中国查拳》等书籍，于是"整理出了查拳十路、滑拳四路、洪拳四路、炮拳三路、腿拳二路等套路，还录制了24套回族主要武术内容。"[1] 虽说这次挖掘工作整理出了大量的影像和文字材料，也较为全面地梳理了与查拳相关的拳术流派和体系，但仅仅限于对图像的文字表述，没有把查拳习练的功法、内容以及功力获得的过程进行讲解，只是一些拳械的套路组合，流于形式；在张本源、吴志清著，范克平整理的《南京中央国术馆首期教授班讲义——四路查拳图解》一文中，除了介绍一些查拳起源和历史回顾外，主要是将民国时期的中央国术馆编纂的四路查拳教学讲义和图片作为材料依据，仍然是根据图片来

---

[1] 张文广. 我的武术生涯. 北京：北京体育大学出版社，2002.223.

介绍拳架姿势，缺乏习练过程的讲解。

（二）历史文献梳理和回族武术文化的研究

目前从事传统武术研究的学者，通常对回族武术的历史和文化渊源涉及较多，现有的一些文章和著述多从此角度来探讨。在马明达《试论"回族武术"》一文中，主要是从历史学的角度来分析回族武术体系形成的过程。文章较为系统地探究了回族传统武术的发展脉络及其演变，揭示出其与传统体育的渊源关系，对今后回族武术的发展提出了具体的设想。文中虽有涉及民族、宗教、文化等方面的论述，但由于受学科性质和研究角度的影响，并未从更深层次谈论回族武术与族群文化之间的关系；王杰、姜周存的《回族查拳　武坛奇葩》一文主要是从查拳的起源和师承方面进行了研究，文中也对查拳流派的技术进行了较为细致地梳理，但仍是过多地讲述一些历史渊源、流传演变以及技法特点等方面的介绍；范景鹏在《"飞腿"沙亮在查拳传承中的作用》一文中，主要通过文献梳理和到当地调查来考证查拳在冠县的师承关系，对于功法习练内容撰述较少。与此类似的文章还有马建春、周士菊、马锦丹、马金宝、吴丕青等相关学者对回族武术研究的文章，都是以查拳的传承脉络和回族武术家的介绍为主线，虽然间或涉及对回族武术功法的研究，但仍未能摆脱前人对查拳研究的局限。

（三）借鉴其他学科对武术的研究

在目前武术界，关于借鉴其他学科的理论和方法对回族武术的研究相对较少。在刘汉杰的《沧州回族武术文化初探》、《沧州回族武术文化的内聚与外衍——以八极拳的传承、传播为例》等文章中，主要是从社会学的角度来探讨武术在沧州地区的传承情况。用沧州回族武术文化这个主题作为主要研究对象，以沧州回族入居渊源为切入口，从沧州回族武术文化现状调查和发展概况两个方面对沧州回族武术进行了全方位的文化透视，力图理清沧州回族武术文化发生的原因和发展的脉络。从文化的内涵、功能、意义以及其与中华武术文化、回族民族传统文化的关系为着眼点，以便我们站在文化的层面上认识这一民族民间文化的本质、特征及其发展规律。同时还重点讲述以武术教习场所为其基本内涵的乡村把式房，借助武术这一特有的文化媒质缔结了一种全新的乡村关系。关系的缔结与运作表明了这一民间组织强烈的乡村入世指向，也显示了这一文化试图超越、凌驾乡村社会的发展态势。但由于其受到社会学研究框架的影响，难免存在被结构主义思路制约而为其理论服务的嫌疑。

在张士闪的《从梅花桩拳派看义和拳运动中的民俗因素》一文中，就义和拳教和梅花拳教的说法引起的一些争议，从民俗学的角度出发，运用社会学和人类学田野考察的方法和手段进行实地调查，通过自身习武的经历以及所掌握的口头和文字材料深入分析了这一民俗现象。他认为："义和团运动的实质，是清朝末年一些乡村社会民众通过历史性武术传承而形成的比较稳定的社会文化民俗团体所发生的一次突发性群体暴动行为。"[①]而崔志强、张士闪等在《梅花桩拳派文场武场习俗与传统文化精神》一文中，通过对梅花拳与其他一些拳种的比较，详细阐述了梅花拳的文场和武场之间的从属关系。文场注重自身的整理、调节和变易，对传统文化、社会时尚具有吸收消化功能；而负责训练拳众、组织拳派日常运行的是武场。武场收徒严格，拳规和礼节平易，易于拳民接受，增强了拳派内在凝聚力。以上两篇文章都试图通过对梅花桩拳派民俗的考察，揭示义和团运动的社会土壤、思想状态和它随历史契机猝然爆发并波浪式发展的深层原因。以上学者的著述，分别从不同角度和学科视野探讨不同民族和门派的武术文化，不过除去个别学者具备人类学的理论研究素养和自身习武的经历外，大多欠缺人类学中所倡导的参与观察和深入访谈的个案分析，忽略了历时性和共时性之间的互动，但对我们研究查拳还是提供了一些借鉴和启迪。

（四）对传统武术功法的阐释

其实就目前对传统武术的研究状况，在一些书籍和著作中还是不乏亮点的。例如，在李忠轩口述、徐浩峰整理的《逝去的武林——1934年的求武纪事》中，就形意拳的习学过程有一些关于功法习练的过程和亲身感受，并通过口述史的方式来整理形意拳的功法。在该书中多次提及关于形

[①] 张士闪. 从梅花桩拳派看义和拳运动中的民俗因素. 民俗研究，1994，4：54.

意拳的功法习练内容和习练者的自身感受。在张文广先生的自传史《我的武术生涯》一书中，仍然主要是以口述自己的习武经历为主要线索，同时穿插一些自己的练功心得和实践经验，多为片段式的讲述和回忆。在这两部书中虽有对相关功法内容的讲述，但毕竟不是本书的主体内容，其口述的内容多为自己拜师学艺的经历和对往事的回忆，间或对习练功法有一些讲解和练功的感悟，而功法习练的过程没有过多涉及，也未成体系，实为憾事。在周伟良的《梅花拳拳理功法的历史寻绎》文章中，就梅花拳的拳理功法作为研究对象，并以此为切入点，将拳种的渊源沿承、拳法技理、练习方式等作为主要内容进行研究和分析。但重点仍是放在梅花拳的沿袭和传承上，虽有对拳法技理和练习方式的涉及，却没有将具体行为人的习练过程和技艺作为重点来阐释，静态多于动态，欠缺人类学的历时和共时性的互动。不过作为研究传统武术的学者，他对于梅花拳的拳理技法进行历史考察和文化分析，无疑对全面深刻认识梅花拳的历史脉络、思想观念和文化特征等有一定的启迪效果，具有独特的学术意义。

综观上述有关对传统武术和查拳的研究现状，主要存在四点不足：第一，查拳与回族主体文化情境剥离，容易形成本质化研究趋向。第二，研究方法单一，欠缺理论关怀，现象表述多于阐释分析。第三，对其他学科的理论与方法借鉴不足，尤其是对回族查拳文化的表征意义和功能的研究上，尚处于浅表层的认知状态。第四，研究方向过多纠结于查拳的历史渊源，而对现实社会中的文化认同以及习练的功法探讨较少，多流于文字和图像的表述。

二、国外研究现状与分析

国外关于民族体育文化的研究，多是站在文化人类学或体质人类学的角度展开的，如克利福德·格尔茨在《深层游戏：关于巴里岛斗鸡的记述》一文中，将"斗鸡"游戏作为人类学家在文化分析时的一种工具，已经成为一个经典的文化阐释作品。

20世纪中期，体育人类学作为一门独立学科在北美兴起，开始专门探讨体育运动在当代族群、身份认同、宗教仪式和文化变迁中的发展和作用，主要涉及游戏、竞赛、锻炼、舞蹈以及人类身体运动的许多方面。在胡小明教授主持的国家体育总局课题《当代国外体育人类学——主要学说编译》项目中,集中介绍了当代国外有关体育人类学的研究情况,并翻译了多篇相关文章。其中研究内容主要涉及体育人类学的理论与方法、体育运动与文化、人种和赛跑、体育与文化变迁、体育与文化认同等几个方面。在其中所选举的例子,就是将体育作为一种文化现象,通过人类学的理论来分析阐释体育行为背后隐含的不同族群的文化差异。如萨莉·安·内斯的《解读文化行为:特罗布里安德板球》一文,就是通过人类学的理论和方法来探讨不同族群的体育行为以及背后附着的文化意蕴;安比·伯富特的《非洲人的速度和耐力》一文,就是将体育与不同人种通过文化差异来探讨运动能力的形成;迈克尔·马利克等的《棒球、板球与社会变迁:杰基·鲁滨逊和佛兰克·沃雷尔》一文中,就列举了一些个案现象,从文化全球化产生的文化冲突来探讨文化对体育的影响;史蒂文·杰克逊等的《劫持连字符:多诺万·贝利与加拿大的种族认同和民族认同政治学》一文,从族群认同的角度来探讨主流文化产生的"涵化"现象,以及被"涵化"过程中的政治、权势对不同族群文化的影响。在上述几篇文章中,都是人类学家运用相关理论,探索不同族群、不同文化的认知观念,并通过体育这个渠道,就体育行为和文化现象之间的关联,认识他们彼此之间交往沟通的行为方式与准则,从而发现隐含在其背后的体育与社会文化之间的关联性。

关于体育行为与文化的关联性,在萨莉·安·内斯的《解读文化行为:特罗布里安德板球》一文中,就是从一部《特罗布里安德板球运动:对殖民主义的聪明回应》的纪实影片中来反映文化差异对板球运动的影响。文中通过描述英国板球和其所属殖民地特罗布里安德的板球在不同群体从事该项运动时的人的行为差异,详细探讨了两种文化支配下的不同意识形态在现实生活中的具体反映。文中通过比赛时的双方队员的站位,以及在比赛中得分后队形的伸展收缩的聚散式表现,直至获胜后对特罗布里安德人狂欢的舞蹈形式分析,展示出两个群体在比赛过程中对时空观念的判断和理解。同时,英国和特罗布里安德板球比赛画面显示的是两种基于各自运动场地所创造的截然不同的生命世界,从而解析出两种板球比赛风格之间的差异,揭示了两个不同的社会组织模式。而特罗布里安德人狂欢过程中的舞蹈动作,更是被看作识别不同群体文化身份的重要指标。"特罗布里安德的体育比赛不是为了决定胜负,而是为了与舞蹈庆祝这一比赛中高潮部分的节奏模式保持一致。体育与舞蹈相融,是具有支配地位的环节所表现出的状态……在英式比赛中，队员之间按照设定好的特定球场位置区分彼此，但特罗布里安德球员的身体统一属于集体，不存在个体角色上的差别。"① 另外，作者在分析特罗布里安德人欢庆的舞蹈时，借鉴拉班舞谱动作分析法，就人体在欢庆中所体现的复杂性和灵活性，对舞蹈过程中人们的身体行为所发生的变化，从宏观和微观的角度进行了详细阐释和分析，进一步肯定了拉班动作分析法在实施身体研究时的重要作用："拉班动作分析法既可以用来记录和分析短时间内身体行为所发生的细微变化，也可用来记录和分析更为宽泛意义上的运动类型，例如菲律宾的政治运动、中国的经济改革或某种文化中舞蹈风格的主要特征。"②

应该说拉班舞谱不单纯是从技术层面来分析和记录舞者的行为模式，同时还将舞蹈中舞者的身体纳入到社会秩序之中，舞蹈的灵性表现作为一种展演形式，人们是无法轻易并且准确地进行复制的。就像布莱恩·特纳所提到的："舞蹈研究中一直有一项争论，亦即舞者是否能按照舞谱进行完美的重现？而这种重现在艺术上是否可取？表演者不只是艺术家进行表达的媒介，他也是真正的艺术家，他自己必须对音乐与舞谱进行诠释。"③ 另外，舞蹈是一种即时性的展现，这也是无法进行复制的前提条件，即使是同一个人在跳同一段舞蹈时，也是很难达到一致性的，在现实社会中，还没有一种完善的舞谱记录方式能够充分表达出舞者的表演风格和倾诉内容。舞蹈的这种特点与我国的传统武术有着十分相似的地方，每个人所习练的套路，从风格、特点、形式以及身体形态的塑造都会有所不同，武术界有句俗语"师父领进门，修行在个人"正是表达了身体行为与武术的关联性。"拉班舞谱绝对无法掌握舞蹈表演的所有特质，而且更重要的是，将舞蹈固定在舞谱上，这与舞蹈在表演中的即时性背道而驰，换言之，它与表演中的身体灵性相互冲突。"④

在亚洲，最早开始体育人类学研究的是日本早稻田大学的寒川恒夫教授，在他和付文生的《日本武术的分类》文章中，就日本武术从弗雷贝纽斯关于斗争两种手段的论述出发，分析武术的概念，以及对江户时代的日

---

① 胡小明等. 当代国外体育人类学——主要学说编译. 国家体育总局体育社会科学、软科学研究项目，项目编号：604SS04004.161.
② 胡小明等. 当代国外体育人类学——主要学说编译. 国家体育总局体育社会科学、软科学研究项目，项目编号：604SS04004.158.
③ 布莱恩·特纳. 身体与社会理论. 谢明珊译. 台北：台湾国立编译馆，2002.331.
④ 布莱恩·特纳. 身体与社会理论. 谢明珊译. 台北：台湾国立编译馆，2002.331.

本武术进行梳理，指出现今日本武术的两大类别：家传和流派型的杀伤捕拿术，依附于日本体育联合会的竞技武术。其主要思路还是依据历史人类学的研究方法和手段来对日本某个历史阶段的武术进行归纳和整理。但作为中国独特的传统体育项目——武术，尤其是对我国回族武术的研究，国外学者尚未染指。不过，相对于国内研究而言，一些国外学者采用的研究方法和理论具有很强的实践指导意义，特别是对人类学中的参与观察和深度访谈等方法的运用上是值得我们借鉴的。

人类学家比较关注对艺术领域的研究，而作为一种表征形式，其实查拳是与艺术有着相通的关系的。在王建民先生的《艺术人类学新论》一书中，就艺术行为从审美、表征、宗教、族群认同以及掺杂其中的政治、权力、性别、阶序等方面有过细致深入的讨论，而这些内容恰恰也是国内外人类学家历来所关注的问题。而关于对武术的研究，目前国内外的人类学家仍然是将其作为一个文化现象来进行的，并由此为切入点，探讨其背后隐含的意义。例如前文所述日本体育人类学家寒川恒夫对日本武术流派的形成研究，就是借鉴传播学派的人类学家弗雷贝纽斯在《争斗和决斗》一书中，关于"争斗"与"决斗"之间存在的差异的观点来进行梳理和分类的；而张士闪对梅花拳的研究，则另辟蹊径，利用扎实的民俗学和人类学的理论基础和丰富的个案素材以及自身习武的经历，从民俗学和人类学的角度来探讨习练梅花拳的拳民之间的情感交流，通过"文场"与"武场"两种不同场景下的转换，将世俗社会与拳民组织之间的关系作为研究的主体，所表达的不仅仅是一种普通意义上的习武过程，而是通过习武这样一种行为来增强梅花拳教组织和拳民内心凝聚力，从而获得自我认同的作用。这种方式的研究，对传统武术界来说，打破了学科之间的界限，充分利用了其他学科的前沿理论来阐释武术文化的深层含义。

第三节 研究方法与理论框架

本书的核心内容主要以回族查拳为线索，通过身体—记忆—认同等为主要理论框架，以记忆、认同、表征、身体、惯习、实践、深描等方法作为理论指导和实施手段，从记忆与认同、惯习与实践、身体与表征、象征与资本等为脉络结构，结合目前对回族查拳的研究现状所存在的问题，有针对性地采用人类学田野工作中的深入访谈和参与观察等手段，以解决由于在西方体育思想和武术竞技化研究模式的影响下，对传统武术造成的巨大挑战和冲击。另外，在传统武术的研究领域中，由于大多数研究者本人即是武术的传承者和习练者，因此，他们在拥有丰富的身体经验的前提下，却由于"陷入"过深的原因，从而造成很多情形下无法跳出原来固有的"本土经验"的园囿。而本书写作的目的之一就是要在这个方面进行一次大胆的尝试和突破研究武术的传统范式，不刻意回避自身与研究对象"局内人"之间的关系，同时又以一名旁观者的眼光来审视当事人及查拳传承的历史心路历程，从而真正将人类学中的"参与观察"方法运用于具体实践当中，这在武术研究领域可以说是一次尝试，也是一个探索，更是一次突破。故而，本书试图就目前这种对传统武术"两张皮"的研究现象，从一个全新的角度，利用所学的人类学的知识与理论，以邢台徐青山家族查拳传承的文化现象为个案进行研究，通过田野考察和深入访谈等手段，结合自己的切身体会和身体对"艺"的感悟来分析和阐释回族查拳其背后蕴含的文化意义及所发挥的社会功能，为传统武术研究提供一些新的思路和探讨途径，同时也为人类学研究对象和研究领域的拓展贡献出自己的一份绵薄之力！

一、建构的记忆

作为一项偏重身体实践的"技艺"行为，对回族查拳的研究，应该突出对身体"艺"的获得途径的研究，而实现这种途径的可能，主要靠的是身体实践中形成的一种"记忆"，在此可以称作"身体记忆"。在某种程度上说，"身体记忆"的过程也就是"艺"的获得过程，同时，也可以通过被锻造后的身体来认知查拳与社会结构之间的关联性。

关于"历史"、"记忆"与"族群认同"方面的研究，台湾学者王明珂在他的《华夏边缘——历史记忆与族群认同》和《羌在汉藏之间——川西羌族的历史人类学研究》等书中就根据自己掌握的大量素材，大胆提出"历史"在不同时期，根据各种场域的变换以及国家政治权力的需要而认为"历史"是在不断被建构和解构之间摆荡的。这种摆荡是有选择的，从而引申出几个核心概念：历史记忆、集体记忆、选择性记忆和结构性失忆等，他是通过人们对历史记忆的建构来研究族群认同中所遇到的问题的。王明珂的"记忆"理论探讨的是一种建构中的"历史"，既有选择性记忆，也有结构性失忆,是根据自我的需要而形成的一种族群认同的工具,既非血缘关系,也非原生情感的纠葛,而应该是一种经过历史建构后的文化认同。但这种所谓的文化认同并非就是某一个族群单向性的认同模式,它是时时刻刻处于变动和摆荡之中的,用王明珂的话就是"一节一节的"。王明珂在其《华夏边缘——历史记忆与族群认同》一书中,用自己的一个观点——边缘,来佐证自己理论的合理性,这同时也是一种对族群边界研究的方法论,是采用"族群的边缘方式"来研究族群的认同。他认为,族群的边缘恰恰是界定一个族群对外表现出的"异己感"和对内表现出的"亲切感或是认同感"。他的认同模式,既存在群体的自我认同,又存在其他群体对该群体的认同,从而在"历史"的记忆中就会产生分歧并形成不同群体认同之间的张力。就历史记忆与族群认同这个问题,在他的《羌在汉藏之间——川西羌族的历史人类学研究》一书中提到一个关于历史心性的讨论。王明珂是以"弟兄祖先的故事"为线索来探讨一个关于还原"真实的过去"的认知模式。他认为:"我所称的'历史心性'接近西方学者所谓的'史性'(historicity)与'历史心态'(historical mentality),但不尽相同。我以历史心性指流行于群体中的一种个人或群体记忆、建构'过去'的心理构图模式。"①

可以说,这种模式在某种程度上,承认历史心性决定了何种历史以怎样的方式来被建构起来的,而这种对历史记忆的建构往往是许多社会记忆的工具之一。之所以在此提到关于历史与记忆的问题,是因为在传统武术界往往会对一个拳种或流派进行人为的"历史"建构,而关乎回族查拳的历史起源和创拳始祖的纷争问题同样也难逃此种被历史建构后的框架束缚,并形成不同群体的历史记忆而沿袭下来,最后达成世俗社会的认可。

但历史记忆有可能是被选择后的建构,而身体的记忆却是真实的。皮埃尔·克拉斯特里斯认为:"烙印使人难以忘却,痛苦的印记可以使身体变成记忆的载体,身体所记得的是法律、规范和强制。"② 莫里斯·哈布瓦赫在《论集体记忆》中就曾说过,痛苦的印记会使记忆更为深刻。而痛苦有可能是身体上的,也有可能是心理上的,但是随着时光的流逝,人们心理上的感受就会逐渐消逝和淡漠,而身体上的感受却相对记忆深刻和真

---

① 王明珂. 羌在汉藏之间——川西羌族的历史人类学研究. 北京:中华书局,2008. 201.
② 迈克尔·赫茨菲尔德. 人类学——文化和社会领域中的理论实践. 王建民、潘蛟主编,刘珩、石毅、李昌银译. 北京:华夏出版社,2009. 252.

实。习学武艺是一个痛苦的过程，这个过程已通过身体的感悟转化为"艺"的一种方式和实现途径了。但王明珂与哈布瓦赫关于对记忆的讨论是两种不同类型的分析，哈布瓦赫更强调社会"决定论"，其所讨论的关乎记忆的形成是脱离不开社会框架束缚的"记忆"。而王明珂更多的是从不同羌族支系之间的彼此认同来判断历史记忆的构建过程，并借鉴"历史心性"的模式来回应当前关于族群认同研究中所出现的问题，也就是说他的研究可能是带有一定目的性的。

文化变迁可能会丧失对历史的记忆，而身体的记忆则会潜藏在内心的最深处。故而，在对查拳的研究方面就可以借鉴上述理论，身体记忆的形成与痛苦的习练过程相关联，而习练过程则是隐含在规范和强制背后的策略。痛苦的印记可以使身体变成记忆的载体，将身体的记忆与学艺过程中的痛苦经历相结合，也是增强这种记忆的一种方式。越是痛苦，记忆越深刻，技艺掌握得就越好，痛苦的训练转化而成为身体记忆正是人们选择的一种手段。

二、实践的认知

法国社会学和人类学家皮埃尔·布尔迪厄在他的《实践理论大纲》一书中，提出几个较为抽象的概念——惯习、场域、策略、象征资本，是富有深刻的理论内涵意义的。它们之间应该是在一个场域中发挥着潜在的功能，起着一个认识客观世界工具的作用，是贯穿在一起而起作用的。

惯习是一种无策略的、潜意识的行为，但这种潜意识行为仍然是一种策略行为，只是这种策略不被人们所意识到罢了，这种行为同样产生了象征资本的出现。他试图建立一种实践理论，可以用来分析特定的群体或个人实践的机制，以便消弭主客观之间的矛盾和张力，这便是围绕场域、惯习建立的理论。他将场域定性为一种在不同空间和时间里而出现的多种形式下的政治、权力、性别、身份等不同关系之间博弈的场所。资本是一个更为抽象的概念，通常情况下分为经济类型和象征类型，而且还将它们之间的关系阐述得十分详细。经济基础是象征性资本积累的源头，只有当各种资本积累到一定程度时才能改变在不同场域中各种角色的力量，实际上还是隐含着一种社会内部的结构分析。但象征资本与仪式不可同日而语，在世俗社会中，仪式是需要在一个特定的场景中体现人的身份地位等方面的转换。而布尔迪厄所说的象征资本则有可能随时随地由于人的行为方式而产生资本的转换。在中国传统武术界中,通常都很注重门派的师承关系,而拜师仪式则是最为关键的一个环节。但是,拜师仪式与象征资本之间应该是存续着一种关系的纠结,只是由于认知上的差异,人们往往容易将二者混为一谈。布尔迪厄的实践理念,更多的是体现在社会实践过程中,人们认知自然宇宙的时候,一种意识形态或者说宇宙观在人的行为上的显现,而这种认知过程通常以实践来探讨结构与能动性之间的博弈。

布尔迪厄在其《实践理论大纲》中,专门有一个章节来分析世俗社会中人类的"孕生型图式和实践逻辑"之间的关系。从武术角度来看,这种将身体融入宇宙万物中的理念,是个体与天地之间一个相连的关系。布尔迪厄认为:"惯习,是由制约性的临场发挥经长久建置而形成的孕生型原则,其所产生的实践,会将产生此类孕生型原则的客观条件内含的规律予以再制出来,同时又能依情势理的客观潜在有何需求而作调整。而且,这些需求乃由塑造惯习的认知和动机结构在做界定。"[①] 他采用的这种关系式的研究姿态,使得社会学打破了个人与社会分离的学术传统,将关注点放置到具体细微的日常社会实践之中,而不再是单纯地抽象演绎和理论思辨,他所提出的"惯习"概念,就是一种身体在实践场域中的认知和反思,并"通过身体反馈出人们在长期的社会化过程中逐渐习得并成为秉性的东西。"[②] 布尔迪厄进一步认为:"习性(惯习)是历史的产物,按照历史产生的图式,产生个人的和集体的,因而是历史的实践活动;它确保既往经验的有效存在,这些既往经验以感知、思维和行为图式的形式储存于每个人身上,与各种形式规则和明确的规范相比,能更加可靠地保证实践活动的一致性和它们历时而不变的特性。"[③] 这样说来,惯习包含了人类实践活动的客观性和主观性两个方面,它是社会结构的决定性影响的主观性的体现。

---

① 布尔迪厄. 实践理论纲要. 宋伟航译. 台北: 麦田, 城邦文化出版; 家庭传媒城邦分公司发行, 2009. 162.
② 王建民. 艺术人类学新论. 北京: 民族出版社, 2008. 116.
③ 布尔迪厄. 实践感. 蒋梓骅译. 南京: 译林出版社, 2012. 76 - 77.

三、身体的表征

　　传统人类学的研究往往将焦点汇集到一个族群的婚姻、宗教、家庭和亲属制度等方面，并由此针对某一现象作进一步的深入研究。从认识论的角度来看回族查拳，其在对文化的表征行为上，充斥着太多的情结在里头，政治、权力、秩序、宗教、亲属、资本、地位等都是其所表征的对象和实施策略。象征人类学家维克多·特纳在此方面具有较深入的研究，在他的《象征之林——恩登布人仪式散论》和《仪式过程——结构与反结构》等著作中，通过大量个案来详细评述和讨论仪式在世俗社会中的表征功能和意义，从而总结出仪式背后所蕴含的人们的身份、权力和地位的改变。在迈克尔·赫茨菲尔德的《人类学——文化和社会领域中的理论实践》一书中曾经提到："感觉既是身体行为，也是文化行为。视觉、听觉、味觉、触觉不仅是理解物理现象的手段，也是传递文化价值观的渠道。虽说这方面的主要领域是表演艺术，但它也是社会关系中不可或缺的一部分。"[1] 感官是身体的一部分，既然"感官"隐含着各种权势和政治在其中，那么作为身体，其涵盖的表征功能和象征性则更为明显。对"身体"的认知，在张尧均的《隐喻的身体——梅洛·庞蒂身体现象学研究》一文中认为，梅洛·庞蒂关于身体现象学的研究可谓独树一帜。他的观点与笛卡儿身心二元论的观点相悖，他认为身体是隐喻性的，既是事物，同时也是语言、历史；既是可见者，也是缠绕在我们身体中的不可见者。同时他认为人们的思考、行动和感觉都是实际的行为，是需要一种身体化的存在过程，人们的身体进入不到现象本身之中，往往是对身体的一种感知，怎么去感知身体，则是现象学的一种体验。在法国人类学家马塞尔·莫斯的《人类学社会学五讲》一书中，其中有一章节就身体技术有过深入的讨论，他认为在人的一生中始终伴随着身体技术的学习和训练，人的一生其实就是通过训练获得为社会所承认的各种身体技术，从而表现自我并与他人交往的过程。身体的技术是个体进入文化的社会化过程的重要手段，在此意义上，身体是一种工具，借助身体这个工具才能在一种文化中认知和生活。

---

[1] 迈克尔·赫茨菲尔德. 人类学——文化和社会领域中的理论实践. 王建民、潘蛟主编，刘珩、石毅、李昌银译. 北京：华夏出版社，2009. 268.

从对查拳研究的个案中可以清晰地看到个体与整体之间联系的痕迹，例如在一些礼拜仪式中，处处体现身体作为一种工具来表征个人与宇宙之间共融的关系。但是，这种共融的关系除了受到社会整体结构的制约外，还要受到来自人们主观意志在不断通过实践后而获取的一种经验，并在这种经验的支配下对身体的内化过程产生潜移默化的引导作用，这或许就是布尔迪厄所说的"能动性"的一个体现吧？通常社会学家将"身体"看成是一种行为，是社会环境中的一部分，人文社会科学的目的就是对一些社会行为进行文化理解和阐释。在布莱恩·特纳的《身体与社会理论》一书中，明确提出，身体存有两种属性，一种是它的自然属性，一种是它的文化属性，"因为人类拥有身体，所以是自然的一部分；由于人类也拥有理智，所以也是社会的一部分。"[1] 由此引申一下布莱恩·特纳的观点，那就是人类身体的性质应该是文化与历史活动的产物。当作为文化理性的身体成为社会属性的一部分时，势必就要在"透过将自然科学应用到身体上，人体在体育系统训练的过程中逐渐具体化且遵守纪律。"[2] 而这种联系同时也体现出个体与宇宙观在时空转换过程中所建立起来的对身体塑造的模式。

虽然国外的一些人类学家的研究并未过多涉及武术领域，但是，体育作为一种文化现象，特别是关于对身体与社会之间关联性的研究，已经受到相关人士的关注，尤其是在理论的借鉴上，都对从事传统武术研究的人们提供了一个支撑的平台。如果按照身体与社会关联性这个脉络来分析的话，可以这样认知，身体之所以是社会属性的一部分，是由于其在框架规范或者规训，甚至是强制的情形下的一种"自然流露"。身体是可以言说的，具有很强的解说力和阐释力。身体动态语言与影像一样，本身包括丰富的应当深入挖掘的意义。关于对身体方面的认知，采用舞蹈式的"语言"表达则最为鲜明。舞蹈中的喜怒哀乐都可以将舞者的内心诉求和对世俗社会的认知通过肢体和身体形态表现出来，一般情况下舞蹈编创的过程都是在这种模式的框架下产生的。现在人们已经意识到，运用单学科的研究模式来研究一种文化现象，已经不能充分解释或者不能够深入挖掘其背后的文化意义了。这种身体现象看似是无意识的表现，往往是通过特殊型塑机制来打造并最终完成的，例如医院、监狱、军队，等等。而引申到传

---

[1] 布莱恩·特纳. 身体与社会理论. 谢明珊译. 台北：台湾国立编译馆，2002. 35.
[2] 布莱恩·特纳. 身体与社会理论. 谢明珊译. 台北：台湾国立编译馆，2002. 277.

·18· 莫待此情成追忆——从技艺到记忆的邢台查拳

统武术领域中，甚至可以再扩大一下范围来看，在传统的世俗社会中，所有"艺人"，例如杂技、曲艺、戏剧、摔跤、手艺人等与之相关的各个门派行当里，则都是要通过严格的师承制度来实现的，没有师承也就不存在门派之说。人们为了生存，才需要自我规训、训练与自我修正。如果没有所谓的师承关系，基本上是无法在社会中立足的，即使是摆摊卖艺也难以获得同行的认同，也就是没有资本来行走江湖和养家糊口。"社会制度是人类与物质世界的桥梁，正是透过了这些制度，人类生活才会变得协调、有意义且连贯。为了弥平本能剥夺所造成的鸿沟，制度让人类能够缓解不由自主之本能驱动所造成的紧张。习惯是缓解的重要面向，因为它让人不用再为了控制日常生活劳心伤神。习惯勾勒出某种理所当然的社会现象。"[①]

本书主体共分五个部分，除去绪论和结论外，其他几个部分主要就是以徐青山家族传承的查拳为个案进行分析和论述。在核心部分中，首先从查拳的起源与创拳始祖的纷争，将回族查拳引入到一个人们对其"历史"建构问题的层面上进行探讨，从文献资料的收集和对一些当地回族老拳师及其徐青山家人的访谈和口述中，进一步分析查拳的起源与传承问题；其次，便是围绕着以个人和他人的记忆为脉络，将习练查拳的过程以及遇到的问题通过人类学的理论知识进行统筹分析，进一步探究传统武术中蕴含的各种礼法和规则以及世俗社会的结构关系等；最后，通过身体记忆来阐释查拳与日常生活的联系，将个体融入整体社会结构中，通过查拳来展现武术场域中的身体观与宇宙观，并借鉴马塞尔·莫斯和保罗·康纳顿等的身体技术和身体实践等理论来探讨查拳与世俗社会的联系，从而得出，查拳不但是一种功法技能，同时也是一种生活方式在人们身体上的具体体现。

虽然以上三个部分各成章节，但其间隐含着一个不为人所注意的链条纽带。在传统武术界，不单是回族查拳在传承上要遵循这个世俗规范，各类武术门派都要沿袭这个传统，并被这个框架结构所制约。但后人在研究传统武术时，通常会在前两个部分注入过多的精力，而往往忽略对身体感悟的研究。武术的传承靠的是经年累月和坚持不懈的功法习练之后，使得身体发生的一种质变，是在打破了世俗社会对身体肉身性制约后的一种超

---

① 布莱恩·特纳. 身体与社会理论. 谢明珊译. 台北：台湾国立编译馆，2002.14.

越，并在经历了特定练功行为之后，让人的身体产生一种对劲力、气息、筋络、血脉等的高度自我控制的技巧能力，而这种能力则是我们应该重点关注和持续研究下去的问题所在。

第二章 建构中的查拳"历史"

在回族武术中，查拳被回族民众称为"教门拳"或"圣拳"。① 从其称谓便知它与伊斯兰教文化的关系，许多组合、拳法和招式，就是人们在礼拜过程中使用的器具和身体动作演化而来，并通过其外在的拳式表征而认同它与回族的关系。由此看来，查拳与回族的关系得到了印证，但查拳的起源问题在传统武术界一直存有较多的纷争，现在对查拳起源的说法多是从一些老拳师所珍藏的拳谱和口述中得来，虽有专家学者根据实地调查提出新的观点，但也大都是以老拳谱中的记载基础之上推测而来。由此来看，查拳具体起源于何朝何代现今已无确切考证，从而多有讹传附会之嫌。

第一节 查拳起源的"历史"建构

关于查拳的起源问题，众说不一，也是武术研究者一直争论的问题。在民间存有多种说法，但根据文献资料及在田野考察中搜集的民间拳谱和老拳师的口述分析，总体上可以从历史传说的差异、创拳始祖的纷争等两方面涉及查拳起源的讨论。

一、查拳起源的"历史"

关于查拳的历史起源问题，从所掌握的文献资料和回族老拳师的口述可知，查拳起源的"历史"存在两种说法：一为起源于唐朝；一为起源于明朝。

---

① "圣"代指穆罕默德。

(一) 唐朝起源说

关于查拳起源于唐代的说法，来自流传于山东冠县查拳世家张子英老人遗留拳谱的记载。张子英在其遗留的拳谱前有一小序，是其在1980年的口述："查拳追其源流，既无历史记载，又无文献可考，都是历代老师口传的。唐朝时查拳就传到冠县一带，已有千年之久了，老师已有几百位，因无记载都失传了。那时不叫查拳。一种叫架子拳，一种叫身法拳，或大小架拳。拳名虽异，但出自一家，都是查拳的前身。"[①] 但在此之前，他就与徐青山并其师张锡太先生在1968年曾共同对拳谱进行过整理。在其整理的查拳起源文稿中详细叙述了有关查拳的来历，因篇幅和文字原因，现就其内容做一简单梳理，并摘录如下：

> "唐朝玄宗年间，发生'安史之乱'（755－762年）。唐朝兵力薄弱，于是派遣大将郭子仪前往西域回纥国搬兵求救，回纥国王发兵三千以救唐王之危，并取得战事的胜利。因其军队作战勇猛、武功高强，于是被唐王留于长安，并遣往各地军中传授拳法。其中一人名为滑宗岐者，在随唐军前往东南沿海戍边的途中，因水土不服而病留于山东冠县。经当地群众的细心诊治和照料，不久痊愈。滑宗岐为表感谢之恩，故在当地开始传拳授武。后经其介绍，将师弟查元义邀请到冠县，一同传授武术。于是人们将滑宗岐教授的拳术称为'架子拳'，又称为'大架拳和小架拳'，将查元义传授的拳术称为'身法势拳'，虽拳名不同，但实为一家。后人为了纪念二位传拳之恩，故将滑宗岐的'架子拳'称为'滑拳'，查元义的'身法势拳'称为'查拳'，由此定名，并历传至今，现在统称为'查拳'"。

同时，在其文最后还有小注："以上查滑拳历史是由张其维老师口传，没有文字记载。上文所述由张锡太老师、张子英、徐青山共同整理于1968

[①] 以上所述内容均来自徐青山先生第三子徐春生所收藏《查滑拳谱》手抄本的记载而整理，后文拳谱所记内容均来自于此。另，张子英与徐青山为同门师兄弟，同学艺于张锡太先生。

年古历十月。"① 而在张文广先生的《我的武术生涯》一书中根据张子英口述获知关于上述拳谱的更早来历："查拳来历和沿革是张其维老师1932年口述给张锡太老师和张子英的"。② 通过三个历史年代来看，拳谱同出于一家之口整理而得。由此发现，在后人撰写的众多论文中，所采用的关于查拳起源一说，多以此类说法作为依据来源。许多研究者虽然深入到山东冠县等地进行过实地调查，但从所掌握的资料以及引用的文献看，大同小异。

(二) 明朝起源说

查拳起源于明朝的说法，多为民间流传，并无实据考证。在张文广先生所著的《中国查拳》一书中，关于查拳的起源曾提及此类说法，但张文广先生对这种说法是持怀疑态度的，这在后文中，关于查拳创拳始祖的讨论中会详细说明。这种说法的主要内容是在明朝末年，倭寇经常侵扰中国东南沿海，明朝皇帝命戚继光为抗倭大将，并诏书天下，聚兵东征，抗倭保国。一名西域青年名叫"查密尔"，奉上所召前往东南沿海戍边抗倭，在行进途中，因病滞留在山东冠县，后经当地人的细心照料，很快痊愈。查密尔为了感谢当地人的救命之恩，故将所学拳艺倾囊相授，并同时将其结拜兄弟滑宗岐引荐过来，一同教授。当地人因受其传拳之恩，为示纪念，故以其名氏将查密尔所传之拳定名为"查拳"，将滑宗岐所传之拳定名为"滑拳"，后将二拳融而为一，最后定名为"查滑拳"。③ 而上文中提及的"查密尔"又名查尚义，"传说中查拳的创编者是查密尔，'密尔'是波斯语，意思为官员、长官，'查密尔'意思为姓查的官长。"④ 此类说法，多在民间流传，并未在所搜集的拳谱中有所记载。但此等说法能够广为流传，也许是在传承过程中，因口传之误，或是研究者在田野中的道听途说的原因而致，但因无文字记载，似有讹传之嫌。后人在研究查拳的源流时，虽有引用和提及，但都是作为一种探讨的口吻来做例证的，没有详

---

① 根据徐春生所赠拳谱整理而来。另，张锡太师承张其维，因亲缘关系只称他为兄，家族传承的原因，后文有说明。
② 张文广. 我的武术生涯. 北京：北京体育大学出版社，2002. 219.
③ 张文广. 中国查拳. 济南：山东教育出版社，1998. 761 – 765.
④ 范景鹏. "飞腿"沙亮在查拳传承中的作用. 体育学刊，2009，2：111.

细考证其出处。

通过上述借助拳谱中的记载与分析,可以发现,两种说法有一个共同之处,那就是都要借助一些历史事件和历史人物来对查拳"历史"进行建构。王明珂先生在其《华夏边缘——历史记忆与族群认同》一书中提到:"集体记忆依赖某种媒介,如实质文物及图像、文献,或各种集体活动来保存、强化或重温。"① 以上这两种说法,由于相关正史资料缺乏,多凭借老拳师所赠拳谱和口述中而来,而查拳起源的确切年代已经无所考证。对一个家庭来说,"重复讲述这些故事会成为家庭的传统"。② 而我国传统武术的师承关系则可以当作一个被建构后的"家庭"面目出现,那些传统的沿袭正是被一辈一辈的"父传子"、"师传徒"的模式所操控。莫里斯·哈布瓦赫认为:"每一个集体记忆,都需要得到具有一定时空边界的群体的支持。"③ 例如刚进门的徒弟就要被师父反复告知从他们的师父那里流传下来的故事,并不断被强化,进而达到一种记忆而被保存在他们的脑海里,并在后世的传承过程中形成一种新的集体记忆。殊不知,这种记忆的形成过程往往也会因为时空的转换,大小传统之间的彼此纠结,以及集体记忆、个体记忆与历史记忆之间的差异而产生对记忆实体的分歧。"在一个社会中有多少个群体和机构,就有多少集体记忆……这些不同的记忆都是由其各自的成员通常经历很长时间才建构起来的。当然,进行记忆的是个体,而不是群体或机构,但是,这些根植在特定群体情境中的个体,也是利用这个情境去记忆或再现过去的。"④

如果我们仔细分析后可以发现,在以上两种关于查拳起源的说法中,前一种的说法最起码是有一些口述资料和前人遗留的拳谱来支撑,貌似可信;而后一种说法仅仅限于民间流传,没有明确的文字出现。但是,如果从武术史对我国传统武术体系形成的记载看,似乎后一种说法更值得信赖。在林伯源先生所著的《中国武术史》一书中,对唐代和明代武术体系流派的形成有着详细的说明。他总结了唐代时期武术发展主要表现在两个方面:"第一,隋唐时期的外患(与突厥、吐蕃、回纥等的战争)、藩镇内乱、农民战争及五代的战乱推动了军事武术的进一步发展;第二,民间武

---

① 王明珂. 华夏边缘——历史记忆与族群认同. 北京:社会科学出版社,2006. 27.
② 王明珂. 华夏边缘——历史记忆与族群认同. 北京:社会科学出版社,2006. 28.
③ 莫里斯·哈布瓦赫. 论集体记忆. 毕然、郭金华译. 上海:上海人民出版社,2002. 40.
④ 莫里斯·哈布瓦赫. 论集体记忆. 毕然、郭金华译. 上海:上海人民出版社,2002. 40.

术得到蓬勃的发展，如击剑、角力、使枪、翘关等活动在民间都很兴盛，尤其是角力在各地不尽形成定期活动，而且竞赛热烈、规模宏大。"① 在他对明代武术的总结中提到这一时期的表现特点："这一时期，诸家拳术与器械门类的大量出现；拳械技术体系的建立与不断完备；拳械谱与歌诀的发展；单势操习、对练搏击与套子武术等多种形式并举……集纂和研究武术的著作不断问世等。这些发展变化证明了我国民间武术已进入了它的全面成熟的时期。"② 从林伯源先生的著述中分析看，中国传统武术集大成的时期是在明清两朝，许多拳种流派也是由此开始成形。此外，在中国古代，武术多为战场搏杀之技，动作简单实用，没有过多的花哨套路出现。故而可以简单认为，在唐代尚处于冷兵器作战时期，传统武术的套路形式并未出现，查拳的起源极有可能是后人建构出的一种说法。那么，反向而推之，到了明清时期，在冷兵器逐渐退出军旅舞台的大背景下，没有明确文字记载的"明朝起源说"虽然未必真实，但可能更接近历史的本来面目。

如果说，以上是在一种较为宽泛的时空背景下的解释，还难以具有较强的说服力的话，林伯源先生在书中还提到了明朝唐顺之编纂的《武编》中，记载了一个目前发现最早的"温家拳谱"来佐证这一时期的武术发展特点："明代拳法的显著发展还表现在'拳谱'和'拳势歌'的出现……温家拳谱主要分为两部分，其一是记录温家拳势名称；其二是叙述招法使用的原则及其具体用法。其后还附有练腿功之法。这个拳谱是我国迄今为止所见到的最早的一个拳谱。"③ 看这种拳谱的记载方式，与本人在田野中搜集到的回族查拳的拳谱记载方式和记录特点是基本相似的。通过对"温家拳谱"与"查滑拳谱"的对比，可以推测出"查滑拳谱"绝不会在唐代出现，或者说从这个角度看，比较成形和成套的查滑拳系列也不可能出现在唐代。但是不管怎样，这只是一种推测，也有可能查滑拳的雏形会在唐代出现，这其中隐含着一个伊斯兰教进入中国的历史问题探讨，而后人则恰恰将这种交集作为一种附会引入到查滑拳与回族关系的历史建构和创拳始祖的传说中来。这种现象是否可以这样理解，即：因为查拳是回族的教门拳，为体现它与伊斯兰教的关系，故而选择发生在唐朝时期的安史之

---

① 林伯源. 中国武术史. 北京：北京体育大学出版社，1994. 158.
② 林伯源. 中国武术史. 北京：北京体育大学出版社，1994. 274.
③ 林伯源. 中国武术史. 北京：北京体育大学出版社，1994. 279.

乱作为查拳建构的平台和载体，并通过一代代传人的口传心授来证明查滑拳与回族相关联的合理性和正当性。

其实在中国武术界，关于某种拳术的历史起源多有附会之嫌，这种附会从开始的传说，大家就都知道，而且形成一种默契，都承认这种没有历史依据的"附会"，不独查拳，在中国的世俗社会中，类似的附会比比皆是。"在历史的记忆里，个人并不是直接去回忆事件，只有通过阅读或听人讲述，或者在纪念活动和节日的场合中，人们聚会在一块，共同回忆长期分离的群体成员的事迹和成就时，这种记忆才能被间接地激发出来。"① 目前，凡涉及关于查拳起源的历史问题，基本上是沿用这两种说法，未有新的考证出现，故后人研究都只好借用前人之说。

二、创拳始祖的纷争

在上文所述关于查拳的历史起源问题，虽然年代说法不一致，但其核心内容和传承人是较为统一的，即查拳是西域武师查元义和滑宗岐所传。但在后人整理的口述文稿以及田野调查中的考证，又存在着查拳创拳始祖的纷争，主要说法同样有二，即：一为查拳是查元义和滑宗岐兄弟二人共创；二为山东冠县人沙亮所创。

（一）查元义、滑宗岐共同创拳说

前文"拳谱"中所记载的关于查拳的创始人之说，都认为查拳是由查元义和滑宗岐兄弟二人联手共创。在张锡太和张子英、徐青山共同整理的文稿中也清晰地将历代查拳传承的谱系做了一个说明，查元义名列首位。"查拳始祖查元义为第一代老师，白山海（查元义的外姓）名作义，第二代老师为金广聚……第八代老师为沙亮……"但谱系中并未出现滑宗岐的名字，不过在范景鹏的《"飞腿"沙亮在查拳传承中的作用》一文中，他根据在冠县搜集的存于山东省冠县张尹庄张庆华家中拳谱记载，则有滑宗岐的名字："查元义、滑宗歧、白作义、金广聚……沙亮……"② 从两个不同版本的拳谱对照中发现，后者不仅将查元义和滑宗岐列为查拳创始者之

---

① 莫里斯·哈布瓦赫. 论集体记忆. 毕然、郭金华译. 上海：上海人民出版社，2002.43.
② 范景鹏. "飞腿"沙亮在查拳传承中的作用. 体育学刊，2009，2：111.

一,更是在第二代传人上又多了一个"白作义"。而"白作义"其名与前者所述谱系中的"白山海"应为同一个人,因前文谱系明确说明"白山海为查元义的外姓,名作义"。根据对回族老拳师的访谈而知,"山海"是河北邢台和山东当地回族人对一些德高望重、学识渊博、武功精湛的回族人的一种尊称,在某种意义上,其身份甚至要超过阿訇的地位。查元义作为查拳的一代宗师,称其为"山海"是实至名归的。由此而推测出,"白山海"就是指"查元义"本人。通过两个谱系版本的对照,同为查拳世家的谱系所记,在记述的内容上会存在一些差异。这种现象,其实是可以理解的,从拳谱来源看,文稿都是经先辈口述后整理而成,由于年代、个人记忆的原因,在记录过程中自然会产生些许偏差。

事实上,在拳谱内容的记载上,人们可能经常会忘记一些祖先,或特别强调一些祖先,或窃取攀附他人的祖先,甚至创造一个祖先,而这些行为是有可能发生在师徒传承的链条上的。师徒传承未必是单线联系,而是一个师父可能会教授多个徒弟,每个徒弟再教授给他的众多徒弟。正是这种多个"可能"的一再出现,才使得个体记忆发生嬗变,从而形成几个不同群体的"集体记忆"。莫里斯·哈布瓦赫曾指出:"集体记忆不是一个既定的概念,而是一个社会建构的概念。"① 上文所说的"白作义现象"就是一个典型的例证。查元义与白作义本可能为同一个人,不管他们是传说中的人,还是确实存在的人,都有可能在后人的口述中产生理解上的偏差,从而杜撰出一个"新"的"历史"人物来。后人的杜撰是建构记忆的载体,"山海"本为对查元义的尊称,但后人在延续前人的记忆时以及专家学者对回族文化理解的程度不同,从而又重新构建起一个本不存在的"新人"来。不管有没有被建构的情形出现,但从前人遗留的资料和口述中,口径较为统一地认为,查元义和滑宗岐就是查拳的创拳始祖。也许二人可能也会被后人"建构"而成为集体记忆的"历史",但至少应该承认,查拳的创拳始祖应该与查元义和滑宗岐兄弟二人有关,这一点或许毋庸置疑。

(二) 沙亮创拳说

关于沙亮是查拳的创拳始祖的说法,来自于张文广教授在对山东冠县

---

① 莫里斯·哈布瓦赫. 论集体记忆. 毕然、郭金华译. 上海:上海人民出版社,2002.39.

查拳的田野调查后的一种推测,并在其《查拳源流初探》一文中刊登出来。此文一出,引起较多的质疑和争论。因为从前人所遗留下来的"查拳谱"中看:"沙亮,冠县张尹庄人,位列历代传人的第八位"。而其人生存年代大约为清康熙后期至雍正年间,出身武术世家,尤擅查拳,并在雍正年间中过武进士,后在随官军征打大小金川的战事中阵亡。在王杰、姜周存的《回族查拳 武坛奇葩》和范景鹏的《"飞腿"沙亮在查拳传承中的作用》等文章中都曾提及此事,而此二文均来自张文广先生关于查拳起源的探讨。① 从沙亮的生存年代看,离查拳谱中所记载查拳起源于唐朝的说法,相差太远,即使是起源于明朝的说法,从年代时间上看,也相差近二百余年。但张文广教授之所以提出"沙亮创拳"的说法,是根据其在山东冠县张尹庄研究《沙氏族谱》及民间传说推测而来。张文广先生的推测依据有二,这在其自传史《我的武术生涯》一书中有过解释:"通过对比分析查拳源流的传说,查拳的技术成分,沙亮简历及其族踪后,我们初步认为沙亮具备创编查拳的技术条件;沙亮是目前有史可考的最早的查拳大师,并依此做出了沙亮有可能就是查拳创编者的推论。"② 张文广先生的推测,是建立在一些遗留下来的《查滑拳谱》中的记载和对《沙氏族谱》分析的基础之上的。其中最为主要的是根据沙氏族谱对沙亮个人的确切记载。而民间遗留的"拳谱"中,沙亮之前均为传说中的人物,并无文献记载,故无法确认查拳创拳始祖就是查元义和滑宗岐兄弟二人,抑或是其他人。

以往人们对历史的考证多采用王国维先生提出的既有文献记载,又有古物出土的"二重证据法"来实施研究,所以许多学者也将历史文献与考古文物当作是过去发生的真实的事例来记录和遗存。"他们相信,以考据史料、史实真伪,以及对文物的比较、分类,可重建过去发生的事实。"③故而从以上推测来看,沙亮创拳之说也未必可信,但却是有史可查的最早的一个查拳高手,即便是没有成为创拳始祖,也是将查拳发扬光大和集大成的一个重要历史人物。

从上述分析而知,关于查拳的历史起源和创拳始祖的争论,都没有形成一个定论,之所以难以下定论,是因为历史资料的缺乏。在考证查拳历史源流时,大多只能追溯到明清或更晚时期所编撰的人物谱系来认知,从

---

① 详文参看《中国查拳》一书。
② 张文广. 我的武术生涯. 北京:北京体育大学出版社,2002.220-221.
③ 王明珂. 华夏边缘——历史记忆与族群认同. 北京:社会科学出版社,2006.33.

谱系中记载的查元义、滑宗岐再到沙亮，中间还有数百年的历史无法用人物传承的脉络相连接。武术的传承脉络，一般都是从后往前推的，推到什么地方断了，也就推不上去了。当所有的亲历者都已不在，致使不可能再有第一手的资料和证据时，人们往往会将一些零散的部分聚合起来，并重新建构一个传承体系来延续它。通常可能在很长一段时间，该拳种流派没有成名人物的出现，于是就形成了断代，再等着下一位代表人物的出现，而其传承谱系就有可能从此开始重修也未可知。在此，让我们联想到一个概念的出现——结构性失忆。"以忘记或虚构祖先以重新整合族群范围，在人类社会中是相当普遍的现象，因此'结构性失忆'或'谱系性失忆'这些名词，后来常被研究族谱或亲属关系的学者们提起。"① 事实上，就是查元义和滑宗岐，也不能肯定就是查滑拳的真正创始人，他们作为结义兄弟来内地传授拳术，起码说明他们二人也是应该有师父存在的。也就是说，他们所传授的拳术也是授自于前人的。

我们每一个人都是生活在许多以集体记忆结合的社会群体中，许多社会活动就是为了强固人们与某一社会群体其他成员之间的集体记忆。对于建构一个历史传说中的英雄，是后人为了凝聚或延续氏族成员或一拳种流派等实体而惯用的方法。法国社会学家莫里斯·哈布瓦赫分析认为："这些实体存在于某个地方、某个时代，或者曾在某个地方、某个时代出现过，并被证实在这个世界上存在过。正是从这个时候起，人们保存了对神灵或英雄的记忆，以一种崇拜的形式讲述他们的故事，并纪念他们。"② 围绕查拳起源的种种传说，不管是历史起源的年代，还是创拳始祖的纷争，都会在无意间继续沿用前人遗留下来的拳谱和各种说法来佐证历史事件的真实性。"它不是在保存过去，而是借助过去留下的物质遗迹、仪式、经文和传统，并借助晚近的心理方面和社会方面的资料，也就是说现在，重构了过去。"③ 在传统武术界，每个拳种流派都会寻找一个创拳始祖来将他们神化，并成为后人的偶像而崇拜，但崇拜偶像未必是历史事实。人们会认为，这些被"附会"的英雄或祖先是以一种具有魔力的或高超技艺的形式而介入其中，为的只是增强自身内部的凝聚力。

王明珂先生在《羌在汉藏之间——川西羌族的历史人类学研究》一书

---

① 王明珂. 华夏边缘——历史记忆与族群认同. 北京：社会科学出版社，2006. 24.
② 莫里斯·哈布瓦赫. 论集体记忆. 毕然、郭金华译. 上海：上海人民出版社，2002. 152.
③ 莫里斯·哈布瓦赫. 论集体记忆. 毕然、郭金华译. 上海：上海人民出版社，2002. 200.

中，曾就"根基历史"与族群认同的问题，从"弟兄祖先"与"英雄祖先"之间的差异进行详细的比对与分析，认为二者之间产生的认同差异是不同的历史心性下的产物。前者是在一个无量化的，没有线性的时间等相关数据支撑的，靠"口耳相传"为社会记忆的传递方式，是倾向于"内向式的"；而后者则是具有"外向式的"，是在有量化的、线性的时间等相关数据或文献资料支撑的记忆传递方式。"历史记载的不再是该群体所有人的'共同过去'，而是部分人的过去——他们是皇室、贵族、世家，或是宗教与商业领袖。"① 从上述分析来看，王明珂的思想认知无疑来自于其老师哈佛大学著名考古人类学教授美籍华人张光直先生的启迪。张光直教授在其《中国青铜时代》一书中就商周神话中的英雄故事现象分为两个大类："亲族群始祖诞生的神话和英雄的事迹及彼此之间的系裔关系的神话。这两种神话的共同特点是'英雄即是祖先'这一基本的原则，所不同者，一个中的祖先与确实的特殊的亲族群有关，一个中的祖先是比较空泛而不着根的。"② 而关于查拳创拳始祖的纷争，其实是在两种不同模式的历史心性下衍生出来的讨论。一个靠"口耳相传"的内向式传递，一个靠相关文献和数据支撑的外向式来传递。综上所述，是否可以这样说，无论查元义、滑宗岐还是沙亮到底谁创造了查拳，或者都未必是查拳的真正创始者，但他们的历史贡献，就在于他们在继承了前人的经验及个人的实践之后，从而创编出这一独具民族特色的拳种流派，并以此形成一种新的"集体记忆"而被后世之人所认同。"我们不但经常看到一种历史记忆会排斥、驱逐另一种历史记忆，不但有虚假的历史叙述取代真实的历史叙述，甚至还会有对历史记忆的直接控制和垄断，当然，也就有了反控制和反垄断。"③

三、冠县查拳的传承脉络

通过前文论述，查拳的起源年代和创拳始祖都因缺乏正史的文献记载而无法确定其真实面目，但不论哪种说法，其围绕的核心都与"山东冠县张尹庄"有所关联。从查拳的历史起源到创拳始祖之说都发生在冠县，并

---

① 王明珂. 羌在汉藏之间——川西羌族的历史人类学研究. 北京：中华书局，2008. 205.
② 张光直. 中国青铜时代. 北京：生活·读书·新知三联书店出版社，1983. 276.
③ 李陀. 关于七十年代的记忆. 读书，2009，4：37.

使查拳在此地生根发芽而传承至今。

查拳作为回族的教门拳，在全国各地的回族民众中广为流传，尤其是在河北、河南、山东一带，查拳的群众基础十分深厚，这是历史格局所定，所以查拳并非冠县一地独有之拳种。人们将冠县作为查拳的发源地的说法，有失偏颇，而只能是说明查拳在山东冠县这个地方具有悠久的历史，流传较为广泛，而其他地方虽然也有习练查拳的，但影响力却不如冠县深远罢了。冠县查拳之所以影响广泛，是因为历代查拳名师大多出自此地，并通过他们才使得查拳闻名于世，如果将其定名为"查拳之乡"则较为准确。

冠县查拳的传承体系多以家族为纽带而沿袭，这在遗留下来的拳谱中体现得尤为明显。以下为张子英、徐青山及其师张锡太先生在1968年共同整理后的一个冠县查拳传承脉络谱系：

查拳各代名师表

第一代：查元义（白山海，名作义）→第二代：金广聚→第三代：何成武、何明武→第四代：燕子飞→第五代：杨海全→第六代：赵洪秀→第七代：郭登云、何兴→第八代：沙亮（张尹庄人）→第九代：李老冲（冠县城内人）→第十代：张乾（张尹庄人）、张进堂（冠县城内人）→第十一代：张其维（张尹庄人）→第十二代：张锡太、常振芳（均为张尹庄人）→张子英、徐青山等（张尹庄人）

以上所列并非纯粹的师承关系，每代所列之人都是冠县当地的查拳名师，在沙亮之前，都是口传下来的人物，没有文献的确切记载，故而未按师承谱系划分。而张子英作为查拳世家，其承袭的是沙亮一脉，其先祖张乾就师承于沙亮并一直在家族中延续到他这一辈。这一点，在其1980年口述中有所提及，除了确认查元义为创拳始祖外，在其后的谱系排序中，并没有提到沙亮之前的各代名师，而是直接过渡到沙亮。文稿中说："沙亮，冠县人，人称飞腿沙老师；张乾，冠县张尹庄人，沙亮的传人；张其维，冠县张尹庄人，张乾的祖家晚辈，张乾的传人；张锡太、张西彦、常振芳、李建刚等各位是其维老师的传人。张子英口述，1980年整理。"从这个谱系脉络看，张氏查拳师承于沙亮，这在其口述的文稿中有所记载，即：沙亮—张乾—张其维—张锡太—张子英、徐青山等。

在这里需要介绍一下张氏查拳的传承关系。通过一些资料和老拳师的口述，张氏查拳一脉，最早是从沙亮传给张乾，再由张乾传给张其维，张其维又传给张锡太等人，但张锡太与张其维并无师承关系，而只称张其维为兄。"因为张锡太的祖父是清末大名鼎鼎的张乾，张乾后代子辈有三，均不坚持习武，而艺业未成。至其嫡孙张锡太重操武业，由张乾的徒弟张其维授艺而成，故不以师徒论辈，而以兄弟相称。"① 文中所述内容，得到了徐青山先生的徒弟和子女的认可。

第二节　邢台查拳与徐青山

邢台地处河北南部，西部与山东聊城搭界，紧邻冠县，历史上交流就十分广泛，两地在武术的许多方面都有着密不可分的"姻缘"和"地缘"关系。正是因为如此，方才使得今人对于查拳从山东传入邢台的师承关系，难以有一个明晰的纵向考证，从而无法准确排列出一个完整的源流谱系表。但是，邢台境内毕竟生活着为数众多的回族民众，这些回族群体大都聚居在邢台威县和市区一带。两地回族民众之间的往来，使得武术的交流成为一种必然，而查拳同样也是在彼此之间的交流与互动中，成为邢台武术的一个主要流派。

在历史上，邢台地区曾出现过不少的查拳名师，许多以其他拳术而闻名的回族武术家，在早期也都曾习练过查拳。这主要是因为查拳是回族的教门拳，在回族群众中的流传较为广泛。在徐青山来邢台之前，邢台就有很多的回族习练武术，但查拳的影响力并不大，虽说仍有练习查拳的，而且清真寺的阿訇和个别回民也会打上几套查拳，但都不以查拳为主要习练拳种，故而查拳在邢台的师承关系并不确定。徐青山先生于20世纪中期辗转来到邢台，并在邢台客徒授艺。随着他的到来，对查拳在邢台的发展起到了积极的推动作用。这种情况，按照费孝通先生在其《乡土中国》一书中所探讨的"血缘与地缘"的关系来看，可以有一个较为合理的解释。关于二者的关系，他在书中提到："血缘是稳定的力量。在稳定的社会中，地缘不过是血缘的投影，不分离的……地域上的靠近可以说是血缘上亲疏的一种反应，区位是社会化了的空间……血缘和地缘的合一是社区的原始状态。"② 他所讨论的是建立在亲属制度的前提下，所引申出来的在乡土社

---

① 罗征、林东河、左军山. 邢台武术源流. 石家庄：河北人民出版社，2007. 373.
② 费孝通. 乡土中国. 北京：北京出版集团公司北京出版社，2011. 103.

会中的一种人与社区的空间关系。那么，我们是否可以这样理解，就是将山东冠县查拳比喻成一个"社区"或者说"村落"，而在这个特殊结构体系中，将查拳这个"社区"或"村落"当作是一个具有血缘关系的母体或群体结构，随着社会的发展，查拳就需要一定程度的流动和变迁，从而存在另建"社区"或"村落"的可能，但查拳的母体或者它的"根"仍是存在于原有的"社区"或"村落"当中。在这个时候，作为个体的习练查拳之人，就会把查拳传入到其他地方而形成一个新的"社区"或"村落"。但其原有的查拳的"族性"以及其特点和功法体系并未发生多大的变化，并形成一种新的带有回族族性的血缘和地缘的关系。"如果分出去的细胞能在荒地上开垦，另外繁殖成个村落，它和原来的乡村还是保持着血缘的联系，甚至把原来地名来称这新地方，那是说否定了空间的分离。这种例子在移民社会中很多。"① 而发生在徐青山先生来邢台传拳的事例上是否可以套用这个理论学说呢？这个时候，我们再来看一看费孝通先生是怎样进一步论述这个问题的。他在书中分析到："很多离开老家漂流到别地方去的并不能像种子落入土中一般长成新村落，他们只能在其他已经形成的社区中设法插进去。如果这些没有血缘关系的人能结成一个地方社群，他们之间的联系可以是纯粹的地缘，而不是血缘了。这样血缘和地缘才能分离。但是事实上在中国乡土社会中却相当困难。"② 由此来看，血缘与地缘不是一个简单的独立的关系，而是存在于一种被时空建构起来的一个框架结构体系中，其间关系错综复杂，若是关乎山东冠县查拳与邢台查拳的"姻缘"关系时，则很难理清。不过，不管这个理论学说是否支持该种现象，我们现在看到的查拳在各地传承的情形是，人们仍然将这个回族武术流派统称为查拳，并未另起炉灶而起一个所谓新的称谓来，不单是邢台查拳如此，在其他各地流传的查拳都是如此。

关于徐青山先生的生平事迹，其参军入伍、辗转来到邢台以及"文革"之前的事情，多为从当地的文献记载和对其后人的访谈口述中而知。自从1982年开始随他学练查拳后，对其之后的事迹除了寻访其徒弟和家人外，许多内容多从自己的记忆整理而来。但有人认为一些回忆录之类的书籍和文章是不太靠得住的，因为人的记忆是靠不住的。所以本人在一些书籍的记载和他人口述中获知的徐青山先生的点滴事例也许存在讹传之嫌，即使是其本人

---

① 费孝通. 乡土中国. 北京：北京出版集团公司北京出版社，2011.104.
② 费孝通. 乡土中国. 北京：北京出版集团公司北京出版社，2011.105 – 106.

的口述，也因年代久远，而并非众口一词，其间内容多有偏差，前后行文自相矛盾，尤其在年代的出入上比较明显。为了达到还原其真实生平，作者便将各种文献记载、他人口述以及他本人的口述史进行细致的比对，综合各家之说，以求尽量还原本来面目，但错漏之处仍在所难免。

一、少年习武

徐青山先生（1917－1993），[①] 祖籍山东东明，因父母携带姐姐和哥哥外出逃难流落到冠县张尹庄，并于此地出生。9岁丧父，后随其母沿街乞讨为生。冠县张尹庄乃是回族查拳之乡，徐青山在10岁时，即拜查拳名家张锡太为师开始习练查拳，过着白天讨饭，晚上随师学艺的生活。由于其练功刻苦，"在12岁时，参加全县举行的少年武术比赛中，获得全县第一名。"[②] 但在其口述，刘华进整理的资料显示："我17岁时，县里举行运动会，我参加了少儿组的武术比赛，获得全县第一名。"[③] 从年代来看，出入较大，但其他两文的记载为他人所撰，而后者则是根据其本人口述整理而来，故采纳后者的说法。另外，从习练武术的周期来推测的话，后者的可信度也较大。武术如有所成，不可能只接受两年的训练时间便能达到很高的技艺水平。所以后文所说事例多采用其本人的口述资料整理而来。徐青山在家乡习武七年，系统学习了十路查拳、四路滑拳、七路洪拳、六路炮锤以及大刀、长枪、查剑、镋等器械套路，后来被选入山东国术馆，武功日趋成熟，在冠县一带小有名气。

二、军旅生涯

徐青山先生由于家境贫寒，在他17岁左右便参加了当地的驻军。关于徐青山先生的军旅生涯，也是众说纷纭。通过对其子女及徒弟们的访谈，统一的说法是参加了原属冯玉祥的西北军。其中有的说是冯玉祥的贴身侍

[①] 此为其墓碑上所述，本人实地调查而得，但有书记载为1913－1993年，参看《邢台武术源流》一书第379页。

[②] 此种说法，参看《邢台武术源流》第378页和《历史的足迹》第九辑第147页。

[③] 邢台市政协文史资料委员会编．历史的足迹．第四辑．石家庄：河北人民出版社，1989. 111.

卫，有的说是韩复榘的贴身侍卫，还在战场上救过两人的性命。但这两种说法显然难以成立，从年代推测来说，假如徐青山先生17岁入伍，那就应该是在1934-1935年左右，这时的冯玉祥将军已经退隐，不再主持军务。而韩复榘当时身为山东省主席，位居高官，普通士兵是很难接近的。以上回忆都难以自圆其说，正在难以确证之时，无意中在邢台图书馆查阅到一本邢台市政协文史资料委员会编的《历史的足迹》第四辑，由徐青山口述，刘华进整理的文献资料中，记录了有关徐青山先生参军过程的描述，现就其内容做一简单梳理，并分阶段摘录如下："我能参军也是机缘巧合，因在全县武术比赛中名列前茅，恰巧被观摩比赛的驻守山东的韩复榘部下第29师183团（应为173团）团长靳殿邦看中。随即便从参赛的优胜者中选拔24名青少年，组成武术队随军操练。部队在冠县整顿操练了三个月后，便开到济南府驻守。不久震惊中外的'七七事变'发生了，后随部队转战南北，亲历亲睹了韩复榘部队的改编、台儿庄大战、长沙会战等众多事件和战役，一直到抗战结束，都在该部队服役。"①

从上文记载可知，徐青山先生应该是在1936年底或1937年初入伍当兵的，这是有历史背景的。据《一代枭雄韩复榘》一书中记载："1936年，山东各县开始扩充民团，训练民众，教育厅办理学生集中军训事宜……他（韩复榘）从军队里抽调军训干部，空出兵额作为训练民众的经费，最多时每师空出兵额达1000至1500人之多。"② 另外，韩复榘本人痴迷武术，曾任山东国术馆馆长一职，这在张艳霞、徐保安所著的《近代山东体育》一书中有过介绍。山东国术馆于1929年4月在济南成立，首任馆长为当时著名武术人士李景林担任。李景林于1931年12月病逝后，就由当时担任山东省主席的韩复榘在1932年8月兼任山东省国术馆馆长一职。③ 从这个推测来看，前后相差一两年，可信度较大。29师原为西北军旧属，归韩复榘麾下，师长为曹福林，后升任第三集团军前敌总指挥，抗战后，并入刘汝明兵团，淮海战役后，辗转到台湾。④ 其下辖87旅旅长为

---

① 邢台市政协文史资料委员会编. 历史的足迹. 第四辑. 石家庄：河北人民出版社，1989. 111.

② 全国政协文史资料研究委员会、山东省政协文史资料研究委员会编辑组. 一代枭雄韩复榘. 北京：中国文史出版社，1988. 68.

③ 张艳霞、徐保安. 近代山东体育. 济南：山东友谊出版社，2009. 23.

④ 全国政协文史资料研究委员会，山东省政协文史资料研究委员会编辑组. 一代枭雄韩复榘. 北京：中国文史出版社，1988. 253，153.

荣光兴，173团长为靳殿邦。徐青山参军后，由于其有深厚的武术功底，颇受各级军官赏识，于是先后为四位团长、旅长和师长充当贴身侍卫，也就是通常所说的马弁。

（一）军中习武

由于冯玉祥将军一贯治军严谨，所以西北军历来纪律严明、军风强硬，作战素养较高。徐青山先生所在的29师173团同样秉承了这个传统，作风勇猛顽强，军伍训练十分严格，赏罚分明。下文就是徐青山先生在军中训练的亲身经历："部队平时训练很严格，士兵每天五点钟起床开始跑步出操，一跑就是20多里。早饭后，还要进行攀杠子、跳木马、越障碍、练枪法、抡大刀等军事科目，一直练到中午时分，才允许休息。下午两点继续训练，一直到四点钟才能吃第二顿饭。饭后继续操练，并进行野外勤务、夜间演习、构筑工事等训练，直到深夜方止。另外，士兵在操练时，还要全副武装，身背大刀、洋镐、水壶、背包、枪支弹药等。大刀是西北军必不可少的兵器，每日都要舞刀训练近战技能，训练间隙还常常将五个铜板摞在一起，挥刀一劈两半，以试功力。"①

除了上文对徐青山先生自己口述的军中习武的事例之外，另外，还在对邢台回族老拳师丹玉魁先生②的访谈中，根据他的回忆，也提到了一些徐青山先生在军中习武的几个细节："军营操练实在是太苦了，每天都要进行反复多次地练习'跑板'③和'戳板'④，因久练此功，而致使他的脚底特别厚，很难买到合适的鞋子。另外，他的手掌五指粗短，是因为练习插掌所致。通常从河里找一些黄豆大小的石头，经过消毒后，再打上蜡，

---

① 邢台市政协文史资料委员会编. 历史的足迹. 第四辑. 石家庄：河北人民出版社，1989. 112.

② 前邢台市武术队教练，在1958年结识徐青山，互相交流武术，因年岁相差二十多岁，故结为忘年交，亦师亦友，徐青山逝世后，碑文上的弟子排行中，位列第一。

③ 一种轻身术的习练方式，将一长木板斜靠在墙上或树干上，木板与地面的垂直角度要根据个人功力的高低而调整，练功之人要踩着木板迅速上冲，然后一个后空翻下来，功力越高的人，木板垂直的角度越大，并无限接近90度，到最后甚至可以在垂直的墙上连续蹬上两步或三步，就是传说中的"飞檐走壁"，其目的是为了增强攀爬障碍的能力，同时也是传统武术中一种轻功术的训练方法。

④ 是增强脚掌击打能力的功法，将一截木板埋在土中，只露少许，然后习练之人用前脚掌"蹉踢"木板，是流行于北方的一个拳种"戳脚"的主要功法内容。

进行插掌的练习，练完后，要用狗皮搓手活血，起到消积化淤的作用，避免手掌受伤"。

由此可见，严格的军旅训练和实战技能的培养，对徐青山先生的武术造诣和功力的提高具有很大的帮助。

（二）血战台儿庄

亲历台儿庄战役的老人，现在已经很难寻觅到了。自己在随徐青山先生习武时，由于年龄较小，同时他本人不善言谈，很多往事即使是他的子女也不清楚，故许多他在军队中的事情都已随他而去，令人惋惜之至。但通过一些口述史中的只言片语，仍然可以一窥战争惨烈的场景。

"抗战爆发后，我们183团（应为173团）奉命驻守烟台一带，一天晚上遭遇日军袭击，展开激烈的夜战。不少将士都是挥舞大刀赤膊上阵。那时规定，一上战场近身搏斗，士兵必须一身白衣裤褂，以免误伤自己。打完仗后，全身赤红，分不清敌我之血，街道上、粪坑里满是死尸。此战结束后，我们团便开赴台儿庄参加了举世闻名的台儿庄会战。旅部就设在距离台儿庄10里远的地方，隆隆的枪炮声震得指挥所的房土刷刷直掉。因为没有飞机大炮的支援，制空能力差，所以许多行动都在夜间，白天不敢生火做饭，害怕敌机的空袭。战役开始后，前方将士浴血奋战，各级指挥员也必须亲临前线进行指挥。一天夜里旅长荣光兴（徐青山此时已是荣光兴的贴身侍卫——张延庆注解）骑马到前沿阵地观察地形，炮弹打来，战马受惊，将他掀下来。当时黑灯瞎火，难辨方向，幸亏我及时赶到，将他架回旅部，方使他逃过一劫，否则可能会牺牲在前线。我们在台儿庄一直激战了六七天，敌我双方死伤惨重，战役结束后，部队便被拉到南京附近进行休整，随后又参加了长沙会战。"①

在上文的记述中，徐青山作为贴身马弁在战场上救过旅长荣光兴的命，而不是前文所说的救了冯玉祥或是韩复榘的命。

---

① 邢台市政协文史资料委员会编．历史的足迹．第四辑．石家庄：河北人民出版社，1989. 113.

（三）保镖生活

前文中提及，徐青山先生作为马弁曾先后跟随第29师的四任军官，该四人为：团长靳殿邦、继任团长康玉山、旅长荣光兴和师长曹福林，曹福林后升为第三集团军前敌总指挥。此四人均参加过抗日战争，有确切历史记载。在过去，马弁一般都被视为军官的私有财产，可以当作"礼物"而随意赠送给其他人。下文就是根据口述内容而了解的一些他的保镖生活片段："成为旅长的马弁之后，旅长走到哪里，我们就跟到哪里。白天警戒，夜里在门前窗后值班放哨，稍有风吹草动，我们贴身侍卫就必须行动以确保旅长的安全。那时，我们真是忠心耿耿，不敢有丝毫怠慢，无论白天还是晚上，从没脱衣睡过觉。后来荣光兴把我送给了第三集团军副司令曹福林，派头自然要比前几任大得多。每到一地都必须首先为司令安排舒适的住处，并且要临时拉电话线，报警装置通往每个警卫室。待司令睡下后，除了一个排的兵力保护外，我们这些马弁还要守在门口，站岗放哨，不论三九严寒还是炎炎酷夏，都不敢稍有懈怠。直到日本投降后，我才退役，用积蓄娶了老婆，成立了家庭。"[1]

以上三段内容，是徐青山先生在军队中的亲身经历，前后历经十余年。但徐青山先生已逝，我们看到有关他的口述资料的真伪也无法让他给予印证，即使是他的后人和徒弟们也记忆不清，甚至他在什么时候接受口述整理者的采访都不晓得。所以，从目前掌握的资料以及对其家族后人的录音访谈后，认为上述内容或事件应该是真实发生过的。口述中的部队番号可能是口误或是记忆不清所致而将173团误记忆成183团，几位人物的名字，都有历史记载来佐证，可知他所述的事件是真实的，人物是真实的，而在内容的叙述上，可能会存在差异和纰漏，在所难免，故上文也只当作一个参考而已。但无论真实情况如何，正是他的这种军旅生活和自身习拳的经历，才打造了他的个性与品格，许多日常惯习行为无不与此息息相关。"'习性总是与社会文化母体保持广泛、深层次的联系。习性内化了个人接受教育的社会过程，浓缩了个体的外部社会地位、生存状况、集体历史、文化传统，同时习性下意识地形成人的社会实践'。因此，'什么样

---

[1] 邢台市政协文史资料委员会编.历史的足迹.第四辑.石家庄：河北人民出版社，1989.114－115.

的习性结构就代表着什么样的思想方式、认知结构和行为模式'。"① 例如，他总是剃着光头，沉默寡言，常年穿着一双解放鞋或是圆口布鞋，走路极快，每天早上5点就准时起床，起床后，先要弹500次腿，然后再开始习练查拳，一打就是十几趟之多，下午和晚上还要辅导徒弟练功，甚至在古稀之年，每天仍要练功达三四个小时，几十年如一日，坚持不懈。但岁数不饶人，毕竟是六七十岁的老人，据他的徒弟和子女说，每当练完功后，由于全身肌肉酸痛，需要服用大量的止痛片以缓解身体的不适。

三、邢台传拳

抗战结束后，徐青山便从军队退役了，其退伍原因和时间不清楚，据后人回忆，主要原因是，在与共产党军队的交战中，因投诚或起义而成为解放战士，当时对待投诚的国民党士兵的政策是，愿意留下可以继续当兵，愿意回家的便发给路费回家务农，先生于是便选择了退伍留在河南，在当地成家立业。中华人民共和国成立后由于其姐在邢台，故而携妻带子投奔其姐处，并在邢台定居下来，具体来邢台时间不详。但据丹玉魁老师回忆，徐青山来邢台的时间大概是在20世纪50年代中期，因为他与徐青山结识的时间是在1958年左右。

徐青山先生在邢台正式传授查拳，应该是在"文革"之后的20世纪70年代末。在此之前，由于受国内政治环境的影响，他头上顶着一个国民党反动派的"大帽子"而一直处于社会底层，历经坎坷和蹉跎。据后人共同回忆，在"文革"期间由于先生参加过国民党军队的背景，受到很大的冲击和批斗，家庭生活十分拮据，也没有正式的工作，以打扫卫生和捡拾垃圾为生。由于习练武术也属于"四旧"的范畴，他并不敢光明正大地习拳练武，只能偷偷摸摸在夜间或是无人的情况下练习。所以当时很多人并不知道他身怀武艺，即使是自己的儿女也不知道父亲是一名身怀高超武艺之人。只是到了后来一次偶然的机会，由于被人无意间看到其显露的功夫，才知道他是武林高手。当时，也许是先生技痒难耐或是对环境不适的郁闷心情所致，他在当时护城河桥边的栏杆上，双手扶栏，身体凭空而起，拿起了"大顶"，也就是倒立。这一手绝活恰巧被人看到，一时间传

---

① 刘建、张素琴、吴宏兰. 舞与神的身体对话（上）. 北京：民族出版社，2009. 152.

扬开来，原来他是一位身怀绝技的武林高手。但这一消息也给他带来了很大的麻烦，随之而来的又是一轮批斗和攻击，认为他是和社会主义对着干，要想"翻天"和"复辟"，而且其旧军阀和国民党匪军的身份更是备受政治运动所带来的打击，使得他身心俱疲，甚至是惶惑和恐惧，这也许是造成先生内向、抑郁性格的原因吧。

"文革"结束后，他被安排在一个地处邢台市主要回族聚居区的街道小厂工作，因闲来无事，便义务传授查拳。他刚开始的想法就是"玩"，学生愿意练他就教，自己也通过教授来打发时光，同时自己也能锻炼身体以求自乐。起初只是教授附近的回民子弟，随着影响力逐渐扩大，许多年轻人慕名而来拜师学艺。先生授拳并没有什么标准，只要是愿意或感兴趣的人都可以随其练习，当时也没有什么要求，也未确立师承关系。他之所以没有将拜师仪式纳入进来，是当时环境所不允许的。只是到了后来，随着学习人员的增多以及传统习武的规矩，才在1983年，在同门师兄弟张子英①的帮助下，在邢台建立了自己的师承关系，正式开始在邢台收徒传拳，并于1984年在邢台市武术协会的支持下，成立了自己的"查拳武术拳社"。从此，冠县查拳的又一个支脉开始在邢台被确立起来。

自从查拳武术社成立后，受到当地体委和民委等相关部门的重视和大力扶持，同时在邢台市体委武术教练丹玉魁先生的鼎力帮助下，选择其优秀弟子代表邢台和河北省，参与各类级别的武术比赛，并在比赛中获得不菲的成绩。徐青山先生也多次参加了全国大型的比赛，成绩优异，在一定程度上对弘扬查拳起到了积极的作用。随着知名度的不断提高，在20世纪80年代初期，国家进行传统武术挖掘保护工程时，以北京体育学院武术系张文光教授为主的查拳挖掘小组，力邀先生及全国七位回族查拳名师进京编撰《中国查拳》一书。由此而始，随着先生知名度的不断提高，奠定了查拳在邢台武术界的地位。图2-1是这一支脉在邢台的传承谱系。

但是，由于徐青山先生过早的离世，他这一支系的查拳在邢台的传承出现了危机，后人弟子们虽然跟其学艺多年，但限于种种原因，并没有能够延续这个门派拳种的发展，从而造成了目前这种只下传一代即止情况的

---

① 山东冠县张氏查拳的传人，他与徐青山同为张锡太老师的弟子。

·40· 莫待此情成追忆——从技艺到记忆的邢台查拳

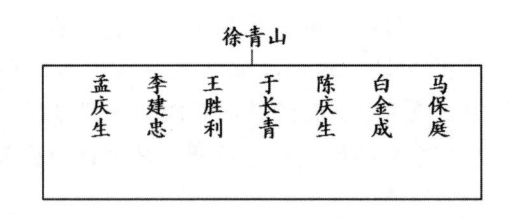

```
              徐青山
   ┌─────────────────────────────┐
   │ 孟  李  王  于  陈  白  马  │
   │ 庆  建  胜  长  庆  金  保  │
   │ 生  忠  利  青  生  成  庭  │
   └─────────────────────────────┘
```

图 2-1

（注：以上所列均为按照规矩递过"拜帖"的入室弟子）

发生，不免令人欷歔！不过这种情形的出现，也与当今社会的环境和武术门派的传承规范相关，也就是说传统的师承模式必然会受到世俗社会中伦理道德的规范和制约。

第三章　场景构建下的认同

通过前文对回族查拳"历史"建构的个案现象分析和徐青山先生个人的经历介绍，我们发现在中国的传统社会里，尤其是在武术界，对一个人的师承关系是十分看重的。而在不同场景的建构中，对习武之人的名分确立，也往往是作为一种身份、地位、责任、义务和权力的符号象征。传统武术的传承模式历来都是口传心授、耳提面命，过去多以家族成员和经过拜师仪式的弟子等为主体，通常是在门内小范围的单传口授，如果不是入室弟子，是无法得到功法真髓的。在整个中国武术的历史进程中，以纯粹血缘相延的拳种可以说几乎没有。因此，"我们有理由认为，师徒传承是今为止传统武术生命存在的基本方式。"[①] 不拜师难以明其理，解疑惑，"艺"的获得途径靠的是功法的习练，而功力的高低除了需要通过经年累月的实践来实现外，许多内容都要依赖师父的点拨和传授才能达到功力上身的目的，而习武之人的身份认同则是获得技艺的主要途径。

第一节　游离于"边缘"的我

1982 年夏季，在我的记忆中，因为一部电影而决定或者至少影响了当时千千万万个年轻人的人生轨迹，我也许就是其中之一。或许当时并没有意识到它对这一代年轻人的影响，但现在看来，电影《少林寺》的公映，确实在全国各地兴起了习武狂潮，尤其是青少年更是趋之若鹜。一时间，人们纷纷寻找名师学习武术，还有许多人不远千里投奔少林寺。在这种大环境下，邢台同样如此。本人也是在这种情形下，通过别人的引荐而到徐青山先生处学习查拳。当时由于年龄较小，并不知道查拳是一个什么样的拳种流派，只是好玩感兴趣，同时也是为了锻炼身体而求学的。

---

① 周伟良.师徒论——传统武术的一个文化现象诠释.北京体育大学学报，2004，5：587.

一、初练查拳

12岁正是天真烂漫的年龄，对"苦"的概念是模糊的，也是不清晰的。在当时看来，一群小孩儿聚集在一起，嬉笑打闹，并没有把"习武"当成一个苦差事，反而把它看做是释放兴趣的集散地。但殊不知，这种兴趣在不知不觉中，慢慢潜移默化为幼小心灵的一个精神支柱了。每天放学后，便急不可待地奔向练功场，不为练功，真正意图则是能够脱离家长的管束而和小伙伴们共同渡过一段快乐美好的时光。

当时在徐青山先生处习练查拳的人数上百，多为受《少林寺》影响的年轻人。但是随着时间的流逝，许多孩子因一时的热情难以持久，尤其是到了冬天，寒风凛冽，习练查拳的人数骤减，只有一些年龄较大的或是递交拜帖的徒弟等为数不多的人坚持下来，还记得当时只剩下四五个与我年龄相仿的小孩儿。应该说，徐青山先生是个较为开明的人，在其传授查拳的过程中，并没有什么保守的思想，对待学生和徒弟一视同仁，不分回族还是汉族，只要是真心学艺的学生，都十分耐心和细致地教授，而且不分男女。也许是刚开始来找师父学习武术的人太多的缘故，或是一种策略来观察所有学艺的学生的意志品质，看是否有毅力和恒心习学武艺。所以，他通常都不太留意小孩子们的练功情况，而只是让一些大一点的，或是学艺时间长的人来带我们，想来就来，想走就走，也没人管。而正式的练功场通常是不允许我们进入的，只能是在场边自己跟着模仿瞎练，间或老师指点一二，便兴奋得不得了，而且能从其他小孩羡慕的眼光中获得极大的满足感，并成为一种炫耀的资本而津津乐道。

经过一段时间的"瞎练"后，大约半年时间左右，或许是师父看自己练功还算刻苦吧，有一天练完功后，突然被师父叫住，他说："从明天开始，你早上过来吧"。当时是一头雾水，不知什么原因。于是第二天早上六点钟便怀着忐忑的心情来到练功场，看到师父正在教授徒弟们练功和学习查拳套路，而晚上一同习练的小伙伴却屈指可数。直到此时，师父才真正开始教授我学习查拳，从而正式走上习武之路。由此看来，师父并没有真正把我们这些新进之人"晾晒"在一边，而是有意为之的一种策略。"把反映习武者道德意志品质的具体行为，放到一定的时间之内，通过枯燥单调并非常人所能忍受的各类基础训练加以真切考察，同时也为习武者日后的发展,做好了一个精神上及技术上的准备。"① 如果在这段时间中被认为不合格,那么习武者起码在这层传承关系上是不得入列门谱的,也当然难得其武技精要,以此来保证武技的传承质量。

二、"场内"与"场外"

习武的地方,我们通常称为"练功场",而"练功场"并没有严格的圈定和划分,但在我们看来,它却能界定一个人在这个场域中的身份和地位。谁能进、谁不能进,是一个心理界限,而非地理空间,许多人一来就自然而然地选择"适合"自己的位置开始习练,同为一个空间之下,却互不干扰。以本人为例,在开始学习武术的这半年当中,始终是在练功场的边缘或是有空地儿的地方"瞎练",即使练功场中空无一人,也不好意思进去。不过师父的一句话,让我真正成为练功场中的一员。自此以后,我可以光明正大地跟在那些已经先于我进入到练功场内的那些人后面进行练功,通常是排在练功队伍的最后一个。

是否能够进入练功场,应该有两层含义:一是你能不能进,师父让不让进;二是自己感觉,也就是好意思不好意思进,而这种"意思"的背后是考虑到自己的功夫是否达到进入练功场的能力,而能力的判定则是要靠师父的认可。有一件事,至今令我难以忘却。那还是刚刚练习武术没多久,看到大孩子们在前边练,我也跟着他们练,这时突然有一个我后来应该称为"师兄"的人回头吼了我一句"滚一边去",虽然不忿,但也只好讪讪地溜在一边。也许当时发生了许多事都已忘却,但这件事却让我铭记在心,很多年后仍能存储在我的记忆当中,但这绝对不是记恨。

从以上这个小案例反映出,不同群体之间是存有边界之分的,而这种划分,更多的是体现在不同群体的心理认同上。玛丽·道格拉斯在其《自然象征》一书中曾提及两个概念——群体与格栅,并做了明确的划分。她将"'群体'界定为有明显界限的社会群体,而'格栅'则指社会中个人与他人交往的准则,包括角色、类别、范畴等。"② 不谙世事的我,在当时还难以界定自己的身份,"我群"与"他群"的意识并未建立起来,在没

---

① 周伟良. 师徒论——传统武术的一个文化现象诠释. 北京体育大学学报, 2004, 5: 584.
② 夏建中. 文化人类学理论学派——文化研究的历史. 北京: 中国人民大学出版社, 1997. 301.

有弄清自己的身份之前,就贸然进入到另一个群体之中,必然会受到排斥和"攻击"。通过这件小事让我明白了"练功场"的真正含义,它不是通常意义上的仪式场所,但它却隐含着仪式所具有的功能,是一种权力、地位的隐喻,同时也是一种群体边界的划分,群体之内的成员往往被赋予某种权利和得到它的保护。在没有经得师父同意或是没有递交拜帖的人是不能进入的,它是有边界的,这种"边界"不是来自于地理上的划分,而是来自他人和自己内心的共同判断,并在彼此内心之间达成一种契约,而被契约所规范。通过自己的努力和师父的认可后,能进练功场是莫大的光荣,每个进入练武场习武之人都有一种被认同的感觉。虽然没有经过任何仪式的洗礼,但在习武之人的内心深处,这就是一个改变身份地位的象征资本。可以说,练功场是当时每个小孩儿心目中的"圣地",它不单可以得到师父的指点和教诲,而且象征着自己身份地位的改变,这种象征资本是别人给予你的一种看法和默许。为了达到这个目的,后来的人和功力较差的学生只能是在旁边或是其他地方自己偷练,以便争取能够早日进入正式武场,从而能够由一个弱势群体跨入到一个强势群体之中,这对每个小孩都是一种鞭策和无声的鼓励。

习武之人并非是一入门便能得到师父的指点和教诲,而是在经过了一段时间的"考验"之后,才能真正得到师父的传授。能进练功场是当物质资本积累到一定程度后转化为象征资本的瞬间爆发。虽说身份、地位、权势都是象征资本的体现,但体现的过程往往要牺牲大量的物质资本,例如时间、金钱,同样也包括身体。前文中的师兄之所以能够拥有"吼我"的权力,是因为我们分处两个不同的群体,他自身的象征资本要远远超过我的资本积累。布尔迪厄认为:"不同团体、阶级之间的权力关系结构,便是由这些机制发挥功能而产生于实作面。"[1] 在这个场域中,地位和权力持有人处于支配地位,资格和职务在特定时刻所产生的关系往往会决定两个群体的格局。而"施为者之所以要捍卫他的象征性资本的利益,是因为他从小的时候就被灌输要乖乖谨守一些公理,日后的经验,又会再予以加强。"[2] 由此看出,象征资本隐喻着一种被秩序圈囿的权力和地位,一旦打

---

[1] 布尔迪厄. 实践理论纲要. 宋伟航译. 台北:麦田,城邦文化出版:家庭传媒城邦分公司发行,2009. 368-369.
[2] 布尔迪厄. 实践理论纲要. 宋伟航译. 台北:麦田,城邦文化出版:家庭传媒城邦分公司发行,2009. 358.

破这种秩序，则必然会受到利益持有者的"呵斥"。

当我后来能够进入练功场之后，又必须马上进入正常的生活状态，重新积累我的下一个资本，力求早日达到"入门"的权力。在许烺光先生的《家元：日本的真髓》一书中，就日本师徒关系的确定有过探讨："师徒关系是经过两个阶段才确立的。在第一个阶段里，弟子当了见习生可是还不是'家元'制度下模拟家庭的成员。当徒弟的技巧达到某种程度的娴熟并得到认可后，就达到第二阶段。"[①] 虽然日本的家元（iemoto）[②] 制度与中国传统武术的师承制度不尽相同，但在对徒弟的收受上是存有相似性的。在这期间，练功的方式没有改变，只是给了你一个"入门"的心理认可，还远远没有达到投帖拜师的权力。

三、一起练功

记得当时练武很苦，早上和晚上两功是必不可少的，通常是早上以学习动作为主，晚上则是将早上所学内容"拿到"练功场进行反复演练，有些人甚至还要在两功之外偷偷地下"暗功夫"。记得那些比自己大的人，他们的策略就是在别人还在睡觉时，便早早起床，当别人起床开始练功时，他已经准备休息了，彼此隐瞒，又彼此相知，尽在不言中。在场上练功只是一种外在表象，是功力水平的展示，但背后的功夫则是在不为人知的情况下偷练而来。师兄弟们以此进行暗中较量，所以经常会有人突然功力迅速提升，出人所料。

通过对丹玉魁老师的访谈得知，过去穆斯林一般都在清真寺里练功，晚上还要"睡寺房"，以便于随时起来练功。我在跟随师父学艺过程中，经常看到一些年龄大一点的徒弟们，通常晚上不回家。在师父居住的外屋，有一排大通铺，可以同时睡七八个人，有时当我来练功时，就看到一些徒弟在外屋睡觉，当时很不理解为什么刚刚夜幕降临，他们却不练功，而是在睡觉。反而是当我们练完功后，他们才起床，可师父却对他们的行

---

① 许烺光．家元：日本的真髓．于嘉云译．台北：南天书局有限公司，1990.55.

② 许烺光先生认为，日本人的家元包括两层含义：家是家庭和家族的意思；元是原来或根的意思。它是个包含了某种技艺的师傅及其门徒的组织，这些技艺如制陶术、插花、书法、柔道、歌谣，等等。这种团体叫做家元，而家元的师傅就是他的家元的家元长（Iemoto of his iemoto），摘自该书自序第17页。

为没有任何的指责和批评。现在想来，他们这种行为其实暗含着一种策略，但这种策略实施的背后也同样是类似我这样身份的"徒弟"所不具备的特权。能够在师父的外屋睡觉，是因为他们具备经过递贴拜师仪式之后享有的一种特殊身份，这种身份是他们拥有正规师承关系的徒弟身份，而我则显然不具备这种权力。一起练功，也许只是一种假象，师父的指点和能够进入到练武场是象征着他对你的认可，半年的考察期是一个师父潜意识中的策略使然，也许他在儿时学艺时，也同样会受此煎熬方才等到身份转变的机会，而并非一开始就会进入"门"来。能进入到正式练功场只是一个象征资本的小小体现，并非正式身份的转变，而要达到真正身份的转变，则需要通过正式拜师的仪式才算确定了正规的师承关系。

从物质资本到象征资本的转换，是不能与仪式的作用相提并论的。象征资本随时随地都可以体现出来，一个言行，一个举止，都是一种身份的表征，而仪式则是在特定场景中的一种正式行为。象征资本的积累只是在为进入拜师仪式做铺垫，仪式可能包含更多的权力、责任和义务。比如对待师父要像儿子对待亲生父亲那样，包括养老送终等责任和义务，都要遵守这些社会规范和契约规定，你的一切行为都要为这种身份而负责，最起码不能辱没师门的教诲。虽然我可以和他们在练功场上一起练功，也可以得到师父的指点，但能够和他们一起"睡"在师父的"外屋"，则是我不能达到的特权。由此看来，我仍然是游离在这个"师徒关系"的场域边缘。

第二节　师徒如父子

武术习练者是社会人，社会人则有社会关系。查拳是回族武术的一个重要流派，除了其本身具有回族文化的表征外，还隐含着一种以武术为媒介的、隐藏在人们头脑中的认同观念。这些错综复杂的社会关系在族群认同的层面上又建立了一种全新的社会关系，这种关系在包容和承认了原有社会关系的基础上，进一步整合了同一群体的自我认同。"师徒关系在中国始终存在着，但是除了和尚和道士以外，这种关系完全没有宗教含义，它只与学习一项专门技术或专门手艺有关。"[①] 传统武术中的师徒关系，本是多边社会关系中的一种，但在世俗社会中，这层关系也被拟亲属、拟血

---

① 许烺光. 宗族·种姓·俱乐部. 薛刚译. 北京：华夏出版社，1990.40.

缘并上升到伦理层面上了。"师徒如父子","一日为师,终身为父"等行为规范,是所有拳种门派坚奉不渝的信条。

一、投帖拜师

传统武术中的师徒传承分为入室弟子和一般弟子两种类型,只有通过正式的拜师仪式后,才算形成了严格意义上的师徒关系。徐青山先生在邢台传拳授艺之初,他与弟子之间并没有确立正式的师承关系,只是后来在其同门师兄弟张子英的建议下,按照传统武术界的规矩,在1983年8月5日正式举行了收徒拜师仪式,收受了自己的第一批弟子。因为同时入门,按照年龄顺序排列为:马保庭、白金成、陈庆生、于长青和王胜利等5名弟子。另因徐青山先生的子辈中,只有三子徐春生随父习武,虽然拜帖中没有他的名字,但按照传统规矩,徐春生被其他5人尊称为"大师兄",这跟其实际年龄没有关系,主要是根据练武的年限和家族传承的规矩而定的。后来在1986年,徐青山先生又收受了第二批弟子,分别为:李建忠、孟庆生,前后总共收受了7个正式的徒弟。自此后,直至1993年去世,先生并未再"开门"收受徒弟。在传统武术界,只有在拜师入门后才算正式传人而能列入门谱,否则永远都是门外的学生,而无法真正以"师徒"的名义来相提并论。

徐青山先生前后两次收受徒弟的仪式,我都并未在当场。其中原因是因为在1983年,徐青山先生收受第一批徒弟时,我还在其门下练功,因为年龄较小,尚未达到递帖拜师的资本积累。另外,其中最主要的原因,这种拜师仪式往往是在一个特定的场合、特定的情境中进行的。尤其是在别人看来,这是一个兼具神秘和敬畏,并充满了神圣意味的殿堂,外人是无法进入这种场合的。由于资本积累得不够,我自然无缘得见。虽然我未能介入其中,但还是隐约了解一点信息的。当时情况是张子英先生带着几个徒弟,从山东冠县来到邢台,除了交流技艺外,可能最主要的事情就是专门帮助徐青山先生在邢台建立正式的师承关系,这在后来对他的一些徒弟和后人的访谈中得到了证实。第二次拜师仪式的举行,是在我已经离开这个群体被选入邢台市武术队并进入河北省武术队集训之后的事情,具体情况,都是在后来写作该书的过程中,通过采访李建忠和徐春生时,由他们告诉我的。通过访谈得知,前后两次的拜师仪式的程序大体相同,在引荐人的主持下,由弟子向师父递交拜帖,在得到师父的同意并接纳了拜师帖后，还要聆听师父的谆谆教诲，也就是所谓的"师训"。"师训"的大体内容主要是告诫徒弟要"勤学苦练、惩恶扬善、弘扬武术精神、尊师重道、团结兄弟等之类的劝勉"，[①] 当双方彼此达成认可之后，再敬拜师酒并行大礼磕三个头以示拜师。关于两个仪式的过程，徐青山先生的三儿子徐春生作为本门的大弟子和家族成员的双重身份，全程参与了拜师的全过程。同时还从他珍藏的前后两次拜师的拜帖中看到了拜师帖的内容和书写格式，现将本人所收集的拜帖内容摘录如下（图3-1、图3-2）：

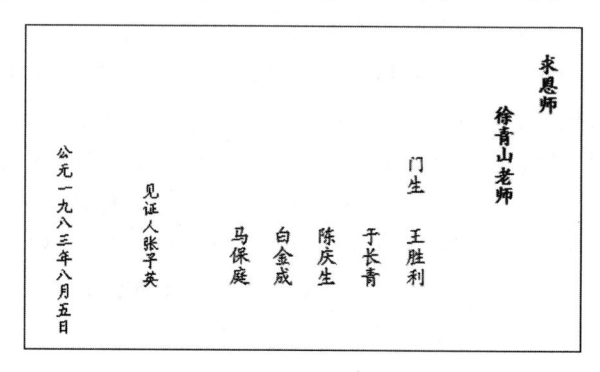

```
求恩师
    徐青山老师

        门生  王胜利
              于长青
              陈庆生
              白金成
              马保庭

    见证人 张子英

公元一九八三年八月五日
```

图3-1

（注：此为1983年徐青山首次收徒的拜帖，但书写格式可能存在纰漏，按照传统的格式，一般是将最年长的徒弟写在右边，以此类推，但这个拜帖中，徒弟按照年龄顺序应该是马保庭排在最靠右）

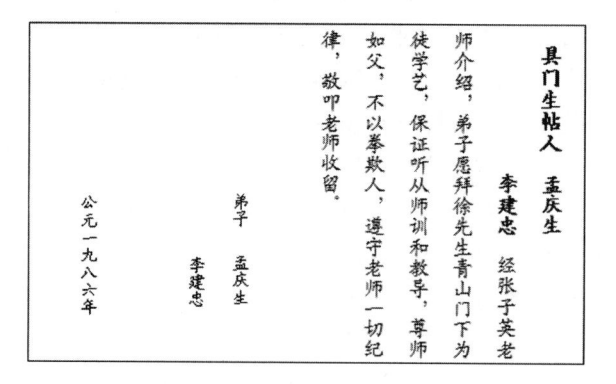

```
具门生帖人  孟庆生
            李建忠   经张子英老
师介绍，弟子愿拜徐先生青山门下为
徒学艺，保证听从师训和教导，尊师
如父，不以拳欺人，遵守老师一切纪
律，敬叩老师收留。

        弟子  孟庆生
              李建忠

公元一九八六年
```

图3-2

（注：这是在1986年收受第二批徒弟的拜帖）

---

① 根据李建忠的访谈整理而来。

从以上两个拜帖内容看，前后两次不尽相同，内容简繁不一，也没有严格的行文规范，但模式大体相同，一般写有拜师者的姓名、师父的姓名，引荐人的姓名以及拜师的年月日期等。这种所谓的"门生帖"实际上是一种意愿的表达。一个师承关系的确立，隐含着"师"和"徒"彼此双方的认可，并达成一种契约，同时还要履行契约所规定的双方各自所要承担的义务和责任。

二、仪式过后

作为一个"外人"，我并没有亲身经历这样的仪式过程，许多内容与程序都是通过访谈而知，其内心的体验和感受自然无法与仪式中的"人"相提并论。各家拳派的拜师仪式大同小异，但一般都要遵循三个程序：（1）要有引荐人的引荐；（2）递交拜帖，敬拜师酒；（3）磕头拜师，并聆听师父教诲。

仪式必须是要在一个特定的场景中进行的正式行为，也是人们创造从事这个行为背后意义的所在。在注重礼法的传统社会中，拜师是一个极为庄严肃穆之事，其作用是让拜师者在经过了长时间考察后再一次产生强烈的精神感受。关于对仪式方面的研究，维克多·特纳可谓精深而独到，他所提出的两个概念——感觉极和理念极，将仪式象征的一连串社会控制力进行了消解与融化。"'感觉极'聚集了那些被期望激起人的欲望和情感的所指；'理念极'则能使人发现规范和价值，它们引导和控制人作为社会团体和社会范畴成员的行为。"[①] 王建民先生根据特纳的分析进一步指出："仪式象征包含两个极端面，一为'理念极'，一为'感觉极'，前者是透过秩序与价值来引导和控制人，在群体或社会给予的分类中安身立命；而后者则是唤起人们最底层的自然的欲望和感受。象征符号的两极将不同的，甚至于相互对立的含义聚集在一起。"[②] 二者在不同的场域中，所蕴含的意义是不同的。"感觉极"在外在表现上可能更为直观一些，而"理念极"则可能代表着各种社会群体的团结与延续，在象征意义上更为深邃和涵盖的范围更广阔一些。

---

① 维克多·特纳.象征之林——恩登布人仪式散论.赵玉燕、欧阳敏、徐洪峰译.北京：商务印书馆，2006.28.
② 王建民.艺术人类学新论.北京：民族出版社，2008.46.

拜师之后，这些徒弟们在练功时更加勤奋刻苦，除了一早一晚两功不可缺少外，还要在不为人知的情形下，背后"偷偷"地去练习功法。在我的记忆中，他们几个人都摽在一起，你做"滑抄"10趟，其他人就做20趟，你弹100次腿，其他人就弹500次腿。在"老大"徐春生的带领下，几个师兄弟紧随其后，还要互相喊着号，彼此鼓励，而我也同样混迹其中。虽然我的身份与他们不同，但这个时候，我已开始正式"游离"在他们的边缘地带，也许会随着这种状态的延续，我被纳入进这个"家庭"只是时间早晚的问题了。但在1984年，在师父的推荐下，我被选拔进邢台市武术队，后又在1985年被选入河北省武术队进行训练，接受的是竞技武术的训练模式，从此改变了我习武的途径，进而与这个"家庭"渐行渐远了。虽然我没能进入这个"家庭"，但由于多年的相处，其间还多次代表邢台市一起参加河北省的武术比赛，并取得优异的成绩，这在师父看来是十分荣耀的事。从这个角度看，我的优异成绩恰恰成为师父和查拳门的象征资本，所以师父和几个师兄弟对我的身份是认同的，并认可我是查拳门的徒弟，只是没有正式拜师而已。这一点可以从我这次撰写该书和田野调查的过程中充分体现出来，他们一直就认为我是徐青山先生和查拳门的徒弟，不管是访谈资料的获得，还是拳谱的赠送，都对我的书的写作给予了大力支持和帮助，我想这正是对我身份的一种认同。

从拜师仪式的外在表象看，是按照中国传统礼法的规范进行的。但作为主要流传在回族群体内的查拳，门人弟子也多为回族。而从回族的传统礼法来说，"回族弟子只行鞠躬礼"。[①] 但根据我对徐青山先生的弟子访谈中获知，他们同样要在拜师仪式中行磕头礼。就此问题，专门对见证人徐青山先生的三子徐春生进行了印证，并得到了肯定的答复。而在问及是否涉及回族的礼法时，他的态度并不明确，只是说在传统武术界的拜师仪式中，弟子们都要行磕头礼，这是规矩，是老辈人约定俗成的礼法。由此可以看出，虽然回族有自己对宇宙观的独特认知，但经历了伊斯兰教在中国的本土化和受到传统儒家文化的影响后，这种伊斯兰教与儒家学说结合后的意识形态多少会影响到回族民众的宇宙观，而这种拜师仪式所遵循的传统就是伊斯兰文化、儒家文化融合的典型范例。

---

① 周伟良. 师徒论——传统武术的一个文化现象诠释. 北京体育大学学报，2004，5：585.

三、重构的"家庭"

传统武术界中的师徒关系，"是以模拟血缘关系为机制，从而形成了与'父'同构的师和与'儿'同构的徒，人们习惯上称呼的'师父'、'徒儿'，它体现为一种模拟的家庭结构。"[1] 这种被拟血缘和亲属化的师徒关系和家庭建构，早期通常是以秘密结社或行会形式出现的，通过习拳练武的行为来达到有组织地对抗强势群体的目的，例如义和拳、红灯照、天地会等。但在现今社会中，这种带有宗教性质的行会形式已不多见，而更多的只是通过"家庭"的构建来强化群体的凝聚力。在许烺光先生《家元：日本人的真髓》一书中也曾提到："日本家元结构的原则是个拟制的家族制度。师父以家长自居，而众门徒则为孩子……同派的个人叫做'家里人'，在家元祖先的忌日，他们一般全去扫墓……他们也有责任举行或参加正式集会，就跟合法的家元一样。"[2] 在经历了拜师仪式对人精神的强烈震撼后，人们仍然要回归到一种正常的生活和练功状态之中。随着时光的流逝，这种对精神（感觉极）上的震撼是难以持久的，它会慢慢转化为一种理念，而"理念极"的影响却无时无刻不在规范着徒弟们的日常行为。

大部分人类学者观察到的拟亲属关系，都担当着协助或介入到传统亲属的关系当中，但不会完全取代亲属。许烺光先生认为："中国的个人不仅受家和氏族的影响，他还有把亲属关系的基本用来与外人互动的倾向，他会附着于拟制亲属的纽带上。"[3] 翁乃群先生也曾提到"一些既无血缘又无姻亲关系的人们象征性地运用亲属关系称谓建立社会关系以表示与亲属关系相应的心理态度。一种维系亲属关系的伦理道德准则成为师生关系及其从此关系衍生出去的关系的伦理道德准则。"[4]

虽然我没有正式进入"家庭"，但内心的情感却没有改变，师父以及师兄弟对我的态度依然如前。记得在我考北京体育大学武术系时，师父还亲自与我一道前往北京，在外人面前称我为他的"徒弟"，让我感慨颇深，

---

[1] 周伟良. 师徒论——传统武术的一个文化现象诠释. 北京体育大学学报, 2004, 5: 585.
[2] 许烺光. 家元：日本的真髓. 于嘉云译. 台北：南天书局有限公司, 1990. 59-60.
[3] 许烺光. 家元：日本的真髓. 于嘉云译. 台北：南天书局有限公司, 1990. 61.
[4] 翁乃群. 官阶、辈分，师生、父子. 读书, 1998, 1: 146.

至今难以忘怀。虽然情感如此，但"师徒"的名分是不以感情为约束的，许多权利、责任和义务都不是"我"这样身份的徒弟所具有的。在与他的几个正式徒弟的访谈中，一些细节让我深深体会到，仪式功能在世俗社会中对日常生活的规范和作用。

徐青山先生是于1993年农历六月初八"归真"的，当时由于种种原因，我未能参加师父的葬礼。据他的徒弟们讲，师父去世后，凡其子女和正式入门的徒弟都要执大礼送葬，就是要"披麻戴孝"。但披麻戴孝是有讲究的，一般人不具备这样的权力。在师父去世时，从所穿着的孝服的规定看，正式徒弟和其子女都要穿全孝，即戴白帽、穿孝袍、腰系孝带、脚穿麻鞋等，而普通弟子只能穿半孝，腰系孝带即可。这是世俗社会的规范，也是一种地位等级和象征资本的体现。在我对李建忠的采访中，他详细给我介绍了当时的情境："师父'归真'前后，他们几个徒弟时刻注意师父的病情，一旦有风吹草动，就马上赶过来。后在操持师父的葬礼时，除了自己的子女外，第一批弟子都身穿'大孝'，而他却没让穿大孝，当时也没顾及太多，后来了解原因，是因为主持葬礼仪式的人，不清楚他是不是师父的'入门'弟子而忽略了此事，在葬礼之后，他便找大师兄徐春生探问此事，也好有个说法"。在我对徐春生的访谈中，就这个问题印证了一下，他说："当时人多，场面也大，无暇顾及此事，都是由主持仪式的人来具体安排，所以许多事不是很清楚，但正式弟子应该是身穿全孝的，但也不好强求"。可能是为了弥补这种缺憾吧，李建忠后来说"在2002年农历八月十五，师娘'归真'时，所有正式递交过拜帖的弟子全都身穿重孝，参与了葬礼的全过程"。

从另一个例子中，这种情形被再一次显露出来。一般情况下，人死后，墓碑都是由其后人子女和徒弟所立，所立之人的名字都要被镌刻在墓志铭上。据我父亲回忆，当时在碑上镌刻徒弟的名字时，要求将我的名字加上，但由于一个特殊原因，而未达此愿。其中原由，并不是因为我未正式递交门帖，而是缘于丹玉魁老师的名字也被镌刻在墓碑上所故。前文中曾提及过，丹玉魁与徐青山是"亦徒亦友"的关系，很早就相识，经常在一起切磋武艺，彼此相交甚笃，故而在徐青山先生的墓碑上，他作为大弟子而被排列在首位，同时得到其后人和徒弟的默许。而我在1984年就被师父推荐到邢台市武术队，又师从于丹玉魁老师，这种身份的转变，让我的师承关系变得极为复杂。据徐春生说，在我的师承问题上，必须征得丹玉魁老师的同意，而丹玉魁老师的态度十分明确，"张延庆是我（丹玉魁）的徒弟，如果和我一同将名字镌刻在墓碑上，有悖常理"。作为问题核心的"我"，在这种场域中变成了一个无法决定自己身份的人，而这种情况的发生，却又暗合了中国传统社会中的伦理纲常规范。但严格来说，辈分和师承关系一旦出现混淆，我的这种尴尬的身份就会无法在传统武术界立足。因为，按照传统理念，徒弟是不能自己随意更换师父的，除非是在师父同意或是推荐下，才可以随其他人学艺。而且，如果是同为一门之徒，彼此之间也是不能有师承关系的，只有在被逐出师门的情况下，才能再拜其他人为师学艺，但这种情形则会被认为是"欺师灭祖、离经叛道"，属大不逆行为而遭到同门的唾弃。但在现实社会中，由于传统武术和竞技武术两种体制的并存，往往容易造成这种现象的发生。在传统体制下，人们讲究师承辈分、纲常伦理，要遵循这种被建构起来的拟亲属关系制度的约束，并在这个框架下履行各自的责任和义务。而在竞技体制下，只分老师和学生、教练和运动员，彼此之间并没有任何契约的规定，只是根据利益最大化的需求来遵守社会规范。

  在中国传统儒家文化中，尊师重道是我们的传统美德，自古以来就讲究"天、地、君、亲、师"的纲常伦理，也是一种人的日常行为规范，人们不可能超越这种结构的制约而特立独行。记得在我刚开始跟随徐青山先生习武的时候，有一个在我看来十分优秀的学生，不仅长相帅气，而且十分干练，功底十分扎实。可以看出师父也很喜欢他，一般有外人来看时，通常都会让他表演一番，而且经常看到师父细心指点他的动作，同时还传授给他很多查拳功法和套路。但是令我奇怪的是，不知何时，这个人突然消失了，一直到我离开查拳社，再也没有见到他。这件事让我一直百思不得其解，似乎成了一个"悬案"，这么有发展前途的人怎么突然不练了呢？直到二十多年后的今天，在与徐春生的闲聊中才得知了事实的真相，原来是因为他没有经过师父的同意便私自改投其他拳社。在我印象中，当时，徐青山先生还未在邢台确立自己的师承关系，虽然说武术界中的这种传统礼制并未规范到他们之间的关系，也就是在事实上并未形成一种"师徒"关系的契约形式，但对双方来说，这种事的发生毕竟不是一件光彩的和值得夸耀的事。

  师父将徒弟逐出师门，是因为徒弟可能触犯了师门的规矩或是有大逆不道的行为，武术界同行不会有什么异议，而只会谴责徒弟的不端行为；

但徒弟在没有征得师父的同意就随意更改师门，则可能是认为自己师父的功夫、品德、声望难以满足自己的需求。而另投他门，这在武术界中可能就会涉及整个师门家族的荣辱，是极没有脸面的事情。其实这两种关系也是互动的，但从传统的伦理规范来说，问题的出现主要来自徒弟一方的不端行为，俗语说得好："一日为师，终身为父"；"子不嫌母丑、狗不嫌家贫"。从这个层面来说，通常都要谴责徒弟的不是。从此后，不单是这个学生很难再与查拳为伍，同时还涉及一些日常的交往行为。比如，在此之前，他的父亲经常去找徐青山先生闲聊，从我们开始练功，一直到练功结束，通常都是晚上 10 点以后才走。而这个事件发生后，就再也没有出现过，彼此之间断绝了一切来往。由此看来，在现实社会几重制度的并存下，人们已经不可能再像以往那样拥有一个明确的身份，而这种混淆的身份通常是在不同的场域中的社会规范所造成的一个特殊师承关系的发生。

从以上几个案例来看，"家庭"身份的认同，不是一纸文书的简单约定，平时显现不出，但在将其放置到特定的场景中时，这种隐含着的社会规范的框架结构是不能被打破的。"认"和"被认"是双方彼此约定的权力，如果一旦有损到任何一方利益时，它就会"从容不迫"地体现出来。中国传统的认同层次原本极为多元，各自相异的认同维度是可以共存的，但在师徒关系这个"家庭"特定场域内，个人身份的认同，往往是彼此纠结的一种博弈。

第三节　兄弟如手足

每个家庭都由父母兄弟姊妹而构成，这是由血缘关系的先天注定。而在传统武术界这种由师承关系确定的"家庭"和"成员"，却是一个另类的组合模式。其核心和维系家庭的主体是师父这个"家长"的存在，而一旦失去这个核心，"家庭成员"也可能将面临解体的危机。

一、先生的去世

徐青山先生一共收受了 7 个入室弟子，4 个回族，3 个汉族，在武艺的传授上一视同仁，没有回汉之分，从这一点来看，师父的观念相当开明，思想并不保守。拜师之后，他们彼此之间以"兄、弟"相称，除了日常习武之外，每逢师父生日或节假日，便一起到师父家中聚会，与世俗社会中的普通家庭一般无二。但在1993年，随着徐青山先生的逝去，稳定的结构平衡被打破，许多门人弟子失去精神上的依赖，这种"辉煌"的状态也随之淡然消失。尤其是随着时间的流逝，这个被建构起的"家庭"，也慢慢开始解构和消融，这同样与世俗社会中的家庭一样，父辈的仙逝，往往是兄弟们分家另过的理由和策略。作为一家之长，师父的存在可以说是维系这种被建构起的"家庭"的核心支柱。在刚开始给师父守灵其间，师兄弟们还经常能聚在一起，除了守灵和接待祭奠的亲朋外，闲暇之余，便一起在师父的灵前研习查拳，交流技艺。随着守灵的结束，师兄弟们聚在一起日子日渐稀少，只是在师父的忌日时还能聚在一起以缅怀先师。日常虽然间或有所交流，但已经失去了原有的内心凝聚力，这意味着这个"家庭"已处于被解构的危机边缘了。但是作为大师兄的徐春生，当时也很想维系这种"家庭"结构。在与他的访谈中，曾经涉及查拳传承的问题。他很想延续这个师门家族的习武传统，刚开始还准备和几个师兄弟一起将"查拳社"支撑下来，也招揽了一些小孩儿，免费义务教授他们查拳，但最终难如人愿，其间原因较为复杂。

在徐青山先生的家族中，除了第二代的他随父习武外，他的两个哥哥并未子承父业，而且在第三代当中，虽然有两个孙子自幼练武，但并没有练过查拳，都是被直接输送到邢台市体校接受现代竞技武术的训练，对查拳的功法套路知之不多。在过去，传统武术除了有自己的师承关系外，最重要的就是家族作坊式的传承，二者相互补充，才更便利传统武术的延续和发展；另外，在师父的这些弟子中，大多学拳时的年龄偏大，即使是学拳最早的徐春生，在"文革"结束时也已经16岁了，已经过了学武的黄金时期，其他徒弟与他年龄相仿，学习查拳的时间也比较晚。自古以来，武术讲究的就是童子功，所以，学艺年龄的偏大，就有可能会阻碍拳艺的提高，从而难以从众多徒弟中选择一个可以与徐青山先生相提并论的核心出现。在世俗社会中，要想得到武术界的认可，是极其艰难的，除了具有高超的武艺和优良的品德之外，还掺杂着众多因素的影响。徐青山先生生前是邢台市武术协会的副主席，并多次代表邢台市和河北省参加全国各种大型的比赛，成绩突出，社会地位和威望都很高，并且还作为全国7位受邀的查拳名师之一，被当时的武术泰斗张文广先生特邀前往北京共同整理和编纂《中国查拳》一书。

在传统武术界，师父一般都是将最有成就的徒弟作为自己的传承人，而不一定是自己的子孙。上述这种情况，在许烺光先生关于日本"家元"的研究中有过分析，他认为"家元"的传承主要靠血缘关系、结业年限和技艺成就，但最终要倾向于对掌握技术特别精湛的徒弟，而不管其自身的年龄和地位。"'家元'是从担任父亲角色的'名人'① 起往下建构的。家元制度的功能就是透过严格遵照师徒模型的基础，纳入越来越多的弟子，来扩展流派之首的'血缘关系'。最高的'名人'具有韦伯所谓的'领袖气质'。'名人'用韦伯称作秘传的方式把这个感召力传给年青一代的师傅。"② 故而若想维系"家庭"的延续，徐春生等就要有足够的象征资本来提高自己的威望。不难看出，徐青山先生的这些条件和"光环"都是徐春生及其他徒弟所达不到的一种重建"家庭"的资本。

二、"练功场"的消失

在师父刚去世的那段岁月，这些徒弟们还能够隔三差五地到练功场习拳练武，但并未持续太久，这种局面就发生了改变。首先，师父去世后，新的"家庭"核心没有出现，致使一些普通学生大量减少，偶尔过来，看到没有什么人练功，而使得情绪难以调动；其次，是一些类似"我"之类的游离于"门内"和"门外"的学生，看不到"入门"的希望，关键是师承关系难以被确立，从而造成积极性的迅速衰减；最后，是一些入室弟子来师父外屋"睡觉"的越来越少，这种让外人看来是附着在他们身上的权力和地位的象征资本，正在逐渐褪去原有的色彩和功能。

但上述情况的发生，也可能是由于社会环境的变迁使然。改革开放前，我国的农村或是小城市，基本上是处于一个稳定的社会结构，城乡差异不大，流动性小，深受土地及村落的羁绊。"靠农业为生的人必然比靠商业、制造、或政治为生的人更无流动性。首先农民的基本生产工具是不动的；其次农民的移动性受到他利用土地资源的技术限制。"③ 由于一些客

---

① 在日本所有的家元乃至家元以外，比所有人都杰出者，或者在围棋的场合击败所有对手的人，就给予"名人"和"本因坊"的头衔，参看许烺光《家元：日本的真髓》一书第56页的引注。

② 许烺光. 家元：日本的真髓. 于嘉云译. 台北：南天书局有限公司, 1990. 56.

③ 许烺光. 家元：日本的真髓. 于嘉云译. 台北：南天书局有限公司, 1990. 67.

观条件的限制，例如户籍制度、地方票证，出门要开介绍信和单位证明等因素制约，而使人所居住的环境相对封闭、固定。而改革开放后，在中国走向现代社会的过程中，更多的是打破了中国社会中城乡的二元结构，使得民间自主传承的模式发生了巨大的裂变，同时也就产生了这种对由拟亲属临时组阁而成的"家庭"成员之间的认同与排斥，并使得这些成员之间出现一种简化趋势的发生。社会人员的流动性发生了改变，职业的变动，城市的开发，对人们的居住格局和谋生手段都会有一些影响。"这是我国几千年来安土重迁的农业社会，向工业社会发展途中的一种社会心理上的后遗症。这个传统在一个流动性极大的工业化和现代化的社会里，是很难保留下去的。"① 现在师父的门下弟子大多在邢台，从事行业不一，大都忙于自身的工作和家庭，习练查拳的机会也不多，只是在师兄弟聚会时才会偶尔讲拳习武。在其几个弟子中，有两个是开小饭馆的，有两个是工人，还有下岗再就业的，除了老七的工作一直比较稳定外，应该说在当时，其余弟子的生活状况都不太乐观，存在一定的生活压力。

在师父过世后，以前异常红火的"练功场"变得格外萧条冷落。过去回族人习惯于"围寺而居"的生活，以方便进行礼拜和朝觐。在清真寺这一神圣空间里进行的文化传承、仪式操演以及交流互动，增强了回族的宗教意识和族群意识，确立了"我群"与"他群"的边界以及内部的社会秩序，伊斯兰精神正是以清真寺为媒体渗入到穆斯林心中的。对于回族来说，清真寺对于塑造和维持族群的共同记忆和族群认同具有重要的作用。而"练功场"同样隐喻着一种类似"清真寺"的情结，对这些练功者来说，不管是回族还是汉族，"练功场"无异于是他们的精神家园。

三、世俗的偏见

师父在世的时候，汇集了来自各个行业的徒弟，在这个场域之中，没有什么贫富贵贱之分，其共同的身份都是一师之徒，话题的核心自然以习武之事为主。在我对师父几个徒弟的访谈当中，其社会身份大多分为工人、农民、个体职业者等文化水平不高的人，所处的社会地位较低，但也有个别人士是国家政府职能部门的人员。这些人虽同为一门之徒，但师父

---

① 王东杰. 地方的, 也是中国的. 南方周末, 2011.12.15: 30.

过世后，彼此关系也有亲疏远近之分，争端屡屡。

在7个徒弟之中，师父一直比较欣赏最后入门的徒弟，在我的记忆中，师父经常会当着外人的面夸奖老七练功十分刻苦，而且还特别懂事，出外时一般都带着老七。记得在一次参加河北省武术比赛时，老七陪同师父一起来观摩，由于师父年事已高，对师父的饮食起居照顾得无微不至，每天晚上都要打洗脚水，帮助师父洗脚等。据其他徒弟说，师父将自己所学之艺倾囊传授给老七了，而其他徒弟都没有他学得全面，甚至师父自己的子女也不如他。这种现象，在传统武术界，往往会将最后所收的徒弟作为关门弟子，通常也是师父最为疼爱的徒弟。由于对他的偏爱，可能会招致其他徒弟的嫉妒和艳羡，其中原因较为复杂。通过几次访谈，几个徒弟都会不由自主地谈起对老七的看法，而且颇有微词。据他们说，在一次聚会时，因为一些争执，还掀翻了酒桌，闹得不欢而散，以至于最后老七与其他师兄弟之间不再来往。探究其原因，可能主要围绕着以下几个问题而纠结不清：一是师父对老七的厚爱没有在师父去世后体现在对师父的应有尊重上，例如在师父忌日时，经常以有事为托词而不来；二是在与师兄弟之间关系的维护与相处上，存有世俗社会中地位身份的偏见。在师父的7个徒弟中，大多社会地位不高，而老七是邢台市一个市政职能部门的经理，其社会交往的圈子和阶层相对于其他师兄弟来说自然不可同日而语；三是在性格秉性上较为孤僻，不合群。

以上三点是他们的分析，但也有一个徒弟李建忠并不这样认为。他说："现今社会对传统的规范已远不如从前，每个人都有各自交往的社会圈子，也许在师父忌日时他确实有事，或是有比参加师父忌日更为重要的事也未可知，毕竟师父已经过世了，来不来全靠自觉，不用强求"。他的这个分析，看似评价中肯，但仍有情绪流露，也许他不想将这个矛盾激化吧。李建忠为人比较忠厚，他与其他师兄弟的关系相处得都十分融洽，虽然自身文化水平不高，但在处理各方关系上，掌握得很有分寸，没有什么偏激情绪。他经常挂在嘴边上的一句话就是："一个头磕在地下，彼此就是兄弟，能相处更好，处不来也是兄弟，谁让我们都是一师之徒呢"。

通过以上案例分析，在世俗社会中，往往因社会区格而决定一种社会结构，而结构中的师兄弟之间的关系，自然也会受到社会整体结构的束缚，社会结构与群体结构之间始终存在着博弈。由此，我们自然会联想到玛丽·道格拉斯的格栅和群体关系的分析。她的这种分析是一种研究社会

◎第三章 场景构建下的认同◎

形态的方法，并认为格栅和群体是两个相互无关的变量。在某种程度上，群体的划分更多地倾向于仪式对其的作用上，而格栅则主要体现在自身的角色以及彼此之间交往的准则上，也就是说每个人在所处的社会中都有自己交往的圈子。前文中所谈及的老七，他的社会地位与其他师兄弟比起来，社会交往圈子里的各种角色整体上高于其他人交往的圈子，于是他和师兄弟之间就容易形成一个"强群体弱格栅"的结构模式。在这种模式中，人们被分为局外人和局内人，而且十分敏感。同时，由于社会内部个人角色规范的不严谨，从而造成这种结构的缺陷，更容易产生一些矛盾和争端。"内部的不和谐与困境都被怀疑是外来敌人所致，内部意见出现冲突或分歧时，就认为是外敌收买内奸所致，所以，清扫内奸抵御外敌是这类社会的特征。"① 所以，在这个被模拟的"家庭"结构里，师父的去世往往会使这个群体产生新的纷争和矛盾，而一旦老七与其他师兄弟之间产生矛盾时，"由于纠纷较难解决，经常会发生驱逐某个成员或者群体分裂的情况。"②

在我国著名人类学家林耀华先生所著的《金翼》一书中，关于家庭动态的平衡有过深入的分析和探讨。整本书都是围绕着两个家族的兴盛和衰败为脉络来叙述的。支配关系的转变，会带来种种新的平衡体系的出现，为了平衡，就得重新组织关系，这是人类社会传承千年而亘古不变的真理。他认为："人物及班底的变换会促使人际关系的变迁……一个体系之外在因素的改变时也会促使这一体系之中成员间关系的变迁，并波及这一体系的所有成员。"③ 由此而见，在以徐青山先生为核心而建构起的这个"家庭"中，在他去世后，由于没有新的核心出现，从而使这种稳定的平衡结构被打破，致使这一家族传承的查拳流派难以维系，只下传一代便戛然而止，门下弟子也均作鸟兽散，致使传承链条发生断裂。不难看出，作为"家庭"核心的师父在世时，群体结构自然服从社会结构的秩序安排，并维系这种结构的稳定性，暂时不会发生冲突和矛盾。一旦当师父去世后，群体结构就会与社会结构发生矛盾而显露出来，并最终服从整体社会

---

① 夏建中. 文化人类学理论学派——文化研究的历史. 北京：中国人民大学出版社，1997. 302 – 303.

② 梁永佳. 玛丽·道格拉斯所著"洁净与危险"和"象征自然"的天主教背景. 西北民族研究，2007，4：96.

③ 林耀华. 金翼. 上海：生活·读书·新知三联书店，1989. 211 – 212.

结构的控制。"无论在任何时期,人类集团内部系统的连带都不是一个固定不变的实体。在内、外系统的相互作用中,内部系统的离心力远比向心力大……这样一来,在家庭与部落、民族之间,社会会发展成许多集团。"① 所以,在传统武术界或世俗社会中形成的这种拟亲属的关系制度,"一日为师终身为父","师徒如父子","兄弟如手足"在特定场景中达成的共识,一旦遇到传承的纽带断裂的时候,就必将会被融入社会结构的场域中,从而以一种新的结构模式来形塑人们的行为方式和行为准则。

---

① 许烺光. 宗族·种姓·俱乐部. 薛刚译. 北京:华夏出版社,1990.158.

第四章　身体记忆的查拳

　　无论世俗社会如何规范，场景如何建构，群体如何认同，都不能脱离社会结构的束缚。而它们之间的关联性往往是会在身体实践的场域中来反馈出来并持续发挥作用的。习拳练武，讲究的是童子功，这是因为小孩的身体筋脉柔韧性强，可塑性较大，尤其是对以后功法的掌握上，具有得天独厚的优势。传统武术的训练方式与现代竞技武术的训练有着本质的区别，这种区别往往是通过身体的外在表征而体现出来的。

　　由于查拳具有浓厚的伊斯兰文化烙印，通常都能从其身体外观来达到对查拳的认同，而这种外观的形成过程，正是通过身体技术对身体的塑造来完成的。但查拳除了具有这种独特的外在表征外，与其他任何拳种流派一样，都还需要遵循传统武术功法理念的规范。所以，近代武术大师，国学大家吴图南先生在其《国术概论》中曾点明，任何拳术都有一套习练基本功法的体系和规律，除此以外还要添加一些其他拳术内容来辅助。"是以初学国术者，知动手，不能同时动足。知动手足，又不能同时动腰与肩臂。故动作之程序，必须系统一贯，井然不紊。方能收由脚而腿而腰，进退得体。由手而臂而肩，动转自如之效。至就动作之理会而言，则何为举手动足乎？何为东一捶西一掌乎？何为俯仰蹲伏偃卧乎？变态百出，捉摸无从。此皆动作编列，缺乏意义之咎者也。"[①] 其以上说法，在查拳中就有体现。例如在查拳的一些功法中，除了自己独特的习练内容外，还融合了炮锤、红拳等拳术流派的功法内容。炮锤是一种功法，主要是发力技巧，而红拳则是对身形的训练，动作以窜蹦跳跃为主。只有将这些拳法和功法糅合在一起，方能发挥出查拳的功力特点来，所以在传统武术界，一般都将查、滑、炮、红等拳种归为一类，以起相辅相成之作用。

---

① 吴图南. 国术概论. 北京：北京市中国书店，1984.4.

第一节 "身体实践"的查拳

中国传统武术,向来注重身体与自然的相处之道,我们称之为"天人合一"。这种理念不但指导传统武术的理论研究,同样归属此类的回族查拳也不例外。不过由于受伊斯兰教的影响,回族又有自己对宇宙观的独特认知,但经历了伊斯兰教在中国的本土化和受到传统儒家文化的影响后,这种伊斯兰教与儒家学说结合后的意识形态多少会影响到回族民众的宇宙观。然而,他们原有看待世界的态度和行为标准并未改变,在他们的精神世界里,"安拉"是唯一的真主,而被称为"圣主"的穆罕默德是真主安拉所派遣的使者,他们对待真主和穆罕默德的敬畏之心从未改变。从对查拳研究的个案中可以清晰地看到个体与整体之间联系的痕迹,而这种联系同时也体现出个体与宇宙观在时空转换过程中所建立起来的对身体塑造的模式。在这个过程中,身体在社会记忆中起着至关重要的作用。

一、社会场域中的"身体实践"

我们通过到河北邢台拜访一些健在的回族老拳师和清真寺的阿訇,在与其交谈和到清真寺观摩礼拜的过程中,亲眼目睹了回族宗教文化与身体的紧密联系。虽然一些参拜成员甚至阿訇已经不再从事武术活动,但在清真教义和参拜礼仪中还是能够一显查拳与其融合的痕迹。在一位回族老拳师赠送的《清真简要》[①] 手抄本中,清楚形象地描绘了回族的礼拜过程:"礼拜的仪式,是以穆圣的尊名(穆罕默德)的四个单字制定的,立站如挨立夫(音译),像人顶天立地;鞠躬像哈(音译),如鸟兽负天之象;跪坐像答里(音译),如山岳之岿然不动;叩头像密目(音译),如草木根生于土,而复还于土。一拜之后,周而复始,如日月之运行不息。"[②] 从描述中可以看到,虽然只是一个宗教礼拜仪式,而穆斯林们则称其为礼功,从上文描述中可以看出,这一套被附着于仪式后的功法,能处处体现身体作为一种工具来表征个人与宇宙之间共融的关系。

---

① 抄本为丹玉魁老师所赠,纸质较为陈旧,未标明出处和年代,其内容主要是穆斯林的教义和日常规范。
② 清真简要. 手抄本: 22.

社会学家将"身体"看成是一种行为,是社会环境中的一部分,而人文社会科学的目的就是对一些社会行为进行文化理解和阐释。布莱恩·特纳在《身体与社会理论》一书中提到:"身体是我们劳动的对象——包括进食、睡觉、清洁、饮食控制与运动。这些劳动可以被称为身体实践,它们既是个人实践,也是集体实践。一方面,这些实践将我们与自然界联系在一起,因为我们的身体就是自然环境,另一方面,这些实践还将我们置于难解的社会规范体系中。"① 从而让我们认识到,社会行为的身体具有象征的潜力和作用。由此,他进一步提出一个"身体化"的概念,"千万别将'身体'概念具体化,反之,我们应该将身体化视为一种过程,亦即身体化的社会过程。"② 其所表达的含义可以理解为身体化就是生命所要历经的过程,是抽象了的。叶舒宪先生也曾提及:"身体本身是自然的产物,而人们运用其身体的方式却是由特定社会约定俗成的。一个人对自己身体的运用超越了作为单纯生物存在的这个身体。"③ 关于身体化的表述,布莱恩·特纳分析道:"身体化是一种生命过程,它需要我们去学习身体技术——走路、坐下、跳舞、吃饭等。身体化是一整套的身体实践,它不只构成一副身体,还赋予它在日常生活中的位置。身体化将特定身体置于某种社会惯习中。其次,身体化还必须制造出生命世界中的感官存在于实践存在。身体化是感官身体与主观身体的一种生命经验……正是那些具体实践,对生命世界进行积极的型塑。"④

人类的各种文化活动,根据人的活动作用对象的不同可以分为物质文化、制度文化和精神文化三个部分。三者分别作用于自然、社会、人。也许正是这种原因,不少文化学者把体育文化列入精神文化的范畴。其实,体育文化作为一种文化现象,其作用对象虽然是人本身,但既有自然性,也有社会性,是一个综合体,尤其是在一些体育活动中,许多内容都隐喻了这三种制度在活动过程中所表达的含义,其表达的方式就是运用了身体这一符号的象征体系。

与此相对应的是,中国传统的宇宙观同样认为身体是作为自然界的一个组成部分而客观存在的。人介于天地之间,从天、地、人三者的关系

---

① 布莱恩·特纳. 身体与社会理论. 谢明珊译. 台北:台湾国立编译馆,2002.246.
② 布莱恩·特纳. 身体与社会理论. 谢明珊译. 台北:台湾国立编译馆,2002.371.
③ 叶舒宪. 身体人类学随想. 民族艺术,2002,2:11.
④ 布莱恩·特纳. 身体与社会理论. 谢明珊译. 台北:台湾国立编译馆,2002.371.

看，天给人以助，要靠雨露滋养；地供人以生，提供衣食住行的供给；一年四季，寒暑交替；二十四节气，耕种播收；三百六十日，有昼夜之分，天地变化之妙处处都与人的行为有着密切的联系。正是这种周而复始、循环往复的孕生模式，才使得生命之留存而绵延不绝。殊途同归，东西方的宇宙观在此达成了统一的认知，布尔迪厄在其《实践理论大纲》一书中，专门有一个章节来分析世俗社会中人类的"孕生型图式和实践逻辑"之间的关系。站在这个场域来看，其对某些内容的探讨上与中国传统的宇宙观念存有异曲同工之妙。从武术角度来看，这种将身体融入宇宙万物中的观念，是个体与天地之间一个相连的关系，同时也是一种"借地之力，纳天之气，壮人之势，天地人形成一体的'大周天'。"[①] 与它对应的"小周天"，则是宇宙观在人身体上的体现，通过肢体来表征人与自然的和谐关系。例如，武术讲究脚踩于地，必须扎根于土，下盘稳固。地为力之源，一切能量从地起；头顶于天，则立身中正，感通经络，循环往复。低头失天，抬头失地，故传统武术讲究不抛头露喉，不缩头藏颈。这种大周天知人，小周天知己的宇宙观无时无刻不体现在人体之上，知己知彼方能百战不殆。

二、查拳场域中的"身体实践"

查拳是回族教门拳的一种，而回族人通常将教门拳称为"圣拳"，"圣"是指代穆罕默德，与其他拳种相比具有典型的伊斯兰特色，并十分清晰地从查拳的拳势和套路中映射出来。"弹腿是查拳的基础套路和主要功法习练方式，它是按阿拉伯文的28个字母排列而成的二十八个基本动作组合，又叫二十八路弹腿。目前流行的是前十路，后十八路比较复杂，为了便于记忆，把它编成两套类似拳套的组合，分为一路腿和二路腿，又称为二路腿拳。"[②] 阿拉伯文字的28个字母与弹腿结合起来，实际上就类似汉字的象形文字那样，既有身体的表征，又存在一定的秩序，每个字母根据排序或是外在表象来与弹腿配对。28个字母对应二十八路弹腿，从初级到高级，从简单到复杂，实际就是一种根据功力高低的排序，第一个字母表示的是"头路弹腿"，并以此类推。

---

① 于志钧. 中国传统武术史. 北京：中国人民大学出版社，2006.35.
② 王杰、姜周存. 回族查拳武坛奇葩. 中国穆斯林，2008，6：53.

另外，回族群众一直坚信礼拜可以锻炼身体，给人以身心安慰。同时周而复始的礼拜功课，还可活动全身，增强血液循环，恢复精神疲劳，起到修身养性，升华人格的作用。他们讲究"以身事主、意向主、心敬主。在礼拜中能做到，正容而立、端庄而坐、威仪而起、清缓而念、至诚捧手、悠雅退步。"① 这种理念被转化为一种对身体行为的规范而融入查拳套路中，不论是上步还是撤步、起身还是下势，讲究的是静如山岳、动若江河，始终都让身体保持一种优雅舒展的姿态。而最具代表性的动作则是在查拳每个套路中的"起式"与"收式"，怎么起、怎么收，都有一定之规，动作结构与礼拜是极为相似的。例如，每当他们练完一套拳术后，都有一个习惯性的捋髯动作，以表示一个套路的结束。这个动作据说是取材于男人们的习惯动作引申而来。一般情况下，信奉伊斯兰教的男人习惯留须并作为自己的外在表征，许多回族老人，都蓄着很长的胡须。但也有一些独特的现象，据文献记载，由于历史原因，在一些伊斯兰教派的面容修饰上是不留鬓须的。比如伊斯兰教四大教派之一的"哲赫忍耶教派"的穆斯林就是为了纪念其教派始传者马明心，便"不再留腮须而只留下巴胡"。② 查拳的这个"捋髯"是否取材于男人的习惯未有定论，但这种双掌抹脸、捋髯的动作，却是隐含了伊斯兰教的礼仪在里头。回民礼拜结束时，都有这样一个动作，穆斯林称其为"都瓦式"，意为穆斯林面向真主，以示感谢真主的恩赐，查拳中这类动作也往往是作为套路的结尾姿势出现的。

也许不同地域的查拳流派可能会由于个体之间的差异存在些许不同，但查拳的演练风格、特点、内容、节奏、外型、定式等都是趋于相同的，而且不会受到个体差异的影响。由此看出，身体的行为既受生物性因素的影响，也受社会性因素的影响，或者同时附加在人的身体之上而集中体现出来。但生物基因可以改变，而社会行为则会烙印在人的内心深处，身体的惯习行为往往是通过后者来实现的。叶舒宪先生在《身体人类学随想》一文中曾提到，北爱尔兰的贝尔法斯特女王大学社会人类学系教授约翰·布莱金编辑出版了一部题名为《身体人类学》的书，其在导论中言道："身体人类学不同于以往的体质人类学因为它所关注的不光是人体的生理、生物学特征，而更重要的是其文化的和社会的特征。"③ 在此文中，叶舒宪

---

① 手抄本清真简要．22．
② 马正伟．回族民俗学概论．银川：宁夏人民出版社，1994．81．
③ 叶舒宪．身体人类学随想．民族艺术，2002，2：10．

先生进一步借用约翰·布莱金引用英国著名人类学家玛莉·道格拉斯《自然的象征》一书中的话："社会性的身体制约着生物的身体被感知的方式。由于身体的生理经验总是被社会的范畴所调节修饰，因此它确认着一种特殊的社会观点。在这两类身体经验之间的持续的意义交换，使得每一方都会强化对方的范畴。作为这种相互作用的结果，身体本身就成为某种高度限定的表现媒介。"①

由此我们可以发现，将身体放置到一个特定的场景中，即便是不会查拳的穆斯林也要经受这样一种社会规范的约束，并历久成习而转化为一种集体的记忆，而这种记忆的形成正是来源于社会场域对个人身体的型塑和训练。但是我们也可以看出，世俗社会的规范也许还不能束缚人的精神，回族这种采用宗教信仰的神圣性来规范人的身体行为，其规范程度已经远远超越了理性的制约，是一种通过对真主的敬畏之心来达到人格的升华，并起到规范他们日常行为的作用。宗教信仰是一种对精神的约束，这种约束被附加在教民的身体之上的痕迹，在查拳的动作中表现得十分明显。可以说，查拳的习练也是一种对社会规范的隐喻，从仪式中的身体到查拳中的身体，历经时空转换后，将这种集体记忆潜移默化为身体记忆，并通过身体实践来表达他们对真主安拉和穆罕默德的敬重之心，这正是一种无意识的、无策略的惯习行为的体现，但这些行动的效果往往是合理的、有策略的。对于身体研究而言，查拳作为回族群体的一个象征符号，通过"身体"这个媒介，充分表达出了回族群体内心情感的普同性。在特定的社会关系和场域中，布莱恩·特纳所提出的"身体化"，其实就是某种社会惯习与记忆。"根据马克思与布尔迪厄的观点来看，身体化与自我建构重视发生在特定的社会脉络下，而且惯习一定是特定场域中的一套实践，我们可以说，身体化必定会确保自我定位的过程。"② 这个时候，布尔迪厄的理论认知，同时"消除了存在主义对主体观选择力的夸大和结构主义对客观制约性的夸大，将个人实践的身体转化为个体与社会、主体与结构关系的模式研究中，从而排除了长期存在的主观与客观的二元对立的势态。"③ 而区分它们的标准与界限往往是通过实践后的身体来完成的，"在所有文化

---

① 转引叶舒宪．身体人类学随想．民族艺术，2002，2：11.
② 布莱恩·特纳．身体与社会理论．谢明珊译．台北：台湾国立编译馆，2002.372.
③ 刘建、张素琴、吴宏兰．舞与神的身体对话（上）．北京：民族出版社，2009.152.

中，对于权威的编排（choreography），大多通过身体来表达。"①

三、身体实践后的"拳谱"

在保罗·康纳顿的《社会如何记忆》一书中，将身体实践又划分为"体化实践"和"刻写实践"两个层面来分析。他指出："从口头文化到书面文化的过渡，是从体化实践（incorporating practices）到刻写实践（inscribing practices）的过渡。文字的影响取决于这样一个事实：用刻写传递的任何记述，被不可变地固定下来，其撰写过程就此截止。标准的版本和正规的作品，是这种状况的象征。"② 这种情况在实际操演中，是否可以理解为：一个传统拳谱的形成过程，正是由于前人经过体化实践后的经验获取，然后将这种获取的经验转化为一种文本形式，让语言文字来代替了早期人们经过练功之后的体化认知的一种经验总结，并以文本的形式展示出来，从而诞生了我们现今看到的前人所遗留下的"拳谱"。

由此而看，一个传统武术拳谱的形成是在经历了身体实践中的体化实践和刻写实践之后才最终展露其深奥的含义。例如，一些前辈武术大家通过经年累月地功法练习之后，从而让身体达到所谓的"体化实践"，然后将这种实践认知通过语言文字汇集成一个拳谱文本，也就是"刻写实践"。我们后人不经历前人痛苦的习武过程，就无法达到体化实践的认知和感觉，如果只是单纯地看前人通过"刻写实践"写成的拳谱，自然难以体会"体化实践"的过程。于是，我们经常能看到或感受到一种现象，一个人即便是获得了前人遗留下的拳谱文本或功法秘诀，还是无法深刻领会其中武学的奥妙所在，这正是前文所反复提到的研究传统武术的"两张皮"现象出现的关键所在。所以，后人习武只看前人所遗拳谱而没有经历体化实践的过程，不只是武功难达上乘，甚至连其皮毛之功都难以窥探和感知。我们经常在武侠小说中看到的那种一旦获得一本珍贵的武功秘籍后，就可以使功力获得突飞猛进的情景描述，其实只是文学创作者一种主观臆想的浪漫情怀而已，是与事实不相符的。

综上认知，体化实践与刻写实践是同时作用于身体上的两重实践过程，要想产生身体记忆，体化实践和刻写实践都是不可或缺的实践过程和

---

① 保罗·康纳顿. 社会如何记忆. 纳日碧力戈译. 上海：上海人民出版社，2000.92.
② 保罗·康纳顿. 社会如何记忆. 纳日碧力戈译. 上海：上海人民出版社，2000.94.

记忆元素。"许多刻写实践的确包含体化因素；同时，没有这个非有不可的体化方面，任何刻写类型都的确是绝对不可想象的。"① 在一些传统武术的拳谱中，刻写实践之后的文字，是一种符号象征系统，同时也是一种武功拳势的隐喻。在前人通过特有功法的练习之后，身体各部位开始慢慢协调起来，注意范围逐渐扩大，拳势动作愈发流畅，从而就出现了一套从头至尾连贯顺畅的固定"习惯动作"。"在一个单一文化里以文本形式得到传承的东西，传承起来似乎始终如一，从过去那个文化传给现在的我们。一个文本可以脱离它的创造者，也可以脱离任何具体的读者，一个文本可以有它自己的生命；它享有相对的文化自治。正是词汇的想象空间，使语言对象超越了过去经验之遗绪的有限性和短暂性。"②

第二节　"身体技术"的查拳

对于武术人而言，"不同的套路动作与不同的拳种流派技术，往往是区分武术人师承关系的重要手段和形式之一，所以，对于中国武术中的套路认同、拳种认同，也就自然而然成为中国武术认同中十分重要的表现形式。"③ 由于查拳具有浓厚的伊斯兰文化烙印，通常都能从其身体外观来达到对查拳的认同。而这种外观的形成过程，正是通过身体技术对身体的塑造来完成的。

关于身体技术而言，记得在卓别林主演的《摩登时代》一片中，在工业革命的时代背景下，将一个工人的身体通过技术训练被工具化的机械打造做出了精彩的批判，而"冈奎莱姆在提到弗里德曼的作品时，认为'不必要的技术活动是必要的生物活动，这是人被机械化的技术至上性同化所遇到的第一处暗礁'。将身体比作机器，该类比虽然规则严格、备受争议，却取得了巨大的历史成就。"④ 从以上这个事例中我们可以看出身体是社会和文化的产物，是技术性的，是被社会、文化、政治、工业等各种权势所训练出来的。由此引申一下，经过武术训练后的身体同样也是通过身体技术机械训练的一种体现。不同门派的拳种之间的技术要求不同，而这也许

---

① 保罗·康纳顿. 社会如何记忆. 纳日碧力戈译. 上海：上海人民出版社，2000. 95.
② 保罗·康纳顿. 社会如何记忆. 纳日碧力戈译. 上海：上海人民出版社，2000. 118.
③ 王岗. 中国武术发展需要"大武术"认同观. 武术科学，2008，8：刊首语.
④ 大卫·勒布雷东. 人类身体史和现代性. 王圆圆译. 上海：上海文艺出版社，2010. 92.

正是独特的训练模式所打造后的身体技术,从而将身体与拳种流派上升到身体现象的境界当中,并作为它们认同的方式之一吧?大卫·勒布雷东进而提到:"身体整体性问题或身体整形手术可能引发身份认同危机。早期现象学(梅洛·庞蒂)和现今的人类学都向我们表明,身体是人的前提,是人之身份的载体。截取或添加身体的某一部分,都会对它与世界之间的关系造成基本可预知的改变。"① 这个时候,人类学家马塞尔·莫斯进一步分析认为:"身体是人第一个、也是最自然的工具。或者更确切地说,不讲工具,人的第一个、也是最自然的技术物品,同时也是技术手段,就是他的身体。"② 身体的技术是个体进入文化的社会化过程的重要手段,在此意义上,身体是一种工具,借助身体这个工具才能在一种文化中认知和生活。"在身体的各种象征符号中,身体的结构是一种重要的表现形式,与身体有关的其他文化现象都是在身体结构的基础上派生出来的。世界不同社会文化背景中的人们出于自身的各种特殊需要,往往在象征思维的导向作用下,经过类比联想,将身体结构与自身文化中的价值观和宇宙观相联系,对其赋予各种相应的象征意义,使其成为表达思想观念和反映社会结构的象征符号。"③

一、日常行为的身体技术

在查拳套路里有一些极具穆斯林文化的典型动作,例如"提壶"动作,现在称为"虚步提肘"。"提壶"动作是从穆斯林做礼拜时所用的汤瓶转化而来的。信奉伊斯兰教的信民在做礼拜前洗小净时都要用到汤瓶,汤瓶有大有小,但规制相同,壶把是竖型镶嵌在壶体一侧,另一侧的壶嘴高高翘起。"提壶"动作应该有两层含义,首先,从身体外观来看,就是抬右臂屈肘握拳似壶嘴,屈左臂握拳于腰间如壶把,头正身直,其外型就是其所用汤瓶的翻版;其次,从把握汤瓶的姿势上看,一般是拳眼斜朝上,是一个提举的用力状态,手中无壶,而心中有壶,右臂屈肘这种上提的姿态,实际就是查拳中的一个发力动作。类似以上动作在查拳套路中还有许

---

① 大卫·勒布雷东. 人类身体史和现代性. 王圆圆译. 上海:上海文艺出版社,2010. 96 – 97.
② 马塞尔·莫斯. 人类学与社会学五讲. 林宗锦译. 桂林:广西师范大学出版社,2008. 91.
③ 瞿明安、和颖. 身体部位的象征人类学研究. 世界民族,2009,1:33.

多,经常会反复出现。穆斯林的日常生活与汤瓶息息相关,在伊斯兰教义中规定,凡穆斯林进入礼拜堂前,必须事先洗小净和脱鞋,非穆斯林一般不让进去。回民喜欢用汤瓶是因为汤瓶有盖、有把、有流水的高翘壶嘴,盛水的主体部分一般呈鼓状圆台形,不洁之物不易进去,既方便,又卫生。当用清洁之水洗涤全身之后,再正心诚意地用纯洁的身体进行礼拜以示对真主和穆罕默德的虔诚敬畏之心。

但查拳的功法习练还是以技击为主要内容,并非完全由这些典型回族特点的动作组成,只不过查拳的一些典型动作与其他拳种有所差异罢了。但这种差异同样隐含着社会行为在其身上打下的烙印。在同当地阿訇的交谈中,我们了解了一个细节问题,那就是在礼拜的跪坐时,与一般跪坐不同,他们的跪坐是一脚跛一脚立,或是左跛右立,或是右跛左立,为的是起立便捷,而且不会由于跪坐的时间过长而产生麻木感,这个动作与武术中抢背摔的起身动作十分相似。关于这个动作的含义是否具有这种功能,我们访谈了一些做礼拜的教民,他们的看法是说这是一种习惯使然,跪久了自然要换换脚,至于是否类似武术中的抢背摔,因为他们不会武术,而无法认同这种说法。但引领我们观摩礼拜的回族老拳师,却说这就是武术中的一个技巧,一旦在与敌搏斗时摔倒,如果采用这种方法,就会轻灵而起,避免身体受到攻击,这在习武之人看来是不难理解的。也许这种推测再次印证了礼拜仪式已经根植于回族人民的日常生活当中,成为一种潜意识中的惯习行为。这种惯习行为放在"查拳"的场域中,体现的就是经过武术训练和未经过武术训练之间的差别,也是结构与能动性附着在他们身体上的博弈和互动。文化的习得是在潜移默化中获得的,布莱恩·特纳曾说过:"身体技术虽依赖一个共同的器官基础,但它既是种个人培养也是种文化培养。"① 而礼拜仪式和查拳的融合正是伊斯兰教对穆斯林身体文化的一种建构。

由此而知,把查拳场域中的身体化作为语言,能十分清晰地体现出彼此之间的差异,这种差异是日常生活对人们的训练和规范,是秩序在现实生活中的体现,而他们自己则认为这是人们正常的行为标准,并历久成习而成为一种"惯习"在身体上的无意识体现。关于惯习的形成,在社会学界有一种共识,即惯习为后天养成,是受社会框架所制约的,是文化性

---

① 汪明安、陈永国. 后身体:文化、权力和生命政治学. 长春:吉林人民出版社,2004.9.

的。但这会与文化历史学派的观点存有相似性，而文化决定论同样是会受到后现代主义所质疑的。虽然后现代主义并未形成什么新的理论体系，只是在不断解构和质疑前人的理论观点，但他们的质疑往往会让我们重新思考前人理论的正确性。幸好布莱恩·特纳在此对布尔迪厄的惯习理论有一个重新的诠释："原始或自然欲望（先天）在惯习（后天）之中进行重构，它们摇身一变，成为社会认可的品位或偏好。"① 另外，著名的历史学家阿诺德·汤因比认为："习惯，与本能不同，是可以改变的，并且在别无选择的时候，相比于自我灭亡，人们更倾向于对习惯进行痛苦的改变。"② 在人文学科中，只要有一个全新的理论或观点的诞生，就有可能受到各方的质疑和争论，但就目前情形而论，"若要摒除先天／后天之争仍言之过早。"③

二、特定行为的身体技术

西蒙·威廉姆斯和吉廉·伯德洛在其《身体的"控制"——身体技术、相互肉身性和社会行为的呈现》一文中，对莫斯的身体技术有一个总结："身体技术有三个基本特征。首先，顾名思义，它们是技术的，因为它们是由一套特定的身体运动或形式组成的；其次，在一定意义上说，它们是传统的，因为它们是靠训练和教育的方式习得的，没有传统就没有技术和传递；最后，在一定意义上，它们是有效的，因为它们服务于一个特定的目的、功能或目标，例如跑步、行走、跳舞等。"④ 也就是说，关于对身体的控制，是需要经过训练来达到的。简而言之，人类行为的目的性是受限于制度本身，而非本能。不过，人类的身体行为虽然受到社会制度的约束，而本能的行为或者说"惯习"也可能是不能随意变动的，但应该存在自身的能动性。关于对莫斯身体技术的理论，布莱恩·特纳在《身体与社会理论》一书中也有过相似的评论："社会学家跟随莫斯的脚步，认为人体必须接受训练，以从事某些基本活动，如步行、跑步、跳舞或就座。

---

① 布莱恩·特纳. 身体与社会理论. 谢明珊译. 台北：台湾国立编译馆，2002. 19.
② 参看冯斐尔的"贸易政治：神话与谎言". 南方周末. 2010.3.25, 第16版。
③ 布莱恩·特纳. 身体与社会理论. 谢明珊译. 台北：台湾国立编译馆，2002. 19.
④ 汪明安、陈永国. 后身体：文化、权力和生命政治学. 长春：吉林人民出版社，2004.
400-401

各种文化有不同的身体技术……布尔迪厄的研究在此占有举足轻重的地位,他表示人体必须接受训练以从事某种惯习,在惯习的范围内,个体习得社会阶级所形塑的合适仪态。身体的形貌与倾向,是某种社会阶级之特定位置下的文化惯习产物。"[1]

查拳不是单纯的套路组合,而是由基本功法、基础套路和根据个人功力高低来排序的十路查拳整合在一起的一整套训练体系。查拳的基本功,包括以腿法见长的"弹腿"、以身法练习为主要动作的"滑抄"和以拳法为主的"捣锥"组成。只有当这三种功力达到一定水平的时候,才能开始学习查拳的其他套路。"滑抄"又称为"扑步穿掌",民间俗称为"抄"。"滑抄"是查拳独特的一种训练身法的手段,在其他拳种中很少能看到这种习练方式。所谓拳术打得好不好主要看身法是否到位,身法练习的关键所在是练腰。查拳套路的习练,需要身体高度敏捷灵巧,讲究的是身形转换。一些起伏转折、闪展腾挪、攻防击刺等动作,都需要腰身的默契配合。故民间俗语有"腰为一身之主宰"、"练功不练腰,到老艺不高"等说法。"捣锥"就是传统武术的"金刚捣锥",用现在叫法就是"震脚砸拳"。这种功法主要是将"气"与"力"有机地结合在一起,将身体内的所有能量汇聚于一点爆发,是一种发力技巧。震脚发力是需要身体与气息协调一致的,干跺脚只会伤及自己,尤其是刚从事武术习练者更要谨慎为之。从人体力学上讲,脚跟和后脑是杠杆的两端,打拳时狠劲蹬地就会伤及后脑,而这种没有技巧的蹬地发力动作,未能力达足底,并贯穿于全身的力量,所以刚开始习练的人容易造成头晕目眩的情况出现。

我们发现以上三种基本功法都是属于单一动作的重复习练,是由量的积累和递进来达到的一种对质的呈现结果。这种结果来自查拳的身体记忆,同时又塑造了查拳的身体,是一种身体技术的体现。莫里斯·哈布瓦赫曾提到:"毫无疑问,技术是由大量旧的成文的或不成文的规则构成的;而且,具有一种刻板迂腐、循规蹈矩、谨小慎微和形式主义的取向。技术不同,这种取向也就不同,但技术总是伴随着技术人员的群体,传统也是在这一人员群体里传播。"[2] 由此而看,所谓的传统也是可能被技术所规范下的衍生物而已。而在前文所提到的弹腿功法,就是为以后学习查拳套路而打下的基础,这种基础性的东西正是一个群体集体记忆的结果。查拳共

---

[1] 布莱恩·特纳. 身体与社会理论. 谢明珊译. 台北:台湾国立编译馆,2002.18-19.
[2] 莫里斯·哈布瓦赫. 论集体记忆. 毕然、郭金华译. 上海:上海人民出版社,2002.263.

分十路，每路查拳的内容都离不开弹腿，而且一一对应。头路弹腿对应头路查拳，也是按照难易程度和功力的高低来排序的，所有的十路查拳都是从弹腿中演化而来，彼此呼应，相得益彰。由此可见，正是身体通过弹腿、滑抄和金刚捣锥等基本功的训练之后，才达到一种对身体的控制能力而具体反映到查拳套路中，并从身体的表象总结出了16个字的"查拳品"来评判功力的高低，即"工整、流畅、轻灵、飘逸、纵逴、雄浑、缜密、端严。"① 人们的生活方式是掌握身体技术的重要手段，后天的训练恰恰是这种生活方式在人们头脑中秉性的、根深蒂固的观念所决定的，或者说是一种文化模式影响下的习惯使然。可以说，这种训练是按照人们日常生活中潜在的规律而决定人们应该采用何种方式的训练来训练他的后人。许多传统技艺的获得，同样都是在沿袭着共同的训练模式来延续传统，师父们从他的师父那里获得的技术训练手段再教授给自己的徒弟，并一代一代地传承延续下去。

第三节 "身体技艺"的查拳

技艺的形成靠身体记忆的传承，而它们之间的联系靠的是"身体"这个媒介。亚里士多德曾经将人类的知识分作三大类：纯粹理性、实践理性和技艺。有学者认为："技艺则是指那些无法或几乎无法用言辞传达的，似乎只有通过实践才能把握的知识，像经过训练后的舞蹈演员的技能——毫无例外都必须通过实践来自己把握，而且仅仅靠努力实践也并不见得总是能有所成就，因为还需要些天分。"② 武术作为一种技艺的形式同样如此。传统武术的习练方式和方法跟现代竞技武术的训练方式有很大区别，其特殊的训练方式也决定了训练效果的不同。"习武者的个人经验被整合为习武群体的普遍经验，一代的认识被转化为世代的认识。当然，这种整合化已非原有的简单传递，而是融合了众人的智慧后被不断丰富完善。"③

---

① 周士菊. 南拳北腿山东查. 春秋, 2007, 1.
② 刘建. 拼贴的"舞蹈概论". 北京：民族出版社, 2010. 69.
③ 周伟良. 一个不可忽视的学术领域——谈武术理论研究. 体育文化导刊, 2004, 5: 18.

一、抻筋拔骨第一关

查拳技艺的形成，必须依照传统的训练方式来获得，而基本功法的习练则必不可少。这个过程是痛苦的，也是被规范的。这个过程可以简单分为三个步骤：第一个步骤是"沤筋"与"悠腿"。所有习练武术的人，首先必须要过的第一关就是"抻筋拔骨"，而"沤筋"和"悠腿"是邢台当地的俗称，但却能形象地表达一种功能。

从字面上理解，所谓"沤"就是成熟过度，接近腐烂边缘。"沤筋"的具体形式是两腿直立分开，双手抱头前后甩动上体，最后能够将上体穿过裆部并从后侧看到自己的臀部。这种训练方式是为了增强腰背和大腿肌肉韧带的灵活性和柔韧性。如果达到这种程度，不但腰腿肌肉的弹性增强了，全身筋脉也都舒展开来，更不会拉伤；"悠腿"有摆动的意思，是除了自身用力外，还要靠技巧和力量的拿捏并借助惯性提高出腿的力量和速度。这两种基本功主要是增强韧带的弹性，提高肌肉的控制能力，达到收发自如的目的，所谓点到为止的火候和动作的拿捏到位，恰恰都是通过这种练习方式达到的，这是功力上身的必然过程，也是一种身体技艺的表现形式。上述两种方式的练习跟竞技武术的生拉韧带是有区别的，因为自己在习练查拳的三年中，肌肉韧带从未拉伤过，但在随后接受竞技武术训练的第一年，便将大腿的坐骨韧带拉伤了。而且，这种坐骨韧带的拉伤已经成为现代接受竞技武术训练的运动员的一个常见病了。我们经常能看到武术运动员有一边走一边搓揉自己臀部的习惯，就是这种伤病的体现。由此可见，传统功法的习练方式是在历经了前人多年的实践经验之后而总结出的训练模式，这种模式是合理的、有效的，更是科学的。

二、拳势的打造

所谓的第二步骤就是"滑抄"与"弹腿"，也是形成身体记忆的关键环节。"滑抄"是练习身法的方式，滑和抄有两层含义，同样从其字面上引申而来。"滑"如雨天行路，出腿下扑流畅滑顺，不带半分生涩；"抄"如蜻蜓点水，轻掠水面而过，介于似沾未沾之间，功夫高深和身法好的人可以让腰腹或是前胸擦地而行，又似乳燕抄水般将功力隐喻在身体之中。

而这种能力则必须建立在"沤筋"和"悠腿"的功力达到一定水平的基础之上。从自身感受来说,"滑抄"从外在看,是通过一些技术手段使身体产生变化,使得身体各处的肌肉韧带、四肢百骸、经络血脉、筋骨皮毛得到修炼,主要目的是提高身体各部位的协调能力,将力量、速度和技术揉而为一,并最终为以后练习成套的拳术打下良好的基础。在前文中介绍过,"滑抄"是练习身法的一种方式,这在相关拳谱中并没有明确记载怎么练,这跟"沤筋"和"悠腿"相类似,主要是通过技术手段来修炼和型塑人们的身体外象,应该说,这都是前人遗留下来的一些传统功法的习练内容。

"弹腿"是查拳的核心内容,在回族老拳师赠送的《查滑拳谱》① 手抄本中,开篇提到的就是弹腿:"受得先师十手拳,名曰弹腿妙无边。头路顺步单边串,二路十字奔脚尖,三路劈盖夜行犁,四路撑扎左右盘,五路栽锤步要斜,六路盘式是单砍,七路双砍十字腿,八路桩跺有转环,九路捧锁阴阳手,十路箭弹贵常盘,多踢多砍是根源,奥妙无穷在里边,练成能壮英雄胆。"② 以上文字是拳势描述,如果未经习练之人是无法理解其中含义的。但其核心主要突出腿功和手法,"多踢多砍是根源"就是真实的写照。其中的奥妙是经过反复习练之后的一种体悟,而"体悟"正是结构与能动性在实践场域中的体现。但弹腿的技巧是有迹可循的,十路弹腿的手法变化万端,但腿法基本一致,通常习练之人都是只做二路弹腿,因为它最简单,最实用,主要目的是为了增强弹腿时肌肉伸缩的控制能力。这种控制主要体现在腰腹肌肉内敛,膝关节收紧,脚尖绷直,凝神屏气,最后是吐气发力,力达足背。弹得好的能弹出"砰砰"的声音,而一般人则可能会伤及膝关节,功力的高低由此可分上下。

除去上述两种基本功法的习练外,查、滑拳内部本身也存在不同的练功取向。在搜集的民间《查滑拳谱》中有过说明,将查拳定为"身法拳",将滑拳定为"架子拳",只有将二者融而为一才可能在拳术造诣上达到较高的水平和境界。在此,通过《查滑拳谱》中对动作的记载可以做一个简单说明。在"身法拳"中,以七路查拳为例,七路查拳又称"七路梅花",拳谱记载"有诗赞此拳:此拳名为云中仙,百生巧计实难占。有人解开拳中法,一身绝妙灵巧技。五花砲擂人难闪,变化无穷在里边;歌赞此拳:

---

① 回族拳师所赠,从纸质上看,年代较为久远,是从"查拳之乡"冠县流传而来。
② 查滑拳谱手抄本复印件首页。

梅花上手异人传，开势震步盖面掌。伸手跺脚上下撑，侧滑步伐七星拦。掩手冲拳劈盖法，转身搂盖片山脚。肘广搂盖黄莺架，退步托天撩阴掌。冲拳划起横边式，百广洗脸左右□（字迹不清）。左片山右片山，趸可回身张飞枪。回劈五花掌，在此划起十字拳，右拳败式诱敌法。单义左腿盘，转身划起二起脚。穿袖震步勒马式，梅花砲冲拳。"以上是"身法拳"的文字描述。在"架子拳"中，以头路滑拳为例，拳谱记载"开手先拉四平拳，震步如雷转身还。一起一落似猛虎，两国相争造战船。箭步劈似钻云端，如似八仙走长川。前手望的汉江女，后手打的汉江男。一文一武燕小乙，走在当场把话言。王母使得顺天报，二郎解开三泰拳。金枪徐宁伐箭弹，一边似霹雷，一边似闪电。当初陈州打过擂，当场立下虎头圆。"[①]

通过上述两种拳势和招法的描述，经过对比后发现，单从描述来看，"身法拳"的动作更为简练、直观、细致一些，类似白描的手法，即使没有练过的人，可以按照文字指引，也能依着葫芦画成瓢，大概看得明白；而"架子拳"对动作的文字描述多靠近意象性一些，而这种"意象性"的动作，就是将身法融入拳套架子中，通过"拉架子"来展现功力的高低，实际上是拳术"势"的体现，也就是圈内人所说的"范儿"或"法儿"。这种"架子拳"如果单纯按文字描述来学习是难以按图索骥的，必须经过多年的习练之后才能形成一种体悟。所以，常人练拳习武要想达到更高的境界，就必须将二者融会贯通，方能技艺有成。由此而知，"身法拳"以及包括前文中提到的"滑抄"都是通过单个技术动作的反复练习，在经受了特殊功法的训练之后，使得身体产生高超的自我控制能力。而"架子拳"则是一种"拳势"的体现，是将身法融入拳套架子中，一抬手、一投足，甚至是一个眼神，都可以体现出习武者的功力水平。或者可以这样来说，在当自己对身体达到具有一定的控制能力之后所表现出来的一种"风范"。二者互为作用，相辅相成，彼此促进，相得益彰。它们之间并非是单向式发展的，当习武者达到一定程度后，二者又会互相转化，你中有我，我中有你。

在查拳体系中，这种存有"身法拳"和"架子拳"之分的情形，在传统武术的各门派中是正常现象，当然不是将其截然分开，只是互为作用提高拳技而已。但现代竞技武术的训练模式却没有分得这样细致，而之所以

---

① 上述拳谱中的文字多为口述整理，许多字迹已不清楚，而且原文多为错别字或通假字，此文字经作者整理后而来。

人们能够通过拳架来认同传统武术的门派拳种，都是通过其拳势表征来实现的。这在现代竞技武术中是很难厘清武术运动员演练的武术是什么门派的，通常只是将其定义为一种被"操化"了的健身运动而已，传统武术中的神韵和精华在现今体制的操控和引导下，已渐行渐远并慢慢存在殆尽消亡之舆了。

三、技艺中的"风范"

在经历了基本功法的习练之后，就是查拳套路的习练了。在查拳体系中，除了包括查、滑两种主要拳术套路外，在本人搜集的《查滑拳谱》中，还有一些相关的拳术套路，例如炮锤、少林拳、红拳等。另外，尚有许多器械套路和对练套路，例如关公十八刀，又称"春秋大刀"，还有凤翅镏金铛、大枪、护手双钩、剑、刀等，对练有扳挡靠等，但主要以查拳和滑拳为主体核心，通常是多种拳法兼练。

查拳共分十路，是将前两种功法融合而成的一系列套路组合，是在当身体经受前两种功法的反复搓揉和锻造后的"闪亮登场"。自我控制通常都能从走位的飘忽、身形的转换、优雅的姿态，甚至是一个简单的"亮相"，来检验出查拳的基本功打得是否牢固。武术中的手、眼、身、法、步，就是通常说的"法儿"或"范儿"，都要融进套路中并通过身体来传达个人功力高低的信息。这是人体的神经、肌肉、气息对身体的一种自我控制。但是，基本功法的习练，只能是对身体基本技能的培养，而要想达到更高的境界，则需要靠自身的悟性，这种体悟往往来自于身体对宇宙、自然以及阴阳、五行、八卦等更高层面的认知。老拳师们常说的"手舞八卦、脚踩五行"就是身体对宇宙的感悟，任何拳种都离不开这种结构框架的制约。所以十路查拳也都有各自对应的名称：头路母子、二路行手、三路飞脚、四路升平、五路关东、六路埋伏、七路梅花、八路连环、九路龙摆尾、十路串拳等。关于对传统武术及基本功法的称谓，有学者指出："在西方文化土壤里滋生的体育术语，都明显带有物理性质，如强度、密度、幅度、力量、频率等，而在以武术为代表的东方体育中，用这类物理性术语就难以说明，即使某些运动细节可以得到阐释，但本质上无法解读诸如阴阳互济、动静刚柔之类的范畴和要领。"① 诚如所言，例如"扑步穿掌"、"虚步提肘"都与查拳的传统称谓"滑抄"、"提壶"有所差异，尤其是在对身体的认知和理解上更是差强人意，它过滤掉了传统武术含有的隽永之意。

传统武术中的一些动作的名称基本上与现代体制中的武术术语不同，传统武术动作的称谓更具有意象性，人们经常会拿一种形态来表征拳势动作的内涵，是一种文学修辞方式，更是一种表征系统。在传统拳谱中，所谓的文字表述并非是一种静态的描述，而是有一定指向性的。语言不是单纯的说话，而是具有多种隐喻功能的作用，舞蹈用身体作为话语，音乐用音符作为话语，而传统武术拳谱中语言同样具有这样的表征性，它通常传达的是一种思想、概念、观点或是情感。"语言在此意义上是一种意指实践，直言之，任何表征系统，只要以此方式发挥功能，都可以被看做是根据语言的表征原则来运作的。"② 例如"野马跳涧"，一提名称便可以在人们的头脑中构建出一幅动态的画面。一匹急速奔驰的野马，高昂的头颅，飘扬的鬃毛，行走在山野溪流之间，一旦遇到沟坎山涧，在腾空逾越山涧的一瞬间，则会翻蹄亮掌，引颈长嘶，如龙吟虎啸一般，腾空而起逾越水流湍急的沟壑，那是何等的气魄和震撼。

我们可以想象，如果没有一定的速度，再强健的千里马也难以跨越。而现代武术术语则称其为"跳步平刺"，失去了原有动作的威猛之势。类似例子不胜枚举，例如"迎风扯旗"，实际就是提膝挑掌。迎风扯旗是一幅动态的画面，可以引起人们无限的遐想。在千军万马奔腾厮杀的古战场，军旗是士兵之胆，而在阵阵秋风中，旌旗随风飘扬，猎猎作响，旗舞人聚、旗倒人散，是一个无声的号令，只要军旗不倒，军威就难以被撼动。之所以前辈武人会以此种较为意象性的词汇来命名武术的动作名称，也是由于过去大多习武之人文化水平有限，为了更好地将武术的精髓所在传承下来，除去口传心授外，就是要把武术动作的要领采用这种较为传神的方式传授给后人，从而更好地领悟武术的真实含义。而现代体制对武术动作的命名则难以达到此种效果。相比之下，这类"采用比兴的修辞手法对传统拳术的称谓，借助比附、联想和自我心理暗喻，从而突破了事物间

---

① 周伟良．一个不可忽视的学术领域——谈武术理论研究．体育文化导刊，2004，5：20.
② 斯图尔特·霍尔．表征——文化表象与意指实践．徐亮、陆兴华译．北京：商务印书馆，2003．5.

的时空界限,形成一种可感知的文化图景。"①

传统武术对动作名称的命名,可以让人头脑中立即勾画出一幅场景,所谓武术的"拳势",就是来源于此种对意境的认知。在行家看来,人们会从习武者所展现出的"风范"来认同某个门派的师承关系。这足以表明我们的前辈们是无比的聪明和智慧的,不但将武术作为一种"艺"来传授,更是将其上升到文学艺术的更高层面来理解和传承武术,这也许才是武术的真谛所在!这种被打造后的身体,就像遗传基因一样通过身体记忆来传达一种独特的信息,这种信息正是人们认同某一拳种流派的标准。正如英国人类学家斯图尔特·霍尔所说的:"表征紧密地联系着认同和知识两者。事实上,离开了所有表征,我们的民族认同或民族文化的各种观念和形象的方法,就很难知道作为英国人,或是法国人、德国人、南非人或日本人究竟意味着什么。没有这些意指系统,我们就不能接受这类认同(或真正拒绝它们),因而也就不能建立或维持我们称为一种文化的共同'生命世界'。"② 所以,表征的实践可以理解为是在符号形式中的具体化,表征的意义一定是要经过"对话"的实践方能真正体现出表征的意义来。

以上这些关于查拳的技艺描述,有的来自个人身体的记忆,有的来自于集体记忆。训练和传承模式往往是相同的,但身体的感受是不同的,身体的痛苦程度可能会对身体记忆造成偏差。皮埃尔·克拉斯特里斯认为:"烙印使人难以忘却,痛苦的印记可以使身体变成记忆,身体所记得的是法律、规范和强制。"③ 身体在学艺过程中的痛苦经历,也是增强这种记忆的一种方式,越是痛苦,记忆越深刻,技艺掌握得有可能就越好。那么似乎这个过程就是一种规范和强制的再现,从而让痛苦成为记忆的载体。通过长年累月的练功,可以达到使身体产生对动作的记忆,这种记忆不是简单的感知,而是上升到让神经、肌肉来控制身体的能力,从而形成一种痛苦与美的转换。也许固定的训练模式是一种束缚和捆绑,而如何打破这种框架的束缚,则是体现能动性的时候。但我们同时也应该意识到的一个问题,就是对身体训练的模式往往是相同的,而个人的身体记忆却是存有差

---

① 周伟良. 一个不可忽视的学术领域——谈武术理论研究. 体育文化导刊, 2004, 5: 20.

② 斯图尔特·霍尔. 表征——文化表象与意指实践. 徐亮、陆兴华译. 北京: 商务印书馆, 2003. 5.

③ 迈克尔·赫茨菲尔德. 人类学——文化和社会领域中的理论实践. 王建民、潘蛟主编, 刘珩、石毅、李昌银译. 北京: 华夏出版社, 2009. 252.

异的。法国社会学家莫里斯·哈布瓦赫分析认为："尽管集体记忆是在一个由人们构成的聚合体中存续着，并且从其基础中汲取力量，但也只是作为群体成员的个体才进行记忆。"①

由同一个老师，用同一种方法，但训练出来的徒弟则有功力高低之分，这是个人能动性和身体资本积累的原因造成的。从这一点来看，传统武术与现代竞技武术的训练机制是有本质上的差别的，二者之间的训练过程更是大相径庭。"标准化训练的目的是对身体进行加强、引导，而不是强制，但由此而来的结果会远远胜过任何纯粹的强迫手段所能达到的效果……标准化的规训，虽然与机械的训练截然不同，但却是直接来源于这种机械的训练。"② 从中可以看出，传统武术与现代竞技武术所定的"标准"不同，就有可能产生相反的价值取向，一个重身体形塑的内在性，一个重表演的外在性，训练的目的不同自然会造成判断标准的不同。"在训练中的每一个阶段，对自然身体的能力及其倾向的变化应加以重视，这很重要。"③ 不论查拳受何种文化的影响，但它终归是一种技击术，这个框架也使得查拳在具有独特的文化表征之外，还要遵循传统武术的指导思想来对其进行规范和约束。武术这种"形神兼备、天人合一"的指导思想，是一种真正的身心相应、内外兼修的哲学理念体现。它不但有整体性的身体训练，还与人体的神经系统、经络血脉相呼应，不仅有统一规范的技术训练，同时还体现了学无止境的艺术性追求。武术是古代社会生活需要的产物，是"技"和"艺"的融合体。武术作为生活原型，当然可以升华为"艺术"，许多舞蹈和京剧的武打动作就是取材于以武术的原型来进行艺术创作的。但舞蹈和戏剧强调的是艺术造型，是表演的艺术，是人类满足物质生活后的艺术升华，而不是用于攻防实战的武功技能。

但是，由于我们的研究趋向介于艺术与武术两个不同学科之间，研究的对象和内容虽然存在部分相同，但其本身的目的性却存在本质上的差异，一个趋向艺术展演，一个趋向实战格斗和健身养生的效果。以舞蹈艺术为例，舞蹈是人类生活中的高层建筑的东西，是人类物质生活的艺术升

---

① 莫里斯·哈布瓦赫. 论集体记忆. 毕然、郭金华译. 上海：上海人民出版社，2002. 39 – 40.
② 汪明安、陈永国. 后身体：文化、权力和生命政治学. 长春：吉林人民出版社，2004. 158 – 159.
③ 汪明安、陈永国. 后身体：文化、权力和生命政治学. 长春：吉林人民出版社，2004. 158.

华，属于精神生活的领域范畴。舞蹈的原型是人类的物质生活，体现在如生产劳动、起居、狩猎、游乐、民俗、战争、婚丧嫁娶等方面，尤其是在一些浓重的祭祀仪式中，各种祭祀舞蹈往往附着着当地人的一种生活态度和看待世界的宇宙观念，是一种价值取向的具体体现。不管其来源于哪种生活原型，都是艺术形式类的升华，是一种艺术创作。既然是艺术的创作，它就不可能由艺术再倒退为生活原型。而传统武术则与之截然相反，如果说舞蹈艺术注重的是情感表达，它作为一种表征形式，主要是通过身体造型和肢体语言来传达舞者对世俗社会的认知；而传统武术的目的性则是偏向"操化"的一种突出"美与力"结合的既能愉悦身心，又具有防身自卫的攻防格斗实效的斗杀术。从学理上看，传统武术除了与生俱来的技击思想外，更注重健身理念，从创编的过程和提取的形式中自然可以看出艺术与武术二者之间区分和差异来。由此可见，艺术是人们世俗生活中的上层建筑，属于精神文明；而武术更注重实用，与艺术相比，它属于物质文明的范畴，是基础。如果说二者之间确实存在关系的话，那么我们只能说武术的这种体育形式更为"原生态"，是艺术形式的基础和生活原型，是创作艺术基本素材的来源和本真。一个重术，一个重艺，"术"是"艺"的本元，"艺"通过从"术"中提取出来的元素，而将其创编成"武舞"的形式，就是古人的智慧结晶。"术"本身没有过多地表征作用，而恰恰是通过转化成"艺"后，则在表征的意义上显得更为深远一些。

第四节 身体隐喻的"常识"

其实各种不同流派的传统武术，彼此之间的功法都存在着相通性，既有相似性也有差异性。王建民先生在《艺术人类学新论》中认为："同一种资源可能会被不同的族群在用，都在说所有权或占有权，都是一样的东西，反而变成是民族的了，或者说民族这个层面得到了更多的强调。"[1] 而所谓的"层面"应该是一种场景的再造和语境的划分，是建构在民族这个层面上来谈认同的。中国——武术——查拳——回族，体现的就是在不同场域的空间中彼此之间的逻辑关系。

---

[1] 王建民．艺术人类学新论．北京：民族出版社，2008.234.

一、超越肉身的功力

在早期，习练查拳有个不成文的规定，只在教内传授，不传外教，故而人们一提起查拳，自然就认为它是回族的一个拳种流派。但是随着社会的发展，人们看待查拳的态度也在发生改变。比如徐青山先生在所收的徒弟当中，汉族占了将近一半，其他未正式拜师的汉族学生就更多了。另外，在查拳的发展演变过程中，逐渐从单一拳种向综合性拳种靠近，在融合了其他一些拳种流派的功法习练内容后，使得查拳的功法体系更为丰富。在传统武术界，一般是将查、滑、炮、红等拳种归为一类，其间多有借鉴和交融。通常情况下，习练查拳的同时，也要习练滑拳、炮拳和红拳等。例如，查拳的发力技巧就多借鉴炮锤的功法动作。炮锤的根本在于气、力二者的结合，讲究"劲从足下起，还得丹田足"。这两条是一讲力，二讲气，力起于足下，气鼓荡于腹内。人生来之力称为"本力"，一个人的劲儿，一般说来有两种情况，一为先天之力，二为后天之功。先天的力是生来就有的自然力，是没有经过锻炼改造的拙力，是不带有技术性的一种劲儿。后天的功是通过习练武术后的发劲技巧，是经过长期锻炼而得到的，带有技术性的一种劲儿，也叫功力。多种劲力的和谐统一和控制身体劲力的平衡方能体现出功夫的高低来。平时所说的"'以柔克刚'，其中的'柔'不是软化，而是变化，只有松柔才有变化的余地，在传统拳术中有'太柔易懦、太刚易折'的说法。"[1] 著名形意拳大师薛颠认为："发劲上有'弹簧、鼓荡、吞吐、惊抖之机'，身法上有'蜿蜒旋转、行踪不定之灵'，极尽变化之能。武术一定要练到指尖，手指一弯就是拳，一伸就是掌，一屈就是爪。"[2] 内家拳中的手型多为掌和松握拳的手型，很少用拳来体现，而握死拳是很难练出劲道的，例如太极拳、形意拳和八卦掌等拳术。

关于对传统武术中"劲力"的探讨，在许多前人遗留的老拳谱中有过

---

[1] 李忠轩口述，徐浩峰整理．逝去的武林——1934年的求武纪事．北京：当代中国出版社，2006. 204.

[2] 李忠轩口述，徐浩峰整理．逝去的武林——1934年的求武纪事．北京：当代中国出版社，2006. 204.

分析和解释，据一些拳谱①中讲"劲由于筋，力由于骨，如以持物论之，有力能执数百斤，是筋骨皮毛之外操也，故有硬力。"② 另，"气走于膜络筋脉，力出于血肉皮骨，故有力者皆在外壮，于皮骨形也。有气者是内壮，于筋脉象也。气血功于内壮，血气功于外壮。"③ 这种劲儿不仅有技术性，还包括技巧性，不单是查拳需要此力，其他任何拳种都同样如此。气为力之先，无气则无力，所以许多拳术在发力时都讲究充实完整，协调统一，吐气发声，以气催力，气聚则刚发。通常我们在观看习武之时，都能听到此起彼伏的吐气发声，而吐气发声则正是武术技击动作的发力点。功夫练到一定程度时，往往能听到在人的体内隐隐然伴有雷鸣之声，类似动物从腹腔发出的声音，我们通常称之为"虎豹雷音"。

功法转化为技能，并形成"劲力"为后天训练之能，就此之说，在一些遗留下来的拳谱中有着很好的解释："盖人生降之初，目能视、耳能听、鼻能闻、口能食，颜色声音，香臭五味，皆天然知觉，固有之良。其手舞足蹈与四肢之能，皆天然运动之良，是人孰无。是乃运之而知觉也，夫运而知动觉，不运不动不知觉，运极则为知功，知者易动觉者难。精气神为身之体，劲力为身之用，具不外意念须臾之间，天人同体之理。"④ 这种后天的训练，能使人的身体感官发生变化，是在超越了身体肉身性的一种生理突破。关于"运"和"动"的关系，在上文的解释中过于抽象化了，如果简单一些或是更为具象一点的话，可以这样理解，"运"是指运化，是通过气息调理来达到人体内脏器官，也就是五脏六腑和筋络穴位等得到充分的锻炼，陪固元气；而"动"则是指外在的肢体活动，即四肢和手脚等，并通过外在肢体的活动带动内在气息的辅助，以求达到气、力合一的整体协调功效。若要达此功效，所必经的过程就是采用一些独特的功法，例如各种各样的桩功。太极拳有无极桩、太极桩等，形意拳有三体桩（又称为三体式），等等。在传统武术界，各家门派都有自己独特的练功方式，也有特色各异的桩功，即使是一般长拳类的外家拳术，也会将一些基本步型作为练习桩功的一部分，例如扎马步、蹲虚步、下仆步、坐歇步等，查拳就属于这种类型的拳术。

---

① 丹玉魁老师所赠太极拳谱手抄本。
② 丹玉魁老师所赠太极拳谱手抄本：35.
③ 丹玉魁老师所赠太极拳谱手抄本：65.
④ 丹玉魁老师所赠太极拳谱手抄本：24–25.

所谓的桩功，应该是中国传统武术有别于西洋搏击的最重要的一个特点，也就是通过桩功来增强下盘的稳固，不论是打人、踢人、摔人，亦不论是挨打、挨摔，防打、防摔，还是胶着状态下的互相撕扯控制，都涉及一个关键的问题，就是下盘的稳定性。就像一个玩具不倒翁一样，不管上肢如何变化，都是建立在下盘稳定的基础之上的，而不会像西洋搏击术那样蹦来蹦去，通过步法和一定的速度来达到攻击人的目的。可以说，西洋的搏击术一般都要有进攻和防守技术的明确划分，靠控制距离来保证自身的安全；而我国传统武术的搏击原理的哲学意味则更多一些。在二人使用技法过招时，很难分清哪个是攻，哪个是防，往往是攻守兼备，攻即是防，防即是攻，讲究贴身靠打，一招制敌。其实从搏击原理来说，西洋和东方的搏击术都同样蕴含着深厚的哲学原理，只不过西方更多地注重"技术"，而东方更注重"思想"，即时空原理的思辨意识的把握。例如，西洋拳击的基本技术可以分为直拳、摆拳、勾拳以及将其组合而成的所谓"组合拳"技术，同样在空间上是一个立体多维的模式，可以从不同角度来攻击对方，这跟我们传统武术中借用的五行、八卦所讲究的空间结构是一回事。

近代国术大家吴图南先生在其《国术概论》中曾言及桩功的重要性，"盖每一姿势，其根在脚，发于腿，主宰于腰，行于手指。由脚而腿而腰，总系完整一气。向前退后，遂能得机得势。故练腿之法，乃为当务之急。至其练法，约有二端：一为桩步巩固，二为腰胯灵活，是也……桩步者，练习各种步法，使腿力充实，站立稳固，有如桩之栽于地中者然，是以名之。"[①] 由于每个练武之人的习拳经历和个人感悟不同，所以对它的理解上也会产生偏差，并没有一个统一的答案，但一般从外在形式上来划分的话，则基本上可以分为"动"和"静"两种类型。静桩功多以意念引领来调理气息，导引吐纳为主，例如内家拳术中的太极拳、形意拳、八卦掌以及外家拳术和长拳类的各种桩功；动桩功多以单个运行动作为主，不分内家和外家，例如内家的形意拳五行连环中的劈、崩、钻、炮、横等动作，外家拳中的一些基本功法，如查拳中的"滑抄"以及其赖以成名的"弹腿"中的盘、横、砸、踢、打等为技术特点的动作都属于此类范畴。除了查拳中一些特定功法对身体的打造外，还借鉴了许多拳术套路来辅助查

---

① 吴图南. 国术概论. 北京：北京市中国书店，1984. 20.

功力的提高，例如炮锤、红拳和少林拳等。

在这里之所以提及这些拳术，个人认为主要是根据拳术特点而言的。查拳、滑拳、红拳、炮锤和少林拳等从发力特点和拳势表现看，应该属于外家拳系统，与内家拳是有区别的。单从查拳的演练特点看，走的是较为刚猛一路的风格。一般情况下，人们会形成一种共识，那就是外家走刚猛一路，内家走阴柔一路，这是根据其发力的不同理念引申而来的。但若是体现在最高境界上来说，二者所习功法的过程选择的是两个途径，最终结果是殊途同归。所谓外家拳术，是通过各种功法来修炼身体，然后慢慢通过修炼将气息与力融而为一并形成所谓的"劲力"，是身体的一种渐悟过程，是无意识地自然上身。而内家拳则不然。它一开始就是有意识地将气息与肢体的外在动作相配合，不管是发力还是演练，都是在借助调和气息的作用下完成的，就是通常所说的"重意不重力"。外家拳在练功时，刚开始并没有刻意对气息的运用和调和，只不过在随着经年的反复练习之后而让身体达到一种无意识的气、力相合的过程。通过以上简单介绍，虽然二者练习时采用的方法不同，所走的路径也大相径庭，但殊途同归，武学的最高修为就是要体现"身心交融"的至高境界。所以，类似查滑拳一类的外家拳术要想达到身心交融的程度，就必须经过刻苦努力地练习各种功法和相关套路，例如炮锤就是专练气、力结合的特有拳种。而拳谱中红拳套路中的动作记载，则多是一些蹿蹦跳跃的练习身体肌肉协调性的拳种，重点是提高习武者的全身各关节肌肉和身法的协调配合，使得用力更加顺达通畅。

王建民先生曾提到："身体的和隐喻的两个层面是相互关联的。在身体层面上，舞蹈是调动能量和技术去做出动作，而在隐喻层面上，舞蹈将不同文化的人们联系在了一起。这条联系的纽带就是把人们与自然世界连接在一起的身体的原质点。"[①] 在中国的传统文化中，人体经络学说始终是人们心头的一个谜团，许多人，包括西方学者和医务工作者们都曾试图运用现代科学技术来解释这种附着在人体上的神秘现象，但都未能如愿。不过从我国的中医学原理来解释可能更为明白一些。即所谓经络，就是内连脏腑，外接皮毛，其运行靠的是气血的周身流转，其关键的节点恰恰是通过"气息"来实现的。"经"为主干，是纵向游走；"络"为着点，是横

---

① 王建民. 艺术人类学新论. 北京：民族出版社，2008. 115.

向的，就类似地图上的经纬线一样。经络遍及人体的五脏六腑和四肢神经末梢，通过气血游走于全身，故而气血通畅，全身的各个器官方能自主协调运转起来。是故，拳谱中云"神出于心目，为心之苗。精出于肾，脑肾为精之本。气出于肺，胆气为肺之源。"① 又及"血为营气为卫，血流行于内膜络，气流行于骨，筋甲为骨之余，发毛为血之余。血旺则毛发盛，气粗则筋甲壮。故血气之勇，力出于骨，毛皮之外壮。气血之体用，出于肉筋甲之内壮。"②

通过上文论述，可以有一个心得总结，即身体记忆是通过一系列特殊的功力修炼方式转化而来的。也许随着年代的流逝，当初所学的一些动作或套路组合都已逐渐忘却，但由这种功力习练过程转化而得的身体感悟却永远铭刻在心，最终达到身心交融的理想境界，在此可以用几个词汇的串联来概括身体记忆的过程：动作——方法——功力——技艺——身体记忆。

二、融入宇宙的身体

在传统武术中，最讲究对血、气、筋、穴的用法，"节膜（血）、拿脉（气）、抓筋（精）、闭穴（神）此四功，膜若节之血不周流，脉若拿之气难行走，筋若抓之身无主地，穴若闭之神昏气暗，总之，气血精神若无，身何有主也。如能节拿抓闭之功，非得默传不可。"③ 又及"此中巧妙必须心悟，不能口传。心知才能身知，身知胜于心知，身知劲乃灵动，徒心知尚不适用，到得身知才为懂劲懂动。"④ 在与丹玉魁老师的交谈过程中，难免要拿我"试手"，关键是让我有一个身体上的感知。在抓捏肢体部位时，都是有讲究的，比如他在搭手抓握对方的小臂时，一出手就是要拿对方肘关节处的曲池、少海等穴位，就是通常我们所说的"麻筋"。一旦被抓住后，筋骨酸软，使对方失去反抗能力，但抓握只是技巧，如果没有"鹰爪力"的功夫，即使抓住这些穴位，也达不到制服对方的能力。而"鹰爪力"并非单纯的指力，它是将技、气、力结合在一起的功力体现，靠单纯模仿是不行的，是必须经过反复实践操演才能上身的一种实用功法。另

---

① 太极拳谱手抄本：46.
② 太极拳谱手抄本：64.
③ 太极拳谱手抄本：67-68.
④ 太极拳谱手抄本：96.

外，他在击打对方的身体时，并非漫无目的，而是以对方的心脏、腋下、肋间、脖颈等为主要攻击目标，这些部位都是人体的脆弱器官，或是淋巴结节和血脉汇集之处，一旦击中，非死即伤，而不会出现类似西方的搏击术那样反复扭斗缠打情形的出现。传统武术讲究的"脚踩五行、手舞八卦"即是一种步法和身法的运用。"脚踩五行"就是上步的方位，方位确定后，再运用"一步两脚、两步一跷"① 来接近对方；"手舞八卦"就是从八个方位来击打对方，何处有空隙何处揍打。所以，只有达此功力后，方能实施"不招不架、巧打一下"，从而一招制敌。

将身体融入宇宙世界中，是中国传统武术借用道家理念的最高境界，即使是在中国，现在的人们也往往无法认识人体与宇宙的关系，这是需要深厚扎实的易学功底作保障的。天文、历法、太极、阴阳、五行、八卦等中国传统哲学理念，在古代是人们认识宇宙世界的一个"常识"，而现在这种"常识"则成为艰涩难懂的玄奥之术了。"在考古学上，目前所知最早的'八卦图'是安徽含山县凌家滩新石器文化墓地出土的一件精致的玉龟和一块玉版上所刻历法图。这些距今 4500—5000 年的遗物，经专家研究是当时表示四时历法的原始'八卦图'。"② "玄"是神秘的代指，中国的传统武术，正是受到此种理念的指引和操控，才使得武术如此让人玄奥难解。若要达到这种境界，则必须了解"易理"，如不懂得，则达不到修成正果的最终目的。

在中国的传统文化中，关于易经、太极、阴阳、五行、八卦之说，是受到我国传统道教以及前道教时代巫觋之术的巨大影响，后人将其归为"术数之学"或"方术"门类，常人不得要领是难以了解其中的深奥晦涩之理的。著名历史学家顾颉刚先生曾言："予尝谓科学发端于迷信，其始巫觋，握知识界之权威，任意放言天地鬼神，以博取蚩蚩者之信仰，其后接触实际日多，遂得据之以为人民服务。故医学者，所以疗疾也，而始作于巫彭。地理学者，所以认识地形与其生产者也，而集合巫者长期之经历，以成山海经，凡山川、矿物、禽兽咸有记载。开科学性记载禹贡，水经注之端。谶纬者，假托孔子语言以为最高统治者服务者也，其浅薄极彰著。而其于天文、历法则多出于实测，纬观象授时者所不能废。昔人对此

---

① 丹玉魁语，"跷"为过去农村用来丈量土地的标尺。
② 费孝通主编．中华民族多元一体格局．北京：中央民族大学出版社，1999.98.

·88· 莫待此情成追忆——从技艺到记忆的邢台查拳

诸端，疑信参半，迄未能定其真价值。"① 上文其意，冒昧揣测大家之心可理解为，在前科学时代，所谓"术数"或"方技"多为古人探究世间万物原理之法，各个行业均有此术的存在，此乃国人受传统宇宙观之影响，故而我国的传统武术的许多玄奥之理亦脱离不了其制约和圈囿也。

可以说，传统武术是在依照或是借用了上古成书的《周易》中阴阳八卦的原理才具备了高深的哲学理念和功能价值，尤其是在人体部位和自然宇宙的对应上，体现得更为明显。这种理念和认知，在经历了千百年的习武之人的身体传承之后，从而寻求到一种练就绝世武功的途径。由此，我们认定，在身体形态上，传统武术对身体各部位的要求是属于中国文化哲理的一个文化分支而传承不息。在与丹玉魁老师的交谈中，让我感到惊讶的是，他的文化功底并不深厚，但其所谈内容，皆与自然万物、宇宙生成、易经哲理有关。他多次提到，习练武术首先要明白阴阳知天文，不明阴阳和天文历法则不知武术之精髓所在，因为世界万物都要映射在人的身体之上。他认为："人之周身，二目为日月，是为两仪，头像天、足像地，四肢则是四象，中为人中之人，人体同为宇宙"。丹玉魁老师的这种认知自然为其从前人或是古人总结之后而得。故而习学传统武术就得明阴阳、懂八卦，这是基础，同时也是共识，例如身体与八卦的关系就十分紧密。八卦是指乾、兑、离、震、艮、坎、巽、坤，其卦象所对应的身体则为：乾卦（乾三连），是纯阳象征，乾为天，在人喻头为乾。要求头部正直，不可歪斜，不可低头，不可仰视；坤卦（坤六断），是纯阴象征，比喻下肢，即髋、膝、踝等六个部位（两腿），起承上启下协调全身之作用；离卦（离中虚），离为火，比喻内部空虚，主要体现在胸腹部涵空，故而空灵，空灵才有变化；坎卦（坎中满），坎为水，水往下流汇集于气海（丹田），故而有气沉丹田之说；兑卦（兑上缺），比喻人体的双肩，双肩松活，力量才能从脊背通过双肩而达两臂；艮卦（艮覆碗），其卦象就像一个倒扣的碗，胸腹内涵，背部坚实，就是武术术语中的"含胸拔背"；震卦（震仰盂），卦象类似口朝上的钵盂，要求溜臀提肛，这样才能使下沉丹田之气存于气海；巽卦（巽下断），巽为风，以此比喻双脚，故而双脚要有行走如风、进退自如的能力。②

---

① 此文为顾颉刚先生1973年5月18日为陈维辉先生的《中国术数学纲要》所作之序的节选，出版情况不详，此为丹玉魁老师所赠之手抄本。

② 李北达．中国武术理论与舞蹈实践．上海：上海音乐出版社，2004.66 - 67.

其实人与宇宙的关系，在我国的上古时期，人们已有较为深刻的理解。大约在东汉末期，在我国的南方地区就有一种关于盘古的神话传说，"三国吴人徐整《三五历纪》，记录较为详细，说天地初开，'首生盘古，垂死化身：气成风云，声为雷霆，左眼为日，右眼为月，四肢五体为四极五岳，血液为河流，筋脉为地理，肌肉为田土，发髭为星辰，皮毛为草木，齿骨为金石，精髓为珠玉，汗流为雨泽，身之诸虫，因风所感，化为黎氓。'"[①]另外，中国传统武术的哲学理念与中国古老的术数学和道家的基本理论是分不开的。"术数共百九十家，二千五百八十二卷。共分为六种：天文、历谱、五行、蓍龟、杂占、形法。这就说明了术数是天文（天文、历谱）、人事（五行、蓍龟、杂占）、地理（形法）的三个方面，也就是三才。"[②] 在老子的《道德经》中曾提及"道生一，一生二，二生三，三生万物"之哲学理念，恰恰是古人宇宙观生成之根本。也就是说，道是从无到有，才产生了太极，太极就是无中一点的有，有就是太极，太极以有而成一，二就是天地宇宙，这是自然之理，所谓"道"即是自然之规律，人要迎合自然规律才可达到"天人合一"的境界。陈维辉先生借用古人之言"若论先天一事无，后天方要着功夫"。有了宇宙、天、其对立面的地，才有天地为二之划分，加上人，生物成为三，从三产生了一切万物。[③] 由此而知，八卦的基础便是由一、二、三为数目的。"整画'一'是一；断画'－－'是二；三画叠而成卦是三。这样配出八个卦，便是乾、兑、离、震、艮、坎、巽、坤，是这些卦的名字。"[④]

在古代，人们对八卦及阴阳五行的原理是比较熟悉的，有些道理直到现在还是我们大部分人的自觉信仰，并且大部分人的日常生活是在不知不觉之中受着这些理论来支配自己的言行举止。之所以古人比较了解和熟知阴阳八卦五行的玄奥之理，是因为一部古书《周易》的原因。早期这部书只是专门讲解卜筮之类的文字而编撰成的，主要供卜筮官所用，他们熟悉当时的背景，只不过到了后来，这些卜筮之法逐渐失传，后世一些人便看不懂了，"《周易》原只是当时一部切用的筮书。"[⑤] 而后人之所以要学习

---

① 费孝通主编. 中华民族多元一体格局. 北京：中央民族大学出版社，1999.81.
② 参看丹玉魁老师所赠之陈维辉先生《中国术数学纲要》手抄本第3页.
③ 参看丹玉魁老师所赠之陈维辉先生《中国术数学纲要》手抄本第3页.
④ 朱自清. 经典常谈. 北京：北京出版集团公司北京出版社，2011.14.
⑤ 朱自清. 经典常谈. 北京：北京出版集团公司北京出版社，2011.16.

《周易》，是因为在战国末期，这部书对儒家思想的影响很大，于是便被儒家纳入到教育体系中来，这便是所谓的《诗》、《书》、《礼》、《易》、《乐》和《春秋》六部当时人们所要习学的"教科书"。

如今，"《周易》已经变成儒家经典的第一部"①，从而被后人长学长习。今人看不懂书中所述的卦象爻辞的含义，故而认为其神秘莫测，这是容易理解的。在当时来说，这些卦象爻辞原本是为卜筮官员所看的，后来逐渐成为士人必修之课。而之所以我们在当今看到一些老人能略懂一些，是因为他们过去在接受私塾教育时，都要必须接受这种教化，就像我们现在的学校要学习数学、物理、化学、语文、外语等课程一样。这样想来，我们看到像丹玉魁老师这样的现象，虽没有接受过高等教育，但却能熟知这些阴阳八卦之理的老拳师，在民间的乡土社会中还有很多很多，他们才是能够真正理解传统武术文化精髓的武术"专家"。而我们现在所说的武术运动员，由于受到现代竞技运动体制的约束，未能将武术与传统国学有机地融合在一起，造成天人难以合一，只能是"运动员"而已。

所谓的"八卦"和"五行"学说多出自"河图"和"洛书"所载，"八卦相传是由伏羲氏所画……那讲五行的洪范，据说也是大禹治水时在洛水中从一只神龟背上得着的，也出于天赐。所谓'洛书'，便是那个。"②这以上所说自然是来自后人的杜撰而已，显然是依靠神怪故事把五行、八卦通过两位传说中的人物来抬高这两种学说的地位，也许历史上并不真实存在，极有可能是由政府中的一些掌握卜筮的官员所为。朱自清先生认为："古代巫与卜官同时也就是史官，一切的记载，一切的档案，都掌握在他们手里。他们是当时知识的权威，参加创卦或重卦的工作是可能的。"③ 这里所说的卜筮官，其实就是李零先生在其《中国方术续考》一书

---

① 朱自清. 经典常谈. 北京：北京出版集团公司北京出版社，2011.16.
② 朱自清. 经典常谈. 北京：北京出版集团公司北京出版社，2011.13.
③ 朱自清. 经典常谈. 北京：北京出版集团公司北京出版社，2011.15.

中所说的那些具有"绝地天通"① 本领的人，这里所谓的"绝"泛指为穿越的意思，即能够穿越和沟通人神之间的联系。

通过以上道理的分析看似玄奥，但中国的"三元说"简单来说，就是天地之间靠人来沟通，这是一个中国古代宏大的宇宙观，而要附着在人体身上，则是由"形—气—心（神）的身体结构来体现的。所谓的气之流行于身/形、心/神，原理本来相通。思想的阐释离不开经验材料的整理和释读，但结构框架不同了，对经典的解释会得出大异旨趣的结论。作为中国古代身体观的理想类型，与西方社会的"形气/心神"二元结构是大相径庭的。从中国古代经典中绎绎出的"形—气—心"三元结构，则是整体全面考虑到了"气"的多面向、多维度，它更贴合中国道家思想的本来面目。"八卦原只是数目的巫术，这个时候却变成了数目的哲学了。那整画的'一'是奇数，代表天，那断画'- -'是偶数，代表地。奇数是阳数，偶数是阴数；阴阳的观念是从男女来的。有天地，不能没有万物，正和有男女就有子息一样，所以三画才能成一卦。"② 另外，在顾颉刚先生所著的《中国史学入门》一书中，在介绍古书《易经》一文中提到八卦之理，他将八卦对应的天地万物及人类有一个较为直观的解释："《易经》，讲八卦。八卦是：乾，乾是父、是天；坤，坤是母，是地；震，震是长子、是雷；坎，坎是次子，是水；艮，艮是少子，是山；巽，巽是长女，是风；离，离是中女，是火；兑，兑是少女，是金。八卦里包括有一家八口。"③ 这个时候就可以看到，在古代，八卦便是象征着也支配着整个大自然和整个人世间了。通过朱自清和顾颉刚两位前贤大家的评析，也许此则是我们传统所说的"三元说"之真正出处吧。关于一些融汇了儒、道两家的哲学原理，其实在古代通常都是人们在学习之初所要掌握的基础知识体系，在当时并未显得有多么深奥难解，只是到了后来，随着现代知识体系

---

① 参看李零. 中国方术续考. 中华书局，2007.2：363. 据李零书中言，"绝地天通"的故事，收于《国语·楚语下》，是一位叫观射父的楚国官员讲给楚昭王听的。其主要含义为：人类早期的宗教职能本来是由巫觋担任，后来开始有天、地二官的划分。"天官，即祝宗卜史一类职官，他们是管通天将神；地官，即司徒、司马、司工一类职官，他们是管土地民人。祝宗卜史一出，则巫道不行，但巫和祝宗卜史曾长期较量，最后是祝宗卜史占了上风，史官文化占了上风。"这叫"绝地天通"。但也有学者认为是"绝天地通"，在宋兆麟先生所著《巫觋——人与鬼神之间》书中就是这种称谓。二人所说故事的来源均为《国语·楚语下》，详情参看《巫觋——人与鬼神之间》第 368－369 页。

② 朱自清. 经典常谈. 北京：北京出版集团公司北京出版社，2011. 18.

③ 顾颉刚著. 何启君整理. 中国史学入门. 北京：北京出版集团公司北京出版社，2011. 35.

和西方科学的发迹,才逐渐使得人们慢慢脱离了原有的框架束缚,转而借鉴西方的一些研究方法来充实国学之不足。

由此来看,武术的最高境界,应该是超越了莫斯的身体技术的理论束缚,打破了身体肉身性的框架制约,将身体完全融入世界宇宙当中。中国传统武术与道家的养生之理一脉相承,而养生的理念和实践自然又源于道家或阴阳家的宇宙观。虽然莫斯在其对身体技术的研究中,试图运用一些生物学的方法来解释东方文化中所谓的"气"的原理,但仍然由于受到西方社会中的身心二元的认知局限,而无法弄清东方文化将这种独特的宇宙观附着在人体之上的理念。但他同时也承认:"我相信在所有的神秘状态的核心部分的确有身体技术没有得到研究,而在中国和印度却从远古以来就进行了深入的研究。尽管有关气的技术最终只是在印度和中国成为基本观点,我还是相信它会广泛流传的。"[1] 看来西方人对东方文化的了解仍处于懵懂,但后人也许会随着科技的发展和医学常识的普及,会有进一步的认知。在肖学周所著的《中国人的身体观念》一书中,曾引用美国精神病学家凯博文对我国中医病理的分析,可一窥端倪他们对东方人的宇宙观的概括:"在传统的中国人之间,身体被认为是一个小宇宙。与社会甚至行星的大宇宙产生象征性的共鸣。身体的'气'应该与周遭流动的气调和。'阴阳'构成身体本身,是相对补充的,而且也与构成群体与自然的'阴阳'相互作用,身体要素又与天时、地利、人和有密切的关系。"[2] 其实关于中国古代传统宇宙观的认知,也并非像后人所述的那么玄奥难测,只是由于在当时文化及科学发展的过程中总会有一二之处让人弄不明白,这是科学发展的必经过程。故而,鉴于此种情形,顾颉刚先生认为:"《周易》不止于是占卜迷信书,它也反映了古时自然科学如天文历算的成就以及那时代的社会现象及其说明。它既有丰富的哲学思想,又有社会历史及自然科学的思想等等史料。"[3]

可见,中国人对宇宙观的认知,是与西方传统社会中的"二元论"有所差异的,尤其是体现在武术场域中的身体观,用西方社会的结构框架可

---

[1] 马塞尔·莫斯. 人类学与社会学五讲. 林宗锦译,梁永佳校. 桂林:广西师范大学出版社,2008.105 – 106.
[2] 转引肖学周. 中国人的身体观念. 兰州:敦煌文艺出版社,2008.5.
[3] 顾颉刚著. 何启君整理. 中国史学入门. 北京:北京出版集团公司北京出版社,2011.109.

能是无法解释清楚的。而要探讨身体与精神、心灵的关系，就有必要探讨一下修养、修炼、修行，要超出经典思想，更多地要考虑到气功、武术、舞蹈、戏曲、书画、音乐、手艺、杂技、游戏、烹饪、药物甚至房中等方面内容，这都是中国文化活生生的体现，与中国人生活、身心息息相关。古代中国在人体与天地的比附中通常都是通过描述性语言、经验和技艺来掌握脉动中"气"的可能表现，并诗意地表现出来。但所谓的"气"也是有技术可言的，它并非虚无缥缈。在中国人的头脑中，"气"分天然之气和后天之气。先天之气是指从娘胎里带来的，也就是"元气"，而后天之气则是可以通过技术实践来获得的。既然"气"源自于身体，而身体是有技术的，那么"气"自然也是有技术的。"在中国的文化系统中，气不仅是人体科学中有规律的生理运动，是自然科学范畴的无形无质，而且具有哲学和美学的意味。道教对气的认识具有双重性，它不仅是哲学层面的'道'的化身，是宇宙万物长生的根源，而且是可操作的技术，重身贵生必须通过对'气'的炼养来完成。前者形成了精神层面的生命气化论，后者则是实践层面的'养生论'。"① 身体是一种社会现象，"莫斯谈论的身体技术虽依赖一个共同的器官基础，但它既是一种个人培养也是一种文化培养，因为每个社会都有着自身的习惯，这些习惯不仅因个人及其模仿而变化，而且还特别因社会、教育、礼节、方式与威望的不同而变化。"② 但布尔迪厄的实践论却在某种程度上帮助我们弥补了东西方文化在理念认知上的差异，无论是"二元论"还是"三元说"，都难逃被放在实践的场域中来检验身体与宇宙的关系。

以上用了大篇幅的文字来讲述阴阳五行八卦的知识，其目的无非是要说明中国传统文化中宇宙观念的形成历程，至于它与传统武术的关系，则是武学境界的升华。我们现在所说的传统武术往往来源于军旅武术的民间转型，而许多军事将领，也就是所谓的带兵者们，都要或多或少地了解天文地理和阴阳五行的原理。正如李零先生所说的："古代兵家要学兵阴阳，这是传统，很多数术书都有讲用兵的内容，很多兵书也有讲数术的东西，研究兵书著录的人，往往没法把两者截然划分开来。天文、地理，是兵家必修的课程。"③ 将身体融入宇宙之中，常常为习武之人提供了一个思维结

---

① 刘建、张素琴、吴宏兰. 舞与神的身体对话（下）. 北京：民族出版社，2009.418.
② 章立明. 文化人类学中的身体研究及中国经验探讨. 世界民族，2010，5：55.
③ 李零. 兵以诈立——我读《孙子》. 北京：中华书局，2006，267.

构，那就是人身处处皆阴阳，不明阴阳难懂拳理，此也为一种宇宙观的体现。这种宇宙观的沿袭应该说都与道教有着千丝万缕的关系，"这套宇宙生命模型以宇宙时空作为人的生命场，认为人的生命发生形成与宇宙的发生形成原理完全符合，人的身体运动节律与宇宙的运行和谐一致，人体生理构造乃是大宇宙的缩小，并由此探索了人类身体现象的奥秘。"[1] 不独武术，在传统中国人的宇宙观念中，就是将身体纳入到洪荒宇宙的范畴中来的，天地大宇宙，人身小宇宙由此而定。世间万物皆负阴抱阳，与自然和谐相处是人们最终追求的理想境界，也许现实生活中的人并不承认，但往往在他们的潜意识中是不会改变的，是一种源自内心深处的、秉性中带来的，是不会发生改变的"惯习"。

---

[1] 李刚. 道教的身体观初探. 天府新论, 2009, 6: 34.

结　　论

　　文化对于一个民族来说，是根植于其内心深处的精神家园。在这个"家园"中，融汇的是一个群体世代延续的血脉和亲情，而血浓于水的人间至深情感则恰恰表达出了这一亘古不变的核心内涵。可以说文化是一个民族生存和依赖的载体，是区别于其他民族的符号象征。

　　在历史上，人们对伊斯兰教的皈依，大都是集团性或是部落群体性的，穆斯林群体的宗教感情往往转化为共同的民族感情，宗教规定和民族习俗交融在一起，从而形成民族内在的强大凝聚力。在华北地区，回族传统的居住形式多为"大杂居、小聚居"，民族特点十分鲜明，即使在城镇中也会形成"城中村"的格局分布，这也为传承回族武术提供了得天独厚的条件。但伊斯兰教不仅是一种信仰制度，而且还是一种社会制度、一种生活方式，它将宗教精神根植于人们生活的各个细节当中，从而演化成为穆斯林共同遵守的生活习惯。这种生活习惯在历经了漫长历史记忆的绵延后，逐渐形成一个族群的集体记忆形式而反映到现实社会中，并通过一些发生在该族群内部多种个体的记忆，致使这种文化在不同的角度折射出独有的思想内涵来。正是由于穆斯林的这种宗教信仰和社会制度贯穿于其日常生活的各个角落，才使得这种生活方式成为他们内心情感的普同性在现实社会中的集中反映。

　　查拳被回族民众称为"教门拳"，从其称谓便知它与伊斯兰教的关系，通过其外在的拳势表征而认同它与回族的"亲缘性"，并成为集体记忆的选择方式。同时，查拳作为一种"历史"遗留形态，使得它成为被后人建构的对象。王明珂曾就"根基历史"与族群认同的问题，从"弟兄祖先"与"英雄祖先"之间的差异进行详细的比对与分析，认为二者之间产生的认同差异是不同的历史心性下的产物，尝试将这种模式运用到族群认同的研究范畴中来的。而关于查拳的起源和创拳始祖的讨论，如果也套用这种模式来分析的话，从目前所形成的事实状况来看，也许同样是具有说服力的。但无论哪种说法是真实的，关于查拳的"历史"争端，其实都是在两种不同模式的历史心性结构下衍生出来的讨论。一个靠口耳相传的"内向式"传递，一个靠相关文献和数据支撑的"外向式"来传递。从查拳的起源讨论，到创拳始祖的纷争，无不显现出一种被建构后的痕迹。的确，真实的历史事件已经永远逝去，遗留的仅仅是文字记载甚或是无文字的口述历史。这样一来，人们通常只能是在众多的文本之间来寻找参证和对照以及释疑解惑事物的本真面目。一些虚拟的历史事件的脉络和褶皱或许使这些文本失去了说服力而无法抵达真正历史的现场，并根据曾经发生的一切来给予核实和检验。但无论如何建构，查拳作为回族文化的一个符号，慢慢演化为一种象征，在不断的场景建构下逐渐定格在"民族"的层面上而被一个族群所认同，并一代一代沿袭下来成为历史记忆的载体。

但是人们在当今的社会生活中，人跟人之间其实有很多东西是被隐藏的。在社会结构的框架里边，具有亲缘关系的"亲人"可以说是最直接的了，但即使是直接的后面仍然是有隐藏的。而这些被隐藏的真相，只有放在不同场域和语境中被实践，才可一识其庐山真面目。在过去，回族民众经常会在清真寺做完礼拜后，聚集在一起习拳练武，每个清真寺都有很大的一块平台作为习武的场地。更有甚者，在严寒的冬季和农闲季节，许多回民青年还要居住在清真寺内，他们称之为"睡寺房"，为的就是练武方便。很多人的习拳练武行为，在某种程度上说就是以前回族民众的一个内心认同标准，是一种惯习的使然，同样也是一种自我生存危机意识的体现。但是随着社会的变迁、国家的安定，这种危机意识已逐步消亡，回族人在清真寺中习拳练武的身影也就很难寻觅到了，甚至一些阿訇也不会打拳练武，更不要说代表回族文化的教门拳了。通过到一些回族聚居地的走访以及到一些清真寺去观摩礼拜，也问及现在的清真寺内是否还存在练武的情况时，当地的许多人都说已经很难看到练武的场景了。就目前这种状况而言，曾经作为一种认同方式的回族武术，也许已经被时代所淘汰，那么，就需要考问一下，回族武术是否还能够成为一种现今回族人对自我认同的方式呢？我们不敢贸然认可这种说法，但现实环境下的回族武术如果就放置在民族这个层面来讲，尤其是在自我认同的态度上确实已经存在质疑了。

传统的回族武术对现代都市中的回族青年的影响在逐渐弱化，但清真寺仍然是对本族教民进行文化、教育和锻炼身体的重要场所，而体育锻炼的方式在过去都是习拳练武，但现在已经很少见了，在对一些参加礼拜的

◎结　　论◎

教民访谈中，他们也都认可武术是回族群众比较喜欢的一项传统体育。可以看出，回族武术仍是回族文化的一个重要符号象征，在自我认同方面应该是具有一定的作用的。但我们忧虑的一点是，回族武术也有可能与回族之前的语言、服饰等一样，会随着文化的变迁与生存环境的改变，而慢慢地将这个"符号"湮没在历史的洪流中，所谓符号的代指和能指之间也在悄无声息地发生着改变，并慢慢地趋向于世俗化。身体本身拥有的自然、文化两种属性，在社会的场域中，可能反过来被世俗所监控和改造。不过，这种转变过程要远比理性化来得复杂。世俗化这种文化变迁过程其实相当复杂，也不够均匀且带有明显的矛盾性质。关于此种情形，布莱恩·特纳有过精辟的分析："随着世俗实践与信仰的普及，宗教对身体的控制也渐渐受到破坏。从此以后，身体不一定要接受圣水、圣餐或宗教仪式等转换过程。身体开始受到科学规训与体制的看管，科学规训与体制显然不会臆测我们世俗实践的超自然特质。"①

那么关于身体的隐喻与个人甚至是一个集体内部和外部认同关系是怎样的呢？布莱恩·特纳进一步认为："社会学与人类学皆证明，认同根本上是身体化的，因为主观与客观认同都无法与身体化轻易区分开来。"② 在此，让我们联想到福柯关于人体分析，就是他所试图证明的人的身体是在政治权利和制度下所形成的一种偶然性结果，故而身体是属于政治和权力的范畴和领域的。其所提到的制度也许就是生命背后的基础吧？在当今社会，随着"现代化"的发展和世俗社会的需求，许多原有的认同方式在某种体制的强力介入下，正在悄无声息地发生着改变。而自我的身体与社会、宗教和宇宙之间的密切关系逐渐成为一种隐性的链条而存在，甚至有时候"我们已经无法再创造一些有效的隐喻，来描述我们在世界上的自然状态。"③ 由于认同方式发生了改变，习练查拳的未必是信教的回族，而信教的回族也未必就要习练查拳，这种规范已经发生流变，所以后人在习练查拳时，在"族性"的认定上已经不十分严格，而参与其中的人们的身份也不再重要。更多习练查拳的人，不管自身是什么民族，在习拳练武的过程中，大都已经只是在遵照传统武术的师承伦理和社会规范来约束自己的日常行为以及附加在其身上的责任和义务了。

---

① 布莱恩·特纳. 身体与社会理论. 谢明珊译. 台北：台湾国立编译馆，2002.278.
② 布莱恩·特纳. 身体与社会理论. 谢明珊译. 台北：台湾国立编译馆，2002.381.
③ 布莱恩·特纳. 身体与社会理论. 谢明珊译. 台北：台湾国立编译馆，2002.383.

这样一来，除去血缘、地域、文化、宗教、语言等因素制约外，应该说，目前人们越来越关注身体与认同的关系，例如在艺术和体育领域内，这些与身体相关的主体会在现代文化建构中成为族群认同的表征符号，并慢慢演化为一种工具而成为当地人的观点和表征形式并向外人展演出来。这种情形我们在一些少数民族地区会经常看到这种被打造过的"认同"模式。或者说，在更多的时候，这种"认同"模式可能是在多种力量共同参与的情况下作用的结果，尽管有些力量可能表现得并不明显，但并非完全缺席。在此过程中，参与者也有各自的考虑和利益在内。因此，我们说族群认同与传统武术建立特定的联系，往往就是一个诸种力量在特定场景中协商或者说共谋博弈的结果和过程。

"表征是进行文化想象的场所，然而，表征并不是独特的，同时也是使生命世界产生意义的手段，因此，它们在功能上存在着差异。"[1] "表征"作为一种术语，多运用于人类学所谓"表意文化"，即与艺术相关的舞蹈、音乐、美术、戏剧等领域中。但查拳毕竟不是舞蹈和戏剧，虽然在身体的塑造和传承上有着相似性，但二者在功能上又有质的区别。法国社会学和人类学家布尔迪厄试图建立一种实践理论模式，可以用来分析特定的群体或个人实践的机制。他采用的这种关系式的研究姿态，使得社会学打破了个人与社会分离的学术传统，将关注点放置到具体细微的日常社会实践之中，而不再是单纯地抽象演绎和理论思辨。他所提出的"惯习"概念，就是一种身体在实践场域中的认知和反思，并通过身体反馈出人们在长期的社会化过程中逐渐习得并成为秉性的东西。

在现今社会中，传统武术与竞技武术两种体制并行的情况下，人们看待这两种体制的态度也大相径庭。在以往，人们可以借鉴前人的经验和训练模式来形成一个拳种的风格特点，并通过拳势的外在表征而达到对某一拳种和流派体系的认同。这种经验性的东西是否就可以还原前人既要融入宗教场景又要融入练武的场景中呢？这种体制的分野，使得人们在不同场域和不同体制的束缚下，身体所表征出的文化内涵正在逐渐趋向于模糊。从世俗社会对日常行为的规范，到传统武术的训练模式，都是通过身体技术完成的。将身体当作一种工具，被放置在社会场域中，使得人们在经历了查拳这个场域的身体实践后，进而转化为对身体发生内化的一个形塑机

---

[1] 詹姆斯·克利福德、乔治·E. 马库斯编. 写文化——民族志的诗学与政治学. 高丙中等译. 北京：商务印书馆，2006. 309-310.

制，尤其是在具有典型回族特点的动作在套路中的反复出现，更是将伊斯兰教文化深深烙印在人们的身体之上，并通过拳势表征而成为一个回族"族性"隐喻的符号。而现在的竞技武术训练模式，让人们的日常行为已经失去了在整体社会框架下对身体形塑的制约，从而使得竞技武术越来越向统一化和标准化的模式方向发展，最终形成一种在西方竞技体育场景建构下所衍生出来的类似"操化"的武术形式。

在人类学界关于身体的研究，通常会将其提升到国家和政治的层面上，有时候身体总是被无情地卷入到政治领域中来。汪明安、陈永国借用福柯对身体的见解进一步分析到，"'权力关系总是直接控制它，干预它，给它打上标记，训练它，折磨它，强迫它完成某些任务、表现某些仪式和发出某些信号。'这样的身体因此是备受蹂躏的身体，被宰制、改造、矫正和规范化的身体，是被一遍遍反复训练的身体。"[1] 而我国传统武术的发展同样避免不了这种权力意志的安排。在民国时期，随着民族国家构建的需求，武术曾一度被改称为"国术"，并于1928年成立了中央国术馆，召集了当时许多著名门派的武术家来担任国术教练，集中教授学员习学各家门派的拳术和功法。例如当时国术馆就聘请了著名的武术家"王子平、高振东、李景林、孙禄堂、杨澄甫……（习学的拳术门派种类）包括太极、形意、八卦、弹腿、查拳、戳脚、螳螂、通臂等拳种和刀枪剑棍等器械。对抗项目有摔跤、散手、拳击、武术长兵、短兵等。由于国术馆在武术的教学中采取了兼收并存、同传各门的方针，所以在武术的传播上起到了存古续绝、承前启后的作用。"[2] 虽然当时政府将武术纳入到馆校教育体制中来，其主要目的还是与当时的社会背景有关。

在国术馆制度未成立之前，传统武术多是以民间单个门派拳种之间的传承方式进行的。首先是不成体系，由于武术界始终存在的门户之见和保守排外的思想意识，极大地削弱了武术的发展；其次是传承链条比较脆弱，当时的情况是，一些武术社团由于有较为著名的拳师号召，从而能够获得各个部门和政府财团的支持，因而规模较大，学徒众多，留存时间较长。但许多武术社团因未觅得名师，相应来自社会的支持程度较小，生命力较弱，久而久之便会自生自灭而销声匿迹了，这种情形在当时是很常见

---

[1] 汪明安、陈永国. 后身体：文化、权力和生命政治学. 长春：吉林人民出版社，2004. 前言. 19.

[2] 张文广. 我的武术生涯. 北京：北京体育大学出版社，2002. 44 – 45.

的；再次是存在秘密行会和宗教性质的结社现象，门派之争十分明显，由于封建迷信等残余思想作祟，故而浮夸现象十分严重，在不同程度上影响了武术的正常发展。吴图南先生就这种状况，一针见血地指出："夫新国术既出，固有之国术，亦经相当之整理。然后依各地习尚之不同，详加改善，分区实验。使得于体育上，占一重要地位，成为真美善之体育活动。推而广之，渐及于全世界，全人群，岂不伟欤！奈何今之精于国术者，或守秘密而不公开，或拘成法而不改进，从使优美之国术，不能发扬光大之，可不惜哉！"[1]

正是由于在当时社会因素的影响下，中央国术馆制度才应运而生。但这种方式并未丧失武术多元化趋势发展的方向，一时间涌现出了许多知名的武术大家。在中华人民共和国成立后，取消了国术馆的编制，成立了国家体委，并将武术纳入到这一编制中来。但这种体制由于受到"左"的思潮的影响，传统武术的发展链条虽然并未完全断裂，但改变已经在悄无声息地发生了。到了"文革"时期，受当时政治环境的影响，武术运动偏离了它的运行轨道，逐渐向统一化和标准化的方向行进，一味追求"高、难、美、新"的审美取向，致使一些门派的独特功法内容被忽略掉了。正是在这种掺杂了国家意志的情况下，许多传统武术在当今社会完成了自身向现代化体育运动转化的过程之后，它的理论框架构建却没有能从总体上完成这一转化。而在这种体制框架的束缚下，被竞技武术训练模式所打造出来的身体完全是一种"外向化"机制下的产物，千篇一律的表现形式，已经丧失了影响传统武术几百年来所秉承的多元文化的发展特点，而没有文化内涵的武术，就像没有了师承关系的"武术人"，自然得不到大家的认同，而历史心性的讨论也就无从谈起。

由于两种制度的并存，它们之间始终存续着不可弥合的矛盾和张力。对于中国人而言，一种体制或者说机制往往隐喻着标准、可靠、统一等的所谓"现代化"的标尺，而一些传统的东西则反之，就像工业化的大量复制和传统手工业的作坊那样会产生粗放和精细的产品，从来都是隐喻着先进与落后一样。这样一来，与之相伴的配套文化也会紧随其左右，就如人们在评论现代舞蹈与古典舞蹈或是民族舞蹈的关系一样，"大众舞蹈（尤其是民俗舞蹈）与现代舞之间一直存在矛盾的紧张关系，这一点非常重

---

[1] 吴图南．国术概论．北京：北京市中国书店，1984.4.

要。大众舞蹈与现代舞的这种紧张关系，是民族舞蹈是否能以及如何幸存下来的基础。"① 从这一点来看，传统武术与现代竞技武术的关系，同样是影响着传统武术是否能生存下去的前提条件和基础。

当代社会学家和人类学家越来越意识到，在研究一个物象的时候应该将焦点汇聚到个人的身体实践上。迈克尔·赫茨菲尔德在《人类学——文化和社会领域中的理论实践》一书中提到："感觉既是身体行为，也是文化行为。视觉、听觉、味觉、触觉不仅是理解物理现象的手段，也是传递文化价值观的渠道。虽说这方面的主要领域是表演艺术，但它也是社会关系中不可或缺的一部分。"②

以往对回族查拳的研究，多注重于外在表象的描述和技术分析，容易形成表层化和本质化的研究趋向。将查拳与回族主体文化情境剥离，同时从理念上缺乏对个体行动与社会行为、身体观和宇宙观在时空转换过程中的自我认知，尤其是无法厘清身体在技艺传承中的表征功能，而使得深入研究难以为继。中国的许多传统功法都是建构在以天文、历法、阴阳、五行、八卦等中国传统哲学理念基础之上的，这在古代是人们认识宇宙世界的一种"常识"。作为一种观念的代表——回族查拳也许可能体现出自己独特的宇宙观。然而，从两种观念之间的博弈，到彼此之间的相融，无不显示出文化始终是处于一种不断解构和建构的摆荡状态之中。幸亏人类的身体是可以言说的，同时也是不会说谎的，由此才能够使许多被遮蔽的思想、情感和意识被真实地、直观地甚至是以一种超越理性的行为方式而表现出来。

通过习拳练武来达到自我对身体的认知并形成一种技艺和风格，必须是要经历刻苦地练功和有效的训练方式来实现。在回族查拳或者说传统武术中的各家拳种流派，都有自己独特的练功方式。在本书中，曾经提到"身法拳"与"架子拳"之说，二者之间的辩证关系，恰恰是通过练功后的身体形塑来达到业内人士的认同。它把拳势打造为一种场景，一种能通过身体来对话的场景，同时留给人们无限遐想的空间，而人的能动性则是在这种历经时空转换的场域中体现着它应有的作用，并在对武学理念的认知上得到了升华。在行家看来，这种通过训练后的身体表征形式，不单可

---

① 布莱恩·特纳. 身体与社会理论. 谢明珊译. 台北：台湾国立编译馆，2002.335.
② 迈克尔·赫茨菲尔德. 人类学——文化和社会领域中的理论实践. 王建民、潘蛟主编，刘珩、石毅、李昌银译. 北京：华夏出版社，2009.268.

以品评习武者的功力水平，同时还可以从习武者所展现出的"风范"来认同某个门派的师承关系。这种"风范"就像遗传基因一样会通过人的身体记忆传达出一种独特的信息，而被人们所捕捉到的这种信息，正是人们认同某一拳种流派的标准。

通过对回族教门查拳的个案研究，可以从中认识到，以武术为媒介的这些错综复杂的社会关联，在族群认同基础的层面上又建立了一种全新的社会关系，这种关系在包容和承认了原有社会关系的同时，又进一步呈现出在不同场景建构下的不同群体的自我认同。同时，本书运用当代人类学对艺术领域以及身体研究的理念，从查拳技艺的形成出发，以从社会的身体到技术的身体直至技艺形成的身体为脉络，来对回族查拳在利用身体这个载体传承武术技艺的功能作用上进行了深入细致地探讨。从而认为，回族查拳作为一项偏重身体实践的"技艺"行为，它曾是御敌防身之术，也是除暴安良之法。但将回族查拳放置到社会场域中时，它的拳势表征同样和艺术一样，与社会行为有着千丝万缕的关系，其功能不仅在于防身自卫、强身健体、愉悦身心和传承民族文化，同时在构建个体与社会、身体观和宇宙观、结构与能动性的理念方面也有着独特的表征意义和社会功能。

在本书即将讨论完毕之时，我们还是应当明了传统武术在当今社会中所应承担的责任和发展宗旨。在世俗社会中，随着社会的变革，文化的变迁，当传统武术逐渐失去其原有生存的土壤环境后，我们是否应该考虑其存在的意义呢？这个时候我们再回思和反观前辈大家们早已给其确定的发展途径，正如吴图南[①]先生在其《国术概论》中提出的："然则提倡国术之有系统与意义有明矣。而其最低之限度，必使学者，能本乎人生天然优美之发育，顺先天自然之能力，使全体得充分之发展，谋一生永久之健康。然后运用机能，适应环境。无论劳心与劳力，均感舒适之乐。再能以德为新，以礼为行。果能持之以恒，自能在乡间为安善之民，入社会为忠勇之士。转移习俗，复兴民族，孰有优于此者。要之，亦在人之善用之耳！倘自今以往，政府倡导于上，人民发奋于下。自强不息，一德一心，群策群力，贯彻始终。扫除已往偷惰之陋习，共为国术之运动。则国民之身体与

[①] 在此引用吴图南先生对传统武术的一些讨论和分析，只是单纯从武术功法角度来进行剖析的，至于其为人情况和身世背景，世人评述有褒有贬，功过自有后人和历史来评价，非本书所关注，在此谨作一说明。

精神，俱臻于健全之地位，恢复民族固有之道德与技能，创造伟大之建设与事业，自有成功之希望。西人称吾国为睡狮，殆将一吼而跃起矣！国术之名称与意义如此夫！"[1]

  由此可鉴，传统武术作为中华民族传承千年而薪火不断的宝贵遗产，其意义并非作为战场格杀，或单纯以好勇斗狠为根本之技，它应该是"除包括拳术器械之外，当以修德养性为唯一之目的。至于养成勇敢奋斗团结御侮之精神；培养雄伟侠烈之风气；发扬民族固有之技能；创造新中华民族；皆自修德养性之中相演而生。否则，好勇斗狠，于世无济。对于国家，非徒无益，而又害之。胡为而提倡哉！"[2]

---

[1] 吴图南. 国术概论. 北京：北京市中国书店，1984. 4 – 5.
[2] 吴图南. 国术概论. 北京：北京市中国书店，1984. 1 – 2.

附 录 一

在徐青山先生遗留下来的《查滑拳谱》中，内容涉及查滑拳的基本功、查拳、滑拳、炮拳、少林拳等拳术套路以及查枪、查刀、双钩、双手带、凤翅鎏金镋、春秋大刀等器械套路，同时还有对练等几十个拳械套路。在前文的论述中，由于限于篇幅和讨论的角度问题，并未将田野调查中搜集而得的，由徐青山先生的三子徐春生所珍藏的《查滑拳谱》中记载的相关内容尽数罗列进来。但是，为了进一步说明和阐释查滑拳的一些传统功法对身体的塑造，故而在附录中将这些前人遗留和珍藏的拳谱内容展示给读者，以为后人所参考。另外，在附录拳谱中，也可能会添加一些业内人士以及邢台当地的老武术家和个人习拳的感受和认知，此目的只为搭建一个探讨和交流的平台，以求为传统武术的发展而尽微薄之力！

过去在传统武术界中，每个拳种流派都保留有自己独家的拳法秘诀，经后人辑录编撰而成谱诀，非本门嫡传弟子是无法一睹真颜和获知其真实含义的。再加上传统社会中的宗派和门户之别等原因的存在，人为地将武术神秘化和玄奥化了。故而许多拳谱都被蒙上了一层神秘的色彩，经常会存在一些历史传说和人文典故的出现。例如某人获得一个拳谱后，其功力就会突飞猛进，一跃而成为武术大师的故事反复演绎。其实真实情况并非如此，功夫是靠"练"出来的，谱诀只可能在一定程度上帮助习武者破解某些功法难题，但也只能在限于自身功力必须达到较高水平时，才会有所"顿悟"而已。拳谱都是从前辈大家们的习拳心得转述而来，非亲传弟子是难以获知的，这是实情，同时也是师承关系的具体体现。谱诀多为后人承袭前人而来，全凭口传心授，有的较好理解，而有的谱诀中的含义，也许连师父们也未必全懂其妙（功夫未达体悟的境界）。然而从前人处流传下来的拳谱，毕竟对于研究我国传统武术功法和文化习俗以及各家门派师承之间的交流情况，均有很好的参考价值。从本人搜集的《查滑拳谱》看，有一个特点表现得十分突出，那就是谱诀词句基本上是比较工整对仗的，类似于竹枝词的形式。全篇以偶句为主，构成字数相等的上下句，句法结构相互对称，词性、词义彼此配对，文字内容古词句和历史典故较多，寓意深刻，平仄连接工整，类似对联形式，每一句拳谱均蕴含着深刻的文化内涵和拳势表征，这也是展示我国古老文化的一个平台和窗口。

与此同时，在所搜集的拳谱中，由于年代、师承和书写之人的文化功底以及拳谱内容多为前人口述编撰而成等多种原因的存在，许多拳谱中的字迹不是十分清晰，同时存有许多通假字或是错别字，甚至还有涂抹之处，有些文字和内容所指代的功法含义并不完全准确，恐为后人收藏添加之笔墨也未可知。但限于自身学识和习学查拳未久之故，许多词句、歌诀难明其意，即便有些值得商榷之处或疑为错误之字，为存其真实面目，而未敢遽改，只对一些明显错漏之处，参照不同版本的拳谱简单做了一些梳理和修改，并尝试着做了断句的处理，同时根据现今人们的阅读习惯，将由右至左纵向排列的文字，改为由左至右的横向排列，并未失去元真，但错漏之处仍在所难免，尚请原谅！

一、查滑拳基本功

查拳的主要基本功无疑为弹腿莫属，目前在武术界，关于"弹腿"属于哪个门派的独有功法，一直存在不同的说法，许多称谓在字面上也有所差异。例如，有以借用寺庙龙潭寺之名命名的潭腿，也有说是以少林门派而命名的少林弹腿，还有以姓氏命名的谭腿和以族性命名的回族查拳的教门弹腿之说。在这几者当中可能在渊源上是否存有相通之处，也是学术界争论的一个焦点，由于自身学识浅薄，不敢妄加推测和论断。但在一般情况下，各门派的武术都是由基础功夫和招式组合而成的一个功法体系，如基础入门的腰腿功、桩功、劲力和气功等，所谓招法则是从这些基础功法中提炼出来的一些利于攻防格斗的技击招式串联而来。现在武术界比较流行的说法是弹腿主要分为临清龙潭寺之潭腿、少林弹腿和回族教门弹腿三种形式。但它们之间也存在一定的联系和亲缘关系，至于谁是正宗，由于限于门派之别，各家自有各家的说法，也是众说不一、众口难调，难以形成一个定论。

但总体看来，不管是少林弹腿、临清龙潭寺潭腿，还是回族的教门弹腿或以姓氏命名的谭腿，都是一些拳种流派的基本入门的功夫，是专练腿功之用的技术方法。在范景鹏的《"飞腿"沙亮在查拳传承中的作用》一文中提到:"弹腿的历史要早于查拳,大概五代时期就有了,后周大将昆仑大师隐居临清龙潭寺所创而得名'潭腿',也因为其弹踢发劲有力,又被称为'弹腿',弹腿本与查拳是属于两个不同的武术体系,原并不属于回族武术,弹腿后来成为查拳的主要基本功,就是在沙亮时吸收融入的,但回族人民又对其加以改进,使其以弹腿和其他腿法为主要内容。"[1] 范文中所提到的龙潭寺潭腿的创始人"昆仑"大师,"原名不详,只说为后周大将,因其奉命远征,正值此间,同为后周大将的赵匡胤乘机黄袍加身,篡周为宋,是之为宋朝。'昆仑大师'得知情况后,自知无力回天,当即解散军队,以自焚的方式骗过宋朝军队,随后削发为僧,隐居在临清龙潭寺内,法号昆仑,故后人称之为'昆仑大师'。"[2] 昆仑大师身怀绝技,在寺期间开始收徒创拳,于是研创出了闻名于后世的"潭腿",因潭腿之"潭"取临清龙潭寺之名而来,故后人又称其为"临清潭腿"。

上面所谈及关于"潭腿"的由来和起源的说法时,可以十分明显地看出,这种传说方式与正文中关于查滑拳的起源以及创拳始祖的纷争有着异曲同工之妙。二者都要附会一些传奇人物、历史典故或是英雄神话,并通过师承关系一代一代经口传心授流传下来,从而形成一种集体记忆,并利用集体记忆来还原所谓的"历史"真相,进而标榜拳种流派的出处。这是一种历史建构,不独查拳、潭腿如此,即使像少林拳、武当拳、太极拳、八卦掌,等等,皆如此建构。虽然不能说所有武术门派的起源都是以此种形式来构建的,但基本上无出其右者。另外,在关于"弹腿"与"潭腿"之间的关系上,在民间也有着不同的说法,例如在罗征、林东河、左军山三人编著的《邢台武术源流》一书中,就有几种说法:"从潭腿初创到明清鼎盛,与少林、劈挂、通臂、太极拳、六合拳等著名拳种齐名共享。潭腿主要分为正宗潭腿、教门潭腿和少林弹腿。"[3] 从其行文看,似乎将教门潭腿和少林弹腿都定为是潭腿的分支余脉了,而且后文仍有对此两种弹腿之分析,书中提及:"教门潭腿是昆仑大师晚年所传派系,主要传于临清本地清真教,故称教门潭腿。"[4] 后文续曰:"少林弹腿是明朝才有的。明正德年间,河南嵩山少林寺主持相济禅师久闻潭腿之名,亲自到临清龙潭

---

[1] 范景鹏."飞腿"沙亮在查拳传承中的作用.体育学刊,2009,2:110.
[2] 罗征、林东河、左军山.邢台武术源流.石家庄:河北人民出版社,2007.454.
[3] 罗征、林东河、左军山.邢台武术源流.石家庄:河北人民出版社,2007.454.
[4] 罗征、林东河、左军山.邢台武术源流.石家庄:河北人民出版社,2007.455.

寺访问。当时龙潭寺的主持僧人是昆仑大师的第七十二代再传弟子耀空大师。二僧一见如故，盘桓多日，两人以少林罗汉拳与临清潭腿互传……少林寺将十路潭腿改为十二路，又称少林弹腿……由于各门派互教传练，门派拳功不同，在路数上也各有增减，为与正宗潭腿区别，分支各派皆称'弹腿'。"[1] 由上文可知，回族教门弹腿和少林弹腿的"弹"都是为了区别龙潭寺之潭腿的"潭"而做的改动。以上这些关于弹腿的传说和讨论是否准确，尚难确定，可能是一家之说，也有以讹传讹之嫌，要想判别真伪，必须深入田野进行细致考察，同时再借鉴文献资料的记载，经过认真比对才可有发言权，还是留待有识之士进一步加以考证以还历史本来面目！

但关于以上几种说法，只参考一本书，很难有说服力，也并非学术之道，故而又潜心搜寻相关书籍和文献，以求聊以自慰。后在马永胜先生所著的《弹腿讲义》一书的自序中，就此问题有一个简要讨论，现摘录一段文字以说明：

"维初练国术同志，欲学少林拳者，必须先踢弹腿。按弹腿的奥秘，即为国术中之基础，无论何种拳术，大概均由弹腿中变化者较多。如将弹腿踢不正确，拳术姿势绝不得优良，况其器械更难练之。所以弹腿之动作，应加注重。盖弹腿之意义，稍有不同，是因派别之关系。有踢十二路的，或者十路与十路不同的。况弹腿的弹字亦不一致，有说龙潭者，亦有说姓谭者，其中尚难辩论，所以学者，更加疑义，莫知所宗，是为国术之大障碍也。余自幼年时，练的教门弹腿。曾闻前人云：南京至北京弹腿出于教门中。大概国术名家均有所闻。关于弹腿之派别，分上中下三种的解释，有高腿门；有弹腿不过膝为低腿门；按此十路弹腿踢出时，以平为度为中腿门。其法正踢重要之部位，并有弹效力。譬如射击之弹力相合，正适合于战斗作用，所以用此弹字。俗云手是两扇门，全凭腿打人。手即是刀，脚便是枪。或甲乙二人争胜负，以弹腿胜者较多。所以练弹腿者，皆是少年与中年者为优，性刚志强，手足敏捷……自民国十九年时，余在京练此弹腿，由中央国术馆张馆长，见而善之，将此弹腿列为馆中必修课

---

[1] 罗征、林东河、左军山. 邢台武术源流. 石家庄：河北人民出版社，2007.455.

程，一致练习。"①

此段序文是他于民国二十四年六月（1935年6月）在苏州写就的。从马永胜先生的自序中的讨论而看，关于弹腿的命名上，纷争始终是存在的，也可能会一直延续下去也未可知！不过，从目前流行的情况和人们的态度看，一般还是认可弹腿与回族教门查拳的关系的，这种结论的形成恰恰体现了一个新的集体记忆的结果发生。

虽然上文只是文字讨论，但终须要有真实凭证方能了解几者之间的关联性，恰好在《邢台武术源流》一书中收录了一些临清潭腿的拳谱，通过拳谱中所记载的套路招式做一个简单对比，自然可知两派弹腿之间的关系和差异。临清潭腿共分十路，在该书中所录的《十路正宗临清潭腿词谱》中曰："昆仑大师正宗传，留下潭腿十路拳。一路顺步单鞭势，二路十字起蹦弹。三路盖马三捶势，四路斜踢撑抹拦。五路栽捶分架打，六路勾劈各单展。七路掖掌势双看，八路转环跺子脚。九路捧锁阴阳掌，十路飞身箭步弹。学者莫嫌势架单，奥妙精深在里边。多练多看问根源，学会了护身壮胆。内外两功并同时，能消除一切病源。一踢一打增气力，勤学苦练知根源。学者练到贯通处，伸手还招就占先。"②

在临清潭腿谱中记载的潭腿共有十路，现在查拳教门弹腿大体也分为十路基本腿法，另外在少林弹腿中也记载了十二路弹腿套路。这些弹腿套路或是招法，通过对比，有许多相似之处，而且名称和姿势也大同小异。我们现在以这三种弹腿流派的前五路为例说明。在临清潭腿中，前五路为"一路顺步单鞭势，二路十字起蹦弹，三路盖马三捶势，四路斜踢撑抹拦，五路栽捶分架打"；在教门弹腿中，前五路为"头路顺步单边串，二路十字奔脚尖，三路劈盖夜行犁，四路撑扎左右盘，五路栽锤步要斜"；而在少林弹腿中，前五路为"头路出马一条鞭，二路十字鬼扯钻，三路劈砸车轮势，四路斜踢撑抹拦，五路狮子双戏水"。从这三种弹腿的前五路来看，虽然在动作的名称上有所出入，但只要是习练过查拳的人，都能十分清楚地知道每个动作的含义和动作姿势，这一点是毋庸置疑的。至于后面的弹腿套路，基本如上，无须赘述。也许在不同版本的拳谱中对弹腿的文字记录，在个别字眼上可能有不同的地方，但大多与上述情况类似。

---

① 马永胜. 弹腿讲义. 太原：山西科学技术出版社，2011. 自序1.
② 罗征、林东河、左军山. 邢台武术源流. 石家庄：河北人民出版社，2007. 454 – 455.

虽然从动作姿态上看，三者的区别不大，但其内部还是存有差异的，这就需要从功法的实用效果和目的来寻求答案了。比如说，临清潭腿讲究拳脚并用，弹腿高不过膝。而教门弹腿虽然同样有十路腿法，但在练法上略有不同，从腿法所踢的高度来看，基本与腰部持平，属于中上盘腿法。虽然两种腿法都是弹踢，但由于弹腿的高度不同，支撑腿就需要付出相应的功力。踢低腿时，需要支撑腿膝关节弯曲，攻击目标为对方迎面骨或是膝关节。而踢高腿时，支撑腿的膝关节不用弯曲，相对来说自然省力一些，以对方裆部和躯干或头部为主要攻击目标。所以，弹踢位置的高低，是根据实战所需来进行有意识的功法习练的，所以它们在功能效果的体现上就会有差异，而这种差异自然就会引入进不同门派的各种不同的练功方法上来。虽然只是简单地对临清潭腿和教门弹腿的腿法做了比较，少林弹腿也同样形同此理。

我们在这里用了大量的篇幅来谈有关"弹腿"的问题，其目的就是要让读者有一个清晰的印象，在中国的传统武术界中，许多门派之间或是拳种之间都是有"亲缘性"的，尤其是一些基本的入门功夫，都很相似，即使是在现代体制下的竞技武术的一些基本功法和内容也多是源自于此。但是由于自我保护或是保守思想的存在，许多拳种都是过多地强调了自家门派的优势和正宗，这种现象比比皆是，不足为怪，所以，在此不对这种现象作过多评述，公道自在人心。

我们现在仍然把话题拉回到有关查拳的研究中来。传统的查滑拳基本功法，在前文中曾谈及一些例如牵拉韧带和习练身法的方式，如"沤筋"、"悠腿"和"滑抄"等基本内容，但这些在所搜集到的拳谱中并未详细说明，只是前辈习练之人经过历代的习武经验总结出来的一套类似现今竞技武术训练的热身方法，但二者在所要达到的目的和作用上是有本质区别的，因前文有所介绍，在此不再赘述，只重点介绍查拳的基本功十路弹腿和二路腿拳。

(一) 十路弹腿

在《查滑拳谱》中，开篇即提到查拳的基本功就是十路弹腿，拳谱中记载："受得先师十手拳，名曰弹腿妙无边。头路顺步单边串，二路十字奔脚尖，三路劈盖夜行犁，四路撑扎左右盘，五路栽锤步要斜，六路盘式是单砍，七路双砍十字腿，八路椿（春）跺有转环，九路捧锁阴阳手，十路箭弹贵常盘，多踢多砍是根源，奥妙无穷在里边，练成能壮英雄胆，事到临头千招变，一三五七九，二四六八十，名叫铁链环。"

上文中对十路弹腿的描述，并非是以套路形式出现的，而只是单个动作的重复串联。其实每趟弹腿都是由固定单势动作整合在一起的，练习的方式可以根据场地的大小和地势环境的不同而变化。既可以直线无限制延伸下去，也可以折叠来回反复练习，在民间将这种方式称为"趟"。而所谓的"武术套路"之说，是在现有体制下的称谓。"中国古代，没有'套路'的提法，拳法叫'趟'或'路'，一种拳法常是由几'趟'或几'路'组成，趟和路都是一些本门的技击招法连接构成。"[1]

（二）二路腿拳

所谓的二路腿拳，其实也是由一些单个动作组合而成的，前文中有过简单介绍。由于弹腿是查拳的基础套路和主要功法习练方式，并按阿拉伯文的28个字母排列而成的二十八个基本动作组合，又叫二十八路弹腿。目前流行的是前十路，后十八路比较复杂，只是为了便于记忆，把它编成两套类似拳套的组合，分为一路腿和二路腿，故又称为二路腿拳。

1. 头路腿

头路腿："腿拳出势五霸强，充抄箭弹把名扬。披手三路往前进，十八撑插最难防。顺步腿扑面掌，背背金镖往下照。下存势排腿奥妙，进步崩打栽锤五路英豪。康关式用招手敌人难逃，顺步箭弹把名扬。撑插腿野马上槽，转环腿逢山开道。壮路腿难架难招，箭步腿太子登殿。二起脚令人胆寒，十字箭弹登（蹬）动山，悬虎腿风摩电闪。跃步腿蟠（盘）扑肘，骗马腿需要提防。金锁腿盖世无双，锁腿上抡阴阳闪战。闪战腿波底贯甲，摇晃式心思不定，独占鳌头真英雄。"

2. 二路腿

二路腿："推搂挑搂入金蛟，倒栽杨柳真奥妙。闪战进式奔箭腿，鹞子转身登琦霄。左右挑搂连环式，舞花提膝闪枪戟。金绞剪四封四闭，跺泰山独立莫奇。下存式纵筋斗上下用力，踢脉门左右去擒抢无比。箭步去

---

[1] 于志钧. 中国传统武术史. 北京：中国人民大学出版社，2006. 17.

掏丝进法接锁口，合口去敌接箭去。白蛇吐信勇夺刀，拿法腿拳论。"

　　在上述的两种由后十八路弹腿引申并串联成套的两种腿拳术，并非是单纯意义上的套路，而是将单势弹腿融合精炼后的一种查拳的基本功法。我们发现，在头路腿中，重点描述的是腿法技巧的变换，二路腿则是偏重于对招法技巧的运用，并通过与身法的融合而体现出腿法在攻防格斗时的功能和作用。在前文中曾介绍过，不管弹腿怎样变化，其技巧是有迹可循的。虽然十路弹腿和二路腿拳的手法变化万端，但腿法基本一致。为了提高弹腿的功力，通常习练之人都是选择二路弹腿进行反复练习，因为它最简单，最实用，主要目的是为了增强弹腿时肌肉伸缩的控制能力。在与邢台老拳师丹玉魁先生的访谈中，他反复说，过去习练弹腿的人，一般只是将二路弹腿拿出来单练，当地俗称"鬼扯钻"。所以在有些介绍查拳的书籍中，也有将二路弹腿的歌诀写成"二路十字似拉钻"的说法。像丹玉魁先生所说的"鬼扯钻"的含义就是根据其外在身体的运动方式演化而来。一般情况下，二路弹腿是将冲拳与弹腿组合在一起的，前冲拳似"钻"，同时另一手后拉似"扯"，冲拳的同时，腿随之迅速弹出，发力似"箭"。这三个发力动作通过肌肉、筋脉、气息等融合进入的身体之内，协调而发，边走边打，反复锤炼，并最终使身体达到对这种劲力的感知而形成一种查拳独有的腿功发力技巧。

　　以上所介绍的是一些关于查拳的基本功法，在传统武术界，习武之人都是十分注重对基本功法的训练的，而基本功法通常都是由两部分组成，即基本动作和基本功。基本动作是指在武术运动中较为常用和必须学习的一些单个动作或组合动作，并逐步形成一整套由浅入深、由低到高的完整而系统的单个和组合形式的武术练习内容。而基本功则与基本动作不同，二者不可混淆，但又互不可缺。基本功是指通过基本动作的练习，使身体各个部位和内脏器官得到较为全面的训练，并能较快地提高各项功法技能的专项素质，为习学拳术和器械，提高技术水平和攻防技击的意识打下良好的身体基础。故民间俗语有"练武不练功，到老一场空"的说法。传统武术的基本功法，通常都包括肩背功、腰腿功、气息吐纳和各种形式的桩功等。比如各家门派的拳种都很重视桩功，太极拳有太极桩、无极桩，形意拳有三体桩等内容。这些桩功的目的无非是为了让身体达到内外的心意相合，而所谓的内三合，就是心与意合、意与气合、气与力合；外三合是指手与足合、肘与膝合、肩与胯合，故又称为"心意六合"。所以传统习武之人都十分强调对功法的习练，只练武不练功就成了花拳绣腿中看不中用的花式武术和杂耍把式了，而这对习武之人是十分忌讳的。

二、查滑拳术套路

在《查滑拳谱》中记载的拳术套路中，并非单纯是查拳和滑拳，其中还掺杂着炮锤和少林拳等一些习练身法和气力的拳种，虽非同一门派，但相互之间都有借鉴，所以，现一并将其招式和功法进行逐一介绍。

（一）滑拳

根据拳谱中的记载，滑拳共分三路，据传为滑宗岐所遗，后人根据其"滑拳二十四字，前观后看，左封右避，虚打实上，闪展腾挪，掩步藏裆，摇身横脚"等精髓和其演练特点，故而又将其定名为"架子拳"。

1. 头路滑拳

拳谱中记载："头路滑拳，开手先拉四平拳，震步如雷转身还。一起一落似猛虎，两国相争造战船。箭步劈似钻云端，如似八仙走长川。前手望的汉江女，后手打的汉江男。一文一武燕小乙，走在当场把话言。王母使得顺天报，二郎解开三泰拳。金枪徐宁伐箭弹，一边似霹雷，一边似闪电。当初陈州打过擂，当场立下虎头圆。"

2. 二路滑拳

二路滑拳歌曰："顺手托鞭尉迟将，乌龙出洞不需忙。二郎担山纵赶日，咬金斧劈老君堂。此路向前无风古，翼德卖肉一杆枪。真武抄剑随心使，下场单打清头郎。"拳谱又曰："英雄紧走战场观，双拳业捶在胸前。出手去盖腕连展，左穿指、右挽手。结掌护耳，抬面足踏乌龙展，绞手梅花归回圆。前箭步二郎担山，跃飞脚捧锁山川。燕子式飞到马边，左右劈老君胆寒。前箭步野鸡寻窝，转插手手搅梅花。又搅手土染黄沙，捧锁跺子往后劈。进势汤瓶真无比，喊一声连珠炮起。捧锁跺子往下打，金钱落地。双峰贯耳，托枪定式向前走。回头望月，参插手夜叉探海。催水雷各插手乌龙取水，提回步收式闪门，喊一声猛虎发威。"

3. 三路滑拳

拳谱曰："英雄比艺站当场，补拳出势轮仁钢。一摇太极从出世，二

◎附 录 一◎

摇永久把名扬。单手推转往前走,三摇跨虎战敌将。出引手反背披,鹞子翻身往上反,盖纲拳便转虚实。手托肘下插式,英雄巧打燕子式。诓君计右边去取,打披手出引手手里支手。随地妙似龙行滑拳救战,堪手滑往前进鬼谷转世。左一摇右一摇关公失路,获敌将用箭弹太子登殿。忽转身往前进猛虎扒山,双手去枭手回两手搭肩。获敌将手提膝太子上殿,走拳势引披手滑拳喜战。左边去右边进擒手闪战,得了手拆门面一直一横。靠山式称煞手滑拳高战,转身抄出摇手滑拳戏战。往前走得反手怪蟒震山,靠山式拆门面一直一横。撑插掌打贯锤炮响连天,水里边按葫芦春风摆柳。战敌将用滑拳走风摇山,往前走拧回步仙人幻影。跃步式到战场狮子分象,敌将进借势进横推战车。出踢手打韩信太祖点兵,似撒虚用蟠(盘)手千条妙计。二青龙在场中任意所行,左边来左边上式式得胜。右边来右边进手到成功,随地抄箭步进子牙登岸。撒网式补拳进太公渔竿,坤十字指横手滑拳耐战。挂面垂(捶)翻蟠(盘)手舵法应缘,倒行犁反背捶下打滑水一地。通天炮收望兰拳打展服,十字撑反背进力劈华山。充捶法显立肘波底惯战,望海岛指横手一左一右。进昆仑获敌将双凤单展,听引手手搭手巧打任原。称十字华山去百法如雁,听引势倒退步霸王独占。七星成滑拳应战,称煞腿转身急进滑拳激战,拳中拳手中手式式相连。拳来闪开肘相连,推肘扳肘往上翻。敌人捕开要补面,单展箭直上肩尖。手挑手拳中拳,单手推右手边去。闪战拳来梅花戏,转环手去二手回。拳进钩搂顶心肘,推肘硬翻服外边。剪崩拳甚是难堪,推转枭手往前进。获敌将难躲难闪,饮拳势燕子抄水。三丝式战场玄法,步(跃)箭步式(势)如登山。大败式滑拳巧战,披丝式抱丝滑入门进法。拳引拳立影式,挑开崩打转身炮。回手称还手巧拿,一支八支打要肘,花儿争插雷声响。滑拳三路练艺业,真能精通是纯熟。三路滑拳世间希,奥妙无穷有根底。仁义礼智真可信,传人不可传无义。"

通过上述对三个滑拳套路的拳势描述,可以看出其套路内隐含的许多不为人所注意到的一些现象。例如许多拳势都蕴含着一些典故和历史传说,同时套路中多有弹腿、滑抄和模仿动物特点等动作的反复出现以及将伊斯兰教特色的汤瓶式的提及。由此而知,在对拳势风格的描述中,并未失去滑拳这一具有浓厚民族特色的拳种流派的自我认同在里头。在套路描述中,关于历史典故和传说,几乎占据了整个套路一半以上。在头路滑拳中,短短16句的拳歌里,相关典故和传说人物就多达7句。在二路滑拳套路中，相关描述也有五六句，但更多的是一些从动物或是自然现象中取材而成的拳势组合招式。除此以外，在二路滑拳中，在一句拳歌中还提及回族民众经常用于日常礼拜仪式时所用到的"汤瓶"，歌曰"进势汤瓶真无比，喊一声连珠炮起"。可见，滑拳与伊斯兰文化之间的关联性是如此的紧密，也许这个动作并没有明显的技击特点，但人们还是以一种无意识的策略来注解日常行为与习武的关系。也可以这样认为，在二路滑拳中的个别动作，就是抽取了人们在礼拜仪式过程中的行为，并转化为一种习武的展演形式来体现出滑拳与回族文化的交融与共生。

关于仪式与展演的问题，是一个问题的两个方面，现在很多研究者通常会认为仪式是具有一种原始状态的、有宗教特点的特定行为，而展演则可能更趋向于表演化的、人为化的社会行为。现代社会中许多展演都是从仪式发展而来，所以一定要清楚和明确仪式与展演的从属关系。回族武术中穿插或是借鉴礼拜仪式中的动作行为并非是一种"展演"，应该说是一种象征和符号指代，或者说是一种"风格"。这种风格是将仪式行为结合武术技巧转化为拳术的外在表征，从而充分体现查滑拳浓厚的穆斯林文化的底蕴和风采。在三路滑拳套路中，这种描述更多一些，但是除了取材于历史典故和动物外象的多种特点外，对查滑拳中的核心功法、身法和步法，例如弹腿、箭弹等更为关注一些。

由此可以看出，在整个滑拳套路中，拳势中所体现的"风格"是十分突出和明显的，大部分都是借助一些物象的外在特点来进行对拳势的描述，这种现象尤其是在传统武术中，将传统武术含有的隽永之意，通过采用这类比兴的修辞手法对传统拳术的称谓，借助比附、联想和自我心理暗喻，从而突破了事物间的时空界限，形成一种可感知的文化图景。一旦提起"风格"来，可能会更多地联想到艺术二字。艺术离不开风格，分析风格往往是艺术家或人类学家要经常面临的问题，而如何阐释得更到位，则存在不同学科间的争议。关于风格的分析，英国人类学家罗伯特·莱顿在《艺术人类学》中有过解读，他认为："分析风格最有意思也最成问题的方面就是，术语可以用于评价其中的相对价值。人们可以说某个艺术家'有风格'，意思是指他具备某种特殊技巧，实实在在地表达出了一种协调的美感、迸发的情感或者视觉意象的描绘等。除非人们很清楚作者的诉求，或者愿意将自己限定在研究异己风格是如何影响我们自己的特殊文化与个人的判断标准，否则将很难对其他文化的艺术作品做出判断。"① 传统武术虽然不需要像竞技武术那样加入过多的技巧来让裁判评价，但其自身仍然存在一种独特的审美观和价值取向。

（二）查拳套路

根据拳谱记载，查拳共分十路，据传为查尚义，又称查密尔者所传，并根据其拳势特征和演练特点，后人亦称查拳为"身法拳"。在徐春生所赠拳谱中，并未找到一、二路查拳的文字记载，拳谱中有说明"一路上手式和二路行手式，原谱已失，待寻。"另外，在该拳谱中，还因为九路查拳因为拳谱纸张已经腐烂，无法看到其原有文字的记载，十分可惜，遗憾之至！但在一些其他介绍查拳的书籍和相关文章中，都有零星记载，因未有原谱记载，不敢妄自添加，只好挪借过来，以做参考之用。在王杰、姜周存的《回族查拳 武坛奇葩》的文章中，简单介绍了一下查拳前两个套路和九路查拳的动作特点，但并未详细将拳谱的内容展现出来："一路母子，属于查拳的开门拳，动作工整，舒展，严谨规范，以练习功架为主；二路行手，以腰为轴，注重手法与身法，抡臂穿掌灵活多变，疾快迅猛有行手之说……九路龙摆尾，动作如苍龙升空，迅猛忽变，变化多端"。② 因九路查拳有二十四式，故又称九路查拳为二十四式龙摆尾。另外，虽然在徐青山先生遗留下来的拳谱中未记载一、二路查拳的拳势，不过通过查阅相关资料，看到了一本有关根据查拳名师常振芳先生的遗作整理出来的查拳一、二路的记载，是由翟金生先生整理的，现也摘录下来。

在常振芳先生的《一、二、三路查拳》一书中对一路查拳拳势记载为："会神静立稳如碑，抱拳虎视显神威。金龙吐珠冲霄汉，双凤灌耳风池挥。左右开弓放弩箭，摘星挂月抖腕击。流星赶月如穿线，金鸡独立展翅啼。千斤坠地如雷震，开山月斧华山劈。白鹤亮翅抖双膀，单手举鼎伍子胥。困龙出水舞双爪，泰山压顶挥掌劈。雉鸡抖翎亮羽翅，单臂托梁换柱基。怀中抱月含胸腹，黑虎钻裆抱双膝。划桨磨舵拨水浪，母鸡抱窝护雏鸡。金鸡撒膀单翅扫，挑帘朝望向日葵。金针入地涌泉探，金鸡格斗爪

---

① 罗伯特·莱顿. 艺术人类学. 王建民主编，李东晔、王红译，桂林：广西师范大学出版社，2009. 173.

② 王杰、姜周存. 回族查拳 武坛奇葩. 中国穆斯林. 2008，6：54.

翅击。孤雁出群沙滩落，饿狼掏心如钢锥。顺水推舟托腮掌，铁牛耕地伏地推。金丝缠碗翻上下，丹凤朝阳斜翅飞。抖袖撣靴下勾挂，鹰捉玉兔伏地追。巧女纫针见空入，怪蟒转身回头劈。樵夫挥斧荆柴砍，猿猴献果屈肘膝。连环爆竹当门炮，白蛇吐信穿袖击。金蝉脱壳缩身化，寒鸡独立撒膀栖。大鹏展翅腾空飞，海底捞沙身下探。挥沙封面跳步击，黑虎探爪掏心击。顺水推舟托腮掌，铁牛耕地伏地推。金鸡点头独立站，败中取胜抛镖击。怪蟒转身抡臂劈，顿足入海捉鲸鱼。猛虎抱头如满月，解绦软带卸甲衣，会神静立稳如碑。"[①]

二路查拳拳势记载为："会神静立稳如碑，勒绦扣带怀抱锤。金龙吐珠冲霄汉，黄风灌耳风池挥。左右开弓放弩箭，摘星挂月抖腕击。金鸡独立单臂膀，顿足震动虎生威。推窗挑帘望皓月，丹凤朝阳斜翅飞。踏雪提履下搭手，抖袖撣尘脚面挥。摇头剪尾捕虎食，白马坐坡滑车推。灵猫戏尾团团转，饿狼掏心似钢锥。挽肘力挎千斤顶，渔翁撒网捕鳖鱼。浪里行舟急推舵，烈马咆蹶侧身踢。闪身巧打贴身靠，脱铐开枷反拳劈。野马跳涧纵身跃，肘下吞锤穿袖击。金鸡独立单翅抖，顺风摆莲颤巍巍。鹞子翻身捕金燕，顺手牵羊双手捋。黑虎出洞掏心拳，瘸子摘茄拔根蒂。飞身越壁如风卷，卧虎屈躯藏爪蹄。俊鸟蹬枝双翅展，金鸡捣架闪身击。捋腕反插蛇吐信，野鸡寻窝投林栖。饿虎扑食猛力按，麒麟翻浪出水飞。鱼跃龙门飞腿踢，捋腕反插蛇吐信。螳螂捕食双斧屈，隐形幻影抖双腕。铁帚扫荡巨石飞，蹬山惊蜂穿花枝。藤萝挂壁上下点，飞身骗马鞍蹬推。白猫握蹄卷手腕，挑帘望月立金鸡。勒缰掳环马停蹄，撤步还原平气息，会神静立稳如碑。"[②]

上文记载是根据常振芳先生遗著由翟金生先生整理的。因常振芳先生也是山东冠县人，自幼随张其维先生习练查拳，并在1930年入南京中央国术馆进修，后被冯玉祥将军聘为武术教官。随后整理出版了《四路查拳》和《一、二、三路查拳》等资料著作。因前两路查拳在徐家以及张子英先生所遗拳谱中没有记载，虽然同属一门，但从对第三路查拳动作的记载来看，上文拳谱与徐青山先生所遗拳谱的内容有比较大的出入，所以为了做一比较，故而也将常振芳先生所遗的三路查拳谱一并摘录下来。

三路查拳拳势记载："会神静立稳如碑，手领征裙献绝技。二龙吐须

---

① 常振芳遗著，翟金生整理．一、二、三路查拳．北京：人民体育出版社，1985.1–3.
② 常振芳遗著，翟金生整理．一、二、三路查拳．北京：人民体育出版社，1985.36–38.

冲霄汉，怀抱双锤斗龙驹。乌云捧月阴阳手，金鸡撒膀护肩膝。移形换影虎拦路，鹞鹰下冲追玉兔。猿猴抓杆摘鲜果，蛟龙翻浪跃出水。挑帘望月钻心锥，猫儿洗脸双腕抖。鹞子穿林摆翅飞，满开雕弓射鸿雁，降龙伏虎奋力飞。缭绕金龙盘玉柱，摇头狮子滚绣球。八翻流星锤赶月，迂回急进虎掏心。弹点穴道定战机，顺水推舟不容情。腾空越壁霹雳响，迎风挥扇肋下击。盘腿力托翻天印，抖袖沥水平晾衣。扭颈望月独立鸡，快马拨头空中击。烈马滚鞍翻双蹄，大鹏展翅沙滩落。金象卷鼻凡拳劈，登舟抛锚下推舵。铁帚扫荡巨石飞，猛虎蹬山山摇动。螳螂扑食双斧屈，贯撞金钟震双耳，太公举钩钓金鱼。燕子抄水乒乓响，腾空越壁如卷席。迎风挥扇腋掌击，威坐将台托天印。凯旋怀抱令子旗，会神静立稳如碑。"①

上文记录的三路查拳的拳谱与下文中收集的徐家拳谱内容出入很大，拳势与动作的多少也有差异。由此而看，二者虽同属冠县查拳一派，但由于师承关系以及后人对查拳的理解上已经发生了很大的变化。为了尊重前辈先贤和人生际遇等历史的原因，在此不对各家拳谱的来龙去脉做评论和分析，只是将各家所遗拳谱一一记录下来，以供后人参考所用而已。以下便为笔者在邢台市徐青山家人所赠之拳谱中记载的查拳套路的部分歌诀：

1. 三路查拳

拳谱中的三路查拳又称为三路三穴（趸）式，拳谱云："揖让而升临战场，太极爻两仪四象。跨虎摇登东山而观小鲁，摇山摇登泰山而观天下。闪战摇神之格思，诓君计燕子飞。立志举鼎春秋战国，太冲式闪电红拳。闪闪波浪雷当先，再补拳譬如（劈路）为山。横推车大车五轮，回头望月捷手知。摇一摇单刀赴会，定势摇三路拆拳。要问拳的名和姓，五摇三穴（趸）到场中。"

2. 四路查拳

拳谱中的四路查拳又称为撩阴式，拳谱中还附有拳歌曰："四路查拳异人传，奥妙无穷在里边。六步八搂全上手，异人传来好根源。"另拳谱载："变化无穷四路拳，扶按撩阴腿当先。穿袖撤步跨正鞍，偷步冲锤右足探。上步夜叉探海式，削掌提腿跨雕鞍。开步键起黄莺架，倒退两步手托天。入海迎门三不饮，冲锤撤步按双拳。转身接打骑马式，撤步旋掌把腿悬。引手劈掌挨身靠，摇手拱拳合双肩。金龙合口盖世奇，败式诱敌回

---

① 常振芳遗著，翟金生整理．一、二、三路查拳．北京：人民体育出版社，1985. 75 – 77.

头观。转身接打回马腿,撩阴反跨稳如山。二虎登山迎面掌,对面挑打不用宽。偷步鹞子抓肩式,开步提腿崩起拳。上步单臂擒方腊,撤步五指按双拳。开步托掌顶心肘,迎面接打不用宽。抱拳提腿双手展,谢步容挣提心面。川步护膝把腿倦,上步接打顺步腿。侧身左跺右足弹,穿袖盖面护肩掌。败式贴打似冲天,抽梁换柱急振步。定步穿心十字拳,手按七星忙撤步,顺风摆旗势法全。"

3. 五路查拳

拳谱中的五路查拳又称为五路快速式,有诗歌为证:"五路查拳式(势)法全,风流极快仙人传。参透其中真奥妙,英雄入场比人先。"其后的拳歌曰:"五路查拳引手先,撤步就把正跨鞍。偷步势子腿当先,开步跳起右插拳。风火轮、腿连环,就步反边势托天。入海迎门三不饮,义当七星盖面还。转身接打回马腿,金鸡独立如泰山。挪步按下青龙式,青龙出水右腿盘。侧身左跺转环腿,偷步鹞子式抓肩。提腿抱拳双手展,卸步按下虬龙鞍。就地生风金刚钻,引手劈掌靠连环。撤步按手冲天砲,振步栽锤勇无边。"

4. 六路查拳

拳谱中载六路查拳又称为六路六角式,有诗赞曰:"进锐展靠六角式,保身护体勇无边。壮士悟彻原中妙,披艺人许占人先。"拳歌续曰:"六角本是六法传,劈盖插掌势占先。撤步绞手跨正鞍,开步划起右脚占。单鞭劈盖左飞脚,转环腿起不容宽。收式对门拉正胯,翻划二起龙摆口(字迹不清,推测应为"尾"字)。翻身一棒鹅展翅,回劈搂胯盖面还。败式诱敌悬孤腿,摸膀跨云回头观。旋风腿落把左右,接冲锤跨吊刀鞍。穿袖转身盖面掌,穿心定步十字拳。翻身跺连环诱步,黄龙转身虎寻食。劈盖之锤人难躲,左右接冲勇无边。穿袖回身盖面掌,左右片山人胆寒。敌人不测云片手,拆是打穿十字拳。穿撤回身胯莫反,变化无穷好根源。"

5. 七路查拳

拳谱中称七路查拳为七路梅花上手式,有诗赞曰:"此拳名为云中仙,百生巧计实难占。有人解开拳中法,一身绝妙灵巧技。五花砲擂人难闪,变化无穷在里边。"拳歌赞此拳:"梅花上手异人传,开势震步盖面掌。伸手跺脚上下掌,侧滑步伐七星拦。掩手冲拳劈盖法,转身搂盖片山脚。肘广搂盖黄莺架,退步托天撩阴掌。冲拳划起横边式,百广洗脸左右弹。左片山右片山,怔可回身张飞枪。回劈五花掌,在此划起十字拳,右拳败式诱敌法。单义左腿盘，转身划起二起脚。穿袖震步勒马式，梅花砲冲拳。"

6. 八路查拳

拳谱中称八路查拳为八路飞虎式，拳谱记载曰："八路查拳古来传，五路找锤势占先。提腿搂膝金鸡立，顺风摆旗立如山。倒量量步步袖式，定势撩阴腾库安。引手劈掌挨身靠，撤步左撑掌连环。入海迎门三不饮，猛虎扑食左冲拳。右接转身反左掌，进步双展勇无边。偷步搂掌提正面，黄龙转身穿袖连。就势按下困龙式，青龙出水起飞□（字迹不清）。七星掌排撩阴腿，左接右劈靠连环。转身停步蛇吐信，提腿搂撩稳如山。暂还排起左右掌，引手划起右插拳。上冲锤法金刚钻，架梁掌按一字拳。阴阳立掌狮子吼，金龙合口左右含。迎面接排撤步式，趸足行穿袖右跨鞍。转身定步飞虎式，上步撩阴虎登山。偷步搂掌连环掌，探步分爪连环上下转。上步劈掌急撤步，凤凰展翅立岐山。八路拳法全图样，敌人一见心胆寒。"

7. 十路查拳

拳谱中又称十路查拳为十路串拳式，拳谱记载曰："左手引右手提，双手引紧护比。金龙合口当场立，怀中抱月甚出奇。春风摆柳多奥妙，鹭鸶三足将人提。修行出法倒插步，反掌又把旧式比。左脚撩阴老掩步，倒退两步式相连。前删后删引斗法，右腿提、左腿撩，转身就打回龙砲。八门砲、左山式，搂挑山砲式。连番转环藏妙计，掩手轰拳最为奇。掌拳就打拦门砲，左捉门、右捉门，白鹤亮翅逞英豪。左拳挡、右拳冲，纵起身体灌双风。随身就打扑地紧，囚地龙就地生风。金鸡独立人胆惧，白猿献果藏身形。有连倒箭闯心中，抖打窗风将人惊。有人解开拳中意，一技身法莫高提。"

以上就是笔者从徐春生处搜集的关于十路查拳的拳谱和歌诀，其中由于第一、第二、第九路查拳拳谱的纸张因年代过久而已腐烂，从而遗失了相关记载，遗憾之至！虽有一些相关资料，但都较为零星散乱，而并未成谱。而成谱系的常振芳先生的前三路查拳遗作，又与本人所搜集的拳谱内容出入较大，用大相径庭形容显然不合适，但还是有很多的分歧在里头。不过两个拳谱毕竟同出查拳一门，而由于师承关系等因素的影响，其间存有差异尚属常理范畴之内，但从查滑拳拳谱整体对两种拳法和拳势的描述而看，仍可以一窥其奥秘和端倪。另外，在刘鸿池先生所著的《传统查拳》（中）一书中，将十路查拳拳谱都记录在此书中。但通过与徐青山先生所遗的拳谱比对，发现一个有意思的问题，即徐氏拳谱中的七路查拳谱与刘鸿池先生所录的九路查拳谱的文字基本相同，而刘鸿池先生所记录的七路查拳谱在徐氏拳谱中没有出现过。因徐氏拳谱中的九路查拳谱所记录的纸张已经腐烂，文字难以辨认，故无法确证彼此之间的关联。现在只好将刘鸿池先生所录的七路查拳谱摘录下来，以作商榷之资！

刘鸿池先生所录七路查拳谱为："七路查拳有根源，扑掌合肘劲足尖。搂膝仆步汇拳势，提起右腿接箭弹。左盖右扎急并步，鹞子穿林速回还。提步箭起二起脚，挤步转身右足盘。劈掌虚步藏刀式，二起架打势连环。冲抄绞手拗行步，右捋左扎挽手弹。扎掌收掌急收步，金蝉脱壳右手弹。急进速速快要猛，左楼右踢再左弹。左悬急打单踩脚，劈掌抄腿奔左边。右边虚步反正式，纵起飞脚左插拳。左搂右翻八正捶，穿掌拗行接上边。右捋左翻八反捶，穿掌击步双亮掌。反掌插掌步连环，穿掌击步单踩脚。右步踩腿双掌展，反掌穿掌转虚步。引手击步猛向前，迎面一掌回头观。练者参透其中意，步随身形勇向前。"①

需要在此解释的是，刘鸿池先生年轻时曾拜常振芳先生为师习学查拳，而在前文由翟金生先生整理的常振芳先生遗著《一、二、三路查拳》一书中，其记录的拳谱内容就与徐青山先生所遗拳谱中的记录存有较大差异。刘鸿池先生自称其又秉承常振芳先生的衣钵，根据其书中所列的师承谱系来看，他是作为常先生的嫡传弟子的面目出现的。按此推测，其所记录的拳谱内容估计也多从常先生之处而来。关于拳谱所记不一这种现象，本想通过张文广先生所著的《中国查拳》一书进行比对和印证，但可惜的是，在该书中，只是将十路查拳的各种拳架姿势按照现代武术教材中的动作描述形式记录的，并没有介绍老拳谱的文字记述，从而难以比对。不过，可以用一个较为笨拙的方法来实施也可以进行印证，那就是从两个版本对七路查拳动作的直观描述入手，看是否能从动作的相似程度一窥端倪。下面就将两个版本中七路查拳的前两段做一简单对比。

在刘鸿池先生所著的《传统查拳》中对七路查拳的动作介绍为：

"预备式：1. 并步直立；2. 前点步对拳；3. 提膝双冲拳；4. 上步并步对拳。第一段：1. 虚步右贯拳；2. 舞花提膝穿掌；3. 左仆步穿掌；4. 左弓步挑掌；5. 弓步左右推掌；6. 右仆步穿掌；

---

① 刘鸿池. 传统查拳（中）. 北京：人民体育出版社，2006.461.

7. 右弓步挑掌；8. 盖并步双劈掌；9. 左弓步左推掌；10. 左弓步连环掌；11. 虚步勾手亮掌；12. 提膝勾手亮掌；13. 退跳虚步护肩掌；14. 跳歇步护肩掌；15. 穿掌跳仆步摆拳；16. 右弓步十字冲拳；17. 左仆步穿掌；18. 左提膝左挑推掌；19. 跳步扣腿右推掌；20. 左虚步左推掌；21. 跳提膝右推掌；22. 搂手弓步冲拳。"①

在张文广先生所著的《中国查拳》中对七路查拳的动作介绍为（在此书中并未将七路查拳的预备式动作进行介绍）：

"第一段：1. 高虚步对拳；2. 上步对拳；3. 并步击掌；4. 震脚提膝上穿掌；5. 大跃步前穿；6. 仆步穿掌；7. 独立式。"②

从两个版本对七路查拳动作的描述来看，单纯从文字来说，差异较大。其一，在刘鸿池先生的书中，是把每一个动作都分解得十分细致，基本上是一动一说；而张文广先生的书中，则比较抽象，只是单纯将定势动作做一描述，而没有十分细致地进行分解讲述，但还是可以十分清晰地看出，两个七路查拳的拳势动作存有很大的差别。其二，比如说在张文广先生七路查拳的第一段中有一个"大跃步前穿"的动作，从文字看，这是一个"跳跃"性动作，而在刘鸿池先生的七路查拳第一段中则没有"跳跃"这个动作的出现，这是一个比较明显的差异之处。其三，在刘鸿池先生的书中，由于动作分解得比较细致，所以七路查拳共分为十个分段③。而在张文广先生的书中，因为只是将定势动作作为主体来分解的，动作较少，故而其七路查拳共分为六个分段。从以上三个方面的比对来看，这两个七路查拳的版本存在较大差别。如果说只是通过第一段的比对还不能看出问题的话，我们再试图通过两书的第二段落来进行一下比对与分析。

刘鸿池先生版本中七路查拳第二段动作介绍为：

"1. 并步挎肘；2. 转跳提膝格架拳；3. 右仆步搂拳；4. 并步右贯拳；5. 左仆步穿掌；6. 行步提膝挑掌；7. 腾空外摆莲；

---

① 刘鸿池. 传统查拳（中）. 北京：人民体育出版社，2006. 462.
② 张文广. 中国查拳. 济南：山东教育出版社，1998. 198.
③ "分段"是武术套路演练形式的一个术语，在竞技武术套路中，一般一个套路共分为四段。但传统武术套路可长可短，没有这样的划分，一般以直线的"趟"来计算，通常是"去"算一趟，"回"算一趟，也可以是"一去一回"算一趟。

8. 并步双劈掌。"①

张文广先生版本中七路查拳第二段动作介绍为：

"1. 跳蹲步挂掌；2. 连环五掌；3. 提膝盖掌；4. 弧形步；5. 并步盖打；6. 击步弓步劈拳；7. 击二拳；8. 拧身式；9. 仆步；10. 并步劈面掌。"②

从上文对两个版本的七路查拳的第二段中的动作记录看，差异仍然十分明显。单从动作内容来看，在刘鸿池版本第二段中有一个跳跃动作"腾空外摆莲"，而张文广的版本第二段中则没有，这是突出的差别之处。

通过不同版本中对七路查拳的两个分段的对比，差异是比较明显的。但是在探讨差别之余，我们也应该了解一个细节问题，那就是有关现代查拳创编的背景。张文广先生所编著的《中国查拳》一书，其中的许多拳术套路并非是自己独立编纂而成，而是在当时国家体委出台挖掘传统武术文件后，以张文广先生为主要负责人，着手进行编纂《中国查拳》之书的时候，邀请了全国著名的七位回族老拳师到北京后集体整理出来的十路查拳及相关拳械套路。这七位老拳师分别为"张子英、张钦明、李维清、武贵祥、徐青山、杨思承和杨恒泰，最大年纪已经78岁，最小的也都60岁了。"③ 据当事人徐青山（已故）先生和丹玉魁老师回忆，当时编纂此书时，由于所邀请的七位老拳师分别来自不同地区，虽然查拳的风格相近，但每人所练的查拳套路内容存在一定的差异，而且都是知名的回族武术大家或是很有名望的老阿訇，为了平衡各方面的利益关系，张文广先生在权衡利弊之后，于是就确定了一个编纂计划，即每人只选取一到两个查拳套路为代表版本进行创编。早年曾听徐青山先生提起过，他当时在北京体育学院拍摄的是七路查拳，好像还有一趟器械，是春秋大刀还是凤翅鎏金镋，我本人记不清楚了。正是融合诸家所长的成果，从而才有了现在这本《中国查拳》一书的出炉。当时的具体情形，在张文广先生所著的《我的武术生涯》一书中有过交代："每天同他们一起练习，回忆查拳十路、滑拳四路、洪拳四路、炮拳三路、腿拳二路等套路的技术动作……老拳师们

---

① 刘鸿池. 传统查拳（中）. 北京：人民体育出版社，2006. 462.
② 张文广. 中国查拳. 济南：山东教育出版社，1998. 198.
③ 张文广. 我的武术生涯. 北京：北京体育大学出版社，2002. 222.

录了21套，我录了3套。"① 张文广先生在书中进一步强调："鉴于各地流行的查拳拳路内容不尽相同，有的动作差异较大，有的套路还出现两种结构不同的编排。《中国查拳》在保留查拳传统技术特点及武术普及和步入世界体坛对查拳的需要的同时，对一些拳路进行了适当的调整，对其内容和规格作了必要的统一。"②

通过上面的分析讨论而知，虽然查拳同属于回族武术范畴，但在各地传承的查拳流派还是存有差异的。由此而知，不管是哪个门派的查拳内容，除了在技术风格上比较相似外，套路及动作内容可能是存有不同之处的。所以，刘鸿池先生记录的查拳内容和张文广先生所记录的查拳内容，甚或是其他地方的查拳内容存有一些差别是属于情理之中的。过去武林人士常说的"南京到北京，查拳出在教门中"的认知，实际上是由于在封建宗派保守思想的禁锢下，对查拳这一优秀拳种不能发扬光大的主要障碍。而后人为了传统武术事业的发展，为了把查拳真心地传授给各族人民群众，是不应该受任何封建宗派保守思想的束缚和制约的，所谓"正宗"之说、"门户"之见也是应该摒弃的！关于此种认知，在此之前，本书曾多次对这种情形有过分析与讨论，故不再评述，而只是将不同查拳拳谱的内容转录下来，留待以后学者考证之用！

关于滑拳被命名为"架子拳"，查拳被命名为"身法拳"，笔者已经在正文中有所讨论。同时，除去这两种拳法外，在《查滑拳谱》中，同样也将炮锤和少林拳的一些内容纳入进来，其目的仍然是为了达到彼此互助，相辅相成，以求其功力更为深厚而"渐及神明"。所以，在下文中，也把《查滑拳谱》中对炮锤和少林拳的一些拳谱歌诀一并罗列进来，以求共飨！

（三）炮拳

在前文的论述中，我们发现炮拳作为一个独立的拳种而被《查滑拳谱》收录进来。这种现象不独查拳如此，在许多传统拳术体系中，炮拳都是被作为一个专门习练各门拳术发力技巧的功法拳术来对待的。可以说，炮拳是"气"与"力"完美结合的一种拳术。只有将"气"和"力"有机地结合在一起，方能体现武术的功法来。所以气与力是一种技巧，是将

---

① 张文广．我的武术生涯．北京：北京体育大学出版社，2002.223.
② 张文广．我的武术生涯．北京：北京体育大学出版社，2002.224.

功法附着在人们身体上的一种展现，无气则无力，有力未必有劲，这就是武术中常提及的"劲力"。关于武术的技巧而言，在王宗岳的《太极拳论》中，阐释得尤为精辟，拳论中曰："斯技旁门甚多，虽势有区别，概不外壮欺弱、慢让快耳！有力打无力，手慢让手快，是皆先天自然之能，非关学力而有为也！察'四两拨千斤'之句，显非力胜；观耄耋能御众之形，快何能为？立如秤准，活似车轮。"虽然王宗岳是对太极拳功法的阐释，但万法不离其宗，用于其他拳术而言，同样可以从此理念而推之。

在搜集的《查滑拳谱》中，记载了三路炮和六路炮拳，只可惜九路炮拳没有拳谱记载。其他两路炮拳文字内容不多，但多为对气息发力等动作的描述。另外，现在人们所说的炮拳的"炮"，在老拳谱中均为"砲"字，二字同义，但略有差别。火兵器"炮"的出现多用于现代军队作战，而民间所说的"砲"，则是用于爆破土石时，在凿眼儿里装上炸药后的一种土地雷，因其为土石结构，所以传统的炮拳中的炮字多为"砲"，单纯从描述来看则更为形象传神。关于"砲"在古代战争中的出现及作用，在《中国历代军事装备》一书中有过解释："砲是一种利用杠杆和离心力原理，将石块或其他有杀伤、破坏功能的物体抛掷向敌方的重型兵器。据古籍记载，春秋初期，就已经有了这种兵器。"① 在古代文献《范蠡兵法》中则将这种作战方式介绍得较为清楚："飞石，重十二斤，为机发，行二百步。"② 可见"砲"是用于古代战争中攻城略地之用的重型兵器，其在战场上威力巨大。"砲在隋唐时，已经是攻守城池的重要武器，到宋代更有进一步的发展。不仅用于攻守城池，而且用于野战；不仅是抛掷石弹的工具，而且是抛掷燃烧和爆炸火器的主要工具。《武经总要》说：'凡砲。军中之利器也，攻守师行皆用之'"③ 至于"砲"和"炮"二字的转变，则是在当火器使用于军事战争后，人们用"砲"来抛射火药物体，于是"砲"字才又演变为现今的"炮"字。通过上文叙述可知，所说的"砲"有两种功能，一种是可以作为炮弹来打，另一种就是发射炮弹的工具，单纯的"砲"可以爆炸，而发射炮弹的工具具有强大的弹射力，这两种"力"都可以用来解释传统武术炮锤拳术流派的发力特点，既有直观性的视觉冲击，又有抽象力和臆想空间，二者合而为一方显"炮拳"的真实含义和英雄本色！

---

① 中国军事史编写组. 中国历史军事装备. 北京：解放军出版社，2007. 75.
② 中国军事史编写组. 中国历史军事装备. 北京：解放军出版社，2007. 75.
③ 中国军事史编写组. 中国历史军事装备. 北京：解放军出版社，2007. 320.

1. 三路砲

三路砲拳歌曰："英雄砲阵前座蹲，一溜顺步赛路音。四砲闪战跳龙门，赶手砲撑扎闯阵。川山式一力生擒，鹞子三展入松林。十字拳救占华山，双鸟夺食乾坤转。有人问拳名和姓，走战场喊声三路砲拳。"

2. 六路砲

六路砲拳歌曰："六出祁山伐中原，地里砲可马胆寒。卧雷砲难躲难闪，连环砲对面三拳。金枪式一纵一横，虹霓砲震破三川。大鹏展翅空中悬，斜称腿敌人胆寒。夜行绅士打任匡，有人问拳真名姓，到战场喊一声六路炮拳。"

以上是徐青山先生所遗拳谱中对三路、六路炮拳的记述，尚有九路炮拳没有记载或是遗失，现已难以寻找。不过我们在张文广先生所著的《中国查拳》一书中，有对九路炮拳动作的记录，但可惜的是，书中只有对动作的运行路线、技术要点等语言描述，没有按照古拳谱的记录方式来进行编纂，虽然文字简单易懂，却有失传统文化之意韵，从境界上未免稍逊风骚。现也将《中国查拳》中对九路砲拳的描述摘录下来。

在该书中，九路砲拳共分为六个分段。

"第一段：1. 并步对拳；2. 左平插掌；3. 右穿手；4. 左穿手；5. 托肘式；6. 歇步亮掌；7. 弓步横打掌；8. 马步下切掌；9. 叉步上穿掌；10. 马步下切掌；11. 跳起蹬脚；12. 弓步劈拳；13. 挑打；14. 虚步架栽拳；15. 弓步抢劈拳；16. 反背砸拳；17. 弹踢腿；18. 跳起弹踢腿；19. 跳仆步双刹掌；20. 弹腿反背拳；21. 弓步压打；22. 勒马式；23. 马步双勾手；24. 弹踢腿；25. 弓步推掌。第二段：26. 仆步穿掌；27. 虚步挑掌；28. 提膝挑掌；29. 行步穿掌；30. 叉步摆掌；31. 提膝挑掌。第三段：32. 行步穿掌。第四段：33. 虚步下劈掌；34. 跳起上穿掌；35. 仆步削掌；36. 二起脚；37. 弓步拍肘；38. 弓步劈掌；39. 虚步撩阴掌；40. 弓步横贯拳；41. 蹬脚冲拳；42. 弓步冲拳。第五段：43. 击步靠山掌；44. 震脚马步冲拳；45. 舞花手；46. 左弓步侧挑拳；47. 右弓步侧挑拳；48. 并步下栽拳；49. 翻身马步劈掌；50. 叉步上穿掌；51. 马步下切掌；52. 勾手弹踢腿；53. 弓步推掌；54. 仆步穿掌；55. 虚步挑掌。第六段：56. 击步旋风脚；57. 马步劈掌；58. 弓步穿掌；59. 翻身并步冲拳；60. 震脚弓步冲拳；61. 弓步下砸拳；62. 仆步下砸拳；63. 弓步下冲拳；64. 半马步下砸拳；65. 虚步架栽拳；66. 前点步对拳，收势。"①

上文编书者的文字记述，是按照现今对武术动作的运行过程方式描述的，主要目的和受众，应该是为了让初学者或是没有接触过查拳门派的人士更为直观地认识查拳流派的真实面目，但前人所倡导"隽永之意"的"情境对话"却荡然无存了！

关于套路记录方式的差异，表面看来，是两种叙述方式的不同，其实仍然隐含了传统与现代两种体制之间的博弈，不单在武术界是如此，在体育界甚或是艺术界同样难逃这种结构的制约。比如竞技体育中的体操、艺术体操等表演类项目以及艺术学科领域中的舞蹈等的记谱方式同样存在这种类似"白描"的记录形式。但是，随着西方舞蹈艺术研究的不断发展，人们将现代舞理论之父，匈牙利人鲁道夫·拉班对舞谱的记录方式引入到舞蹈界中来，这一创举不但改变了传统舞蹈只单纯记录动作的静态姿势，进而将数学、力学、人体解剖学等学科也一并纳入进来，运用各种形象的符号和数字，精确、灵便地分析并记录舞蹈及各种人体动作的姿态、空间运行路线、动作节奏和所用力量的力度、幅度等难以用文字所描述的一些变量，成功嫁接进舞蹈的表演情境中来，因此被广泛运用于舞蹈、体育、医疗等与人体运动有关的领域，如今已经被公认为是一种既科学又形象、并富有逻辑性的分析记录体系。反观我们目前对拳术动作的记录方式，不管是传统武术还是竞技武术，都未能摆脱静态描述的束缚。这种记谱方式就会形成一种情形的发生，会的人，不用看谱也会练；不会的人，即使看谱也不会练，置人于只知其然，而不知其所以然的境地。现在大部分与武术相关的图书多是图片加文字介绍，通篇如此，实为吾辈汗颜之至！就这一点来看，传统拳谱中还留有一种活态的场景对话，稍有宽慰。

现代竞技武术的动作描述过于呆板、凝滞，缺少律动，这种状态的持续不知要多久。不过，武术毕竟与艺术和舞蹈有所差异，不能单纯从语言角度来剖析武术技击性的真实内涵，这种技击性是根据在不同的情境下的一种潜意识的发挥，更注重在实战过程中身体的能动作用体现，是打拳还是踢腿，都需要随机而定，应该是结合了身体的各个器官的感受而采取的一种无意识的策略行为。虽然拉班舞谱可以解决和描述舞者在舞蹈表演时的动律节奏和

---

① 张文广. 中国查拳. 济南：山东教育出版社, 1998. 528.

力度体现，但其终归是一种身体艺术的展演。舞蹈与武术隶属两个不同学科，一个趋向艺术展演，一个趋向技击格斗和健身效果。在现阶段来说，舞蹈艺术注重情感表达，作为一种表征形式，通过身体造型和肢体语言来传达舞者对世俗社会的认知；武术，抛开传统武术而看，其则是偏向"操化"的一种突出"美与力"结合的时尚健身运动。在现今体制的操控下，人为地将武术划分为套路和散打等更为靠近西方竞技思维模式，而传统武术讲究的打练结合则未能在二者之中体现。在遗留下来的一些传统武术的拳谱中，通常是将拳势融入实战的场景中来预设的。虽然拉班舞谱无法实际解决传统武术拳谱中的意象性，但我们应该清醒地认识到，通过拉班舞谱在舞蹈界的应用，可以给予武术界业内人士一定的启发和反思。

　　从上文拳谱中对三路炮拳和六路炮拳的描述看，动作内容十分简单，也没有像《中国查拳》一书对九路炮拳描写的那样细致。不过我们却能够看出，老拳谱中描写的动作十分形象逼真，而且多为发气吐声，以气催力，气聚则刚发的劲力动作的体现，是将动作与气息同时融入身体的一种锻造，而这正是传统拳术中，便利习武者通过简单动作来达到将气息与技巧融而为一的最为有效的功法习练方式。各种拳种流派的拳法，都是借鉴炮锤的功法练习之后而得的。在炮拳套路中，经常能看到一个"砲"的反复出现，而这个"砲"就是一个发力动作，是惊炸弹抖之力，就是平常我们看到的类似震脚砸拳的动作。关于"震脚砸拳"的典型动作，在电影《少林寺》中曾出现过一个场景，就是少林和尚们在一个大殿内集体练一种单一的功法，动作姿势为习练者半蹲成马步状，然后冲拳后连接震脚砸拳。震脚时两脚还要在地面上左右搓拧碾压并配合吐气发声，久而久之在地面上就会形成一个个深窝。现在人们在参观少林寺时，还能看到大殿的空地上整齐排列着一共四排48个脚窝。通过当地寺僧介绍，这里是过去武僧们习武的地方，他们在这里练习桩功、骑马蹲裆等功法，通过经年累月的蹬踏和搓拧，时间长了自然会留下这种痕迹。

　　通过上面论述可以了解到，震脚砸拳并非单一让脚下跺，还要反复搓拧碾压，这样的发力才具有一定的穿透性。这种功法的练习方式，在许多拳种流派中都存在，不单是炮锤和少林拳如此，应该说这是一种让人们习练发力技巧的基本功而已。在已故的回族武术大师，当代武术泰斗张文广先生自述其少年习武过程中，也曾提及这种方式的功法："大（小）钻子脚，即两脚开立，左脚尖向左摆，身体左转，右脚跟向右后用力蹬，同时两手要向两侧摆，随即还原后再向反方向做，如此要做200余次"①（这往往也是摔跤中的基本功法训练）。

张文广先生自幼习练查拳和弹腿，在进入中央国术馆后，还兼习并练少林、八极、形意、太极、八卦掌等拳械门类，同时还要学习散手、拳击、摔跤以及长兵和短兵等对抗项目。而要有此成就，没有扎实的基本功做辅助是不行的。而发力的技巧在前文中曾引用著名形意拳大师薛颠对发力的分析："发劲上有'弹簧、鼓荡、吞吐、惊抖之机"。在炮锤套路中，一再出现的各种"砲"势的称谓，往往是将气力与身法结合在一起的一种单一发力的技巧。单就炮锤的发力技巧而言，丹玉魁老师曾言及"拳有三种技法，一为形打，目先到，而后胜，眼到手到；二为气打，搭手而不惧，以势压人；三为神打，形不动而制人，法不到而神已入之。是故，山、水等自然万物皆有灵感，比如人身。就拳势而言，静如山岳，山若是有感，则会崩，树有根，则稳。没有水，则无灵气，气为神灵，仿周身血脉尔。练神功需练十二大劲，否则对身体是没有什么益处的"。

通过单一动作的重复习练，是由量的积累和递进来达到的一种对质的呈现结果。这种结果来自习武者自身的身体记忆，同时又塑造了被打磨后的身体，是一种身体技术的体现。这种训练范式，也是增强记忆的一种方式，通过长年累月的练功，可以达到使身体产生对动作的记忆，这种记忆不是简单的感知，而是上升到让神经、肌肉、气息来控制身体的能力，从而形成并转化为身体上的一种功力。

（四）少林拳

俗话说"天下武功出少林"，驰名中外的嵩山少林寺，就是少林武术的发源地。少林拳是我国著名的武术流派之一，源起于河南嵩山少林寺，因少林寺僧传习而得名。其历史悠久，影响深广，是中国传统武术体系的一个重要组成部分。少林武术流派的形成其实经历了一个漫长的发展过程，并不是一朝一夕就形成现在这种流派形式。由于少林寺僧广泛汲取了全国各地武术流派的精华，尤其是吸收了北方许多拳派的武术内容，同时又学习了福建的棍术和四川的枪术，在本寺武功的基础上加以融会提炼，

---

① 张文广. 我的武术生涯. 北京：北京体育大学出版社，2002. 47.

终于形成了内容博深、技艺精湛的少林拳系，全面取得了武术正宗的崇高地位。同时，由于少林武功的名气越来越大，北方的不少拳派也托名少林以自重。这样，少林拳系实际上就涵盖了中国北方地区的几乎所有的武术门派，少林武术也就成了中国北方地区武术的总称和象征。目前流行于北方地区的多数拳种，如梅花、炮拳、洪（红）拳、劈挂、通臂、燕青（密宗）、螳螂、关东、八极、戳脚、鹰爪以及长拳、猴拳，等等，都被认为属于少林拳系。上述每一拳种都又分别拥有若干拳械套路和功法，可谓集中原武功之大全了。

在本人搜集的《查滑拳谱》中所说的少林拳，则是其中一小点而已，其目的只是为习武之人练功借鉴所为，并未容纳过多的少林武术体系的各家拳术。从某种意义上，少林拳不是一个单一拳种，而是在历经了漫长的历史演变，并经过历代武术名家和少林寺僧们的智慧，逐渐发展而成的一个集多家门派拳种的一个庞大的武术体系，如果用"术"来定义它，显得颇为狭隘，而应该冠之以"学"可能更为名副其实。这一点，在吴图南所著《国术概论》中有翔实的分析："国术门类繁多，不胜枚举。然皆不外乎以上各门之原理相演而生，终不能出乎其范围。如猴拳、罗汉拳、二郎拳、韦陀拳、六合拳、大小洪拳、查拳、潭腿、劈挂、花拳等，均由少林相化而出。其原理自与少林相同。故不一一详述。"[①] 由此而看，在少林武学所涵盖的各种拳术流派，如果追根溯源的话，都与少林拳派有着千丝万缕的关系。而查拳谱中所记录有少林拳法的内容也就不足为怪了。下面就是《查滑拳谱》中记载的一些少林拳术内容。

拳谱记载曰："五虎风登（蹬）出少林，七星太极定乾坤。摇手击步单边式，撒掌让过随后跟。高探马式步定式，金鸡独立紧随身。十字锤先人换影，倒推舟敌人难防。探花脚插花盖顶，捧锁一腿振（震）西昆。鹞子翻身往下打，卸步跨挫转回身。转插身往上打金钱落地，跃飞脚敞开打恶狼掏心。用穿身白鹤亮翅，转插手往上分。单探脚春风挥柳，海底捞沙如车轮。七星步秦王卸甲，叶里藏花它为莲。三滑披名扬四海，定下式单等来人。有人问拳名和姓，出宋世少林寺不差分毫。"

通过上述对一些拳谱的内容记载来看，基本上是将查、滑、炮以及少林拳等尽数添加进来，这种情形，实际上隐含着一种对门派体系的归纳。

---

① 吴图南．国术概论．北京：北京市中国书店，1984.52.

从上述拳种特点和演练形式分析,这些拳种往往被后人归纳到外家拳的体系范畴,也是一种归类方式,这种归类方式,其实是相对于内家拳而言的。

我国关于对传统武术拳种流派的分类,自古以来就没有一个明确的划分标准。由于我国武术流派众多,门派林立,内容丰富多彩,各种拳术套路更是浩如烟海,璨若繁星。据不完全统计,流行在全国各民族地区的拳种多达上百个,有些拳种又有多个流派和分支,另外,还有许多尚未挖掘和发现的武术拳种、套路更是不计其数。分类也是多种多样,如按地理地域分,有南拳、北腿之说;按山岳门派分,又有少林、武当、峨眉、青城等派系;按运动特点和发力技巧可分为内家拳、外家拳两种;按技术形态和套路长短又可分为长拳、短打等形式。以上所举的这些分类都有所局限,并没有真正划分出武术的类别。但是,如果按照现今学者或是专家人士对武术的定义来看,"武术是以技击为主要内容,以套路和格斗为主要运动形式,注重内外兼修的中国传统体育运动。"① 这种分类形式是按照武术的外在表现形式来划分的,是一种在现代竞技体制下衍生出的概念,是否合理,值得商榷!所谓的"商榷"之处,就是一些业内人士也提出了应该将传统武术的功法习练内容纳入进来,把武术运动的主要形式分为三种,即以套路、格斗和传统功法为运动形式。这几种运动形式的内容,基本涵盖了所有武术的形式与类别,少林、武当也好,内家、外家也好,无不尽容其中。

现今的武术定义对传统武术的门派划分,从某种形式上看,难以达到尽善尽美而让各家满意。所以,在传统武术界,人们还是习惯按照自己的理解来划分门派体系。例如外家与内家之说,就一直充斥着整个武术界。一般情况下,人们认为外家拳术主"刚"、内家拳术主"柔",外家主于"搏人"、内家主于"御敌"。此种观念的形成,可能是来源于其拳势的外在表象,主要体现在拳术动作的运行方式和技击方法上的感觉。其实内家拳与外家拳都十分强调刚柔相济的哲学原理,这种指导思想万不可偏废,必须互为融合方能达到上乘境界。以少林拳法为例,人们通常都将少林拳归为外家拳中,大多是根据其外在刚猛的拳势而言的,其实不然。少林武术本来为博采众家之长而形成的一个门派,有着悠久的历史,而关于少林

---

① 武术训练教材编写组. 全国武术训练教材(上册). 北京:北京体育学院出版社,1991.3.

为外家之说，在谷世权先生所著的《中国体育史》（下）一书中，引用明清之际黄梨洲《王征南墓志铭》中的文字来分析："少林拳勇主于搏人，人亦得以乘之。有所谓内家者，以静制动，犯者应手即仆，故别称少林为外家。"[①] 然而此论一出，往往容易误导后人对少林拳法的认知，以为少林拳徒有刚猛而缺乏柔化，技击思想上主攻疏防，从而造成现今人们将少林拳理解为纯属刚猛一类的外家拳种，其实与真情不符。应该说少林拳本为集多家拳术之总和，许多拳种套路都兼具攻防格斗之能，刚柔相济，内外兼修，不过是由于习练者本身之功力水平不一，而致有高低上下之别。总体而言有上、中、下乘之分，这在吴图南先生所著的《国术概论》一书有详细的分析："刚柔变化能达极品者为上乘；刚多柔少，而谨守成法者为中乘；至若一拳一掌之微有刚无柔，专事于血气之勇者品斯下矣。"[②]

吴图南先生为武术大师、国学大家，本人尤擅吴式太极拳，可谓一代武术宗师。他通过考证和对少林拳法的品评自然为后辈习武之人所认同。其关于对少林拳术刚柔之理的分析可谓见解深入，将刚柔之术分为上中下三乘，现摘录《国术概论》几段来加以印证如下：

> "少林拳，刚柔之功，约可分为三乘。虽宗派方法千差万异，然各有其专门独到之功。而刚柔变化之深浅，即三乘之所由分也。上乘：上乘者，运柔而成刚，及其至也，不刚不柔，亦刚亦柔。而猝然临敌，随机应变，变化无常。指似柔也，遇之则刚。身似呆也，动之则灵。敌之受伤也，不能自知其由。敌之倾跌也，不能自知其因。神龙天骄，莫测端倪。此技之神者矣！惟由柔而刚之功，非朝夕所能奏效。故少林上乘之功，所以不多见也。中乘：中乘者，强用气力之谓也。既无刚柔相济之方，徒尚冲捣之力。因之周身筋肉，由活而僵，由僵而死，以至猛打蛮习，不辞痛楚。常人观此现象，见其凶悍之态，蛮野之形，方恐远避之不暇，焉有虚心而问津。倘与人搏，若遇上乘之功，以柔克之，虽刚何用，其奈力不能达于对手之身何？此刚多柔少之所以为中乘者也。下乘：下乘者，蛮野粗蠢，专使气力，出手不知方法，动步全无规则。既不明呼吸运使之妙，又不解刚柔虚实之

---

① 谷世权编著.中国体育史（下）.北京：北京体育学院出版社，1989.22.
② 转引谷世权编著.中国体育史（下）.北京：北京体育学院出版社，1989.22.

机,乃以全身血气之勇,习一拳半腿之方,遂自命个中能手。此少林之下乘,学者,不可不详辨也。至于中乘之术,不过偏于刚多柔少而已。倘能加意研求,舍刚求柔,不难超入上乘之境。惟下乘者,无名师良友之指示,日日从事于插沙、踢桩、掳桩、拔钉、磨掌之功,统其所学,不过蛮力而已。一逢名家,未有不失败者也。由此观之,少林拳,刚柔变化,能达极品者,为上乘。刚多柔少,而谨守成法者,为中乘。至若一拳一掌之微,有刚无柔,专事于血气之勇者,品斯下矣。学少林拳者,可不注意及之乎?"①

上文是吴图南先生根据自身多年习练和搜集少林功法之后的总结和认知,与此同时,在一些前朝武术大家的著述中,也有对少林拳法的阐释。在吴殳的《手臂录》中也曾提及:"犹知以柔制刚,以柔制强之意,冲斗②学于少林,惟取其刚强者,以自立一门,又非少林之法也。"③ 其文的意思是说,程宗猷曾在少林学艺,但是只是选取和借鉴了少林武术刚强一面而为己用,只讲气力威猛,形同斗牛一般,并未全面了解少林武术中的柔化之术,从而过于片面。

由上论可知,在人们印象中走阳刚威猛一路的少林拳法,并未失之阴柔之术,只有达到上乘境界,方能一显少林之真功夫。可见黄梨洲在《王征南墓志铭》中对少林拳法的品评并非全面,所谓少林拳法属外家之说,只不过是指其下乘或一个支派拳术而已,只窥一斑而未见全豹是也!但不管是所谓的内家还是外家,大多是从拳法的外在表现形式和内在功法心得而言的,不过就武术的宗旨而言,其最终达到的目的应该说是一致的。在李忠轩口述,徐皓峰整理的《逝去的武林——1934年的求武纪事》一书中,对内外家拳术的功法心得有一个较为精辟的分析和见解,书中言及:"夫武技一道分内外两家。外家练艺由外及内,重姿势,讲劲力。内家练艺由内及外,重养气,讲存神,意动而神发,实为殊途同归也!内家练艺,前虚后实,重心偏后足,前足可虚可实,或三七或二八,随意而调之,用意不用力,虚其心(上身),实其腹,意念与丹田相合,进退灵通,

---

① 吴图南. 国术概论. 北京:北京市中国书店,1984. 47-48.

② 指明朝著名武术家程宗猷,字冲斗,曾著有《单刀法选》、《少林棍法阐宗·名棍源流篇》等武学书籍。另外,其人还曾入少林寺学艺,同时对提高少林棍法的实战功能有很大的帮助。

③ 谷世权编著. 中国体育史(下). 北京:北京体育学院出版社,1989. 22.

毫无阻滞。进则如弓箭在发，直如螺旋而行。退则如飞鸟投林，飘然而返，勇往迅捷，绝无反顾迟疑之态。"① 这些见解是根据其练形意拳之后的一种心得和对拳法的认知，用在其他拳术中，同样其理可循。

对内外家拳之理解，实际上就是身体通过练拳"拉架子"的感悟功力上身的过程。一些老武术家根据个人体会理解练拳术就是一个由繁到简的程序，返璞归真，最后归入到一点而发之。在实际运用中"人来击我，不必刻意防范，只随意漫应之，出手如钢铿，回手似勾竿；起无形，落无踪，去急好似卷地风，动、静、虚、实、阴、阳、刚、柔只存一念之间。飘忽不定自有制敌之功……拳发三节不见形，如见形影不为能；宁可一思进，不可一思忖，以至举手投足，行止坐卧皆可为用。"② 关于此种认知，在与丹玉魁老师的访谈中，他也提及"贵者，以柔用刚，方是真刚；以缓用疾，方是真疾。此中动静奥妙之处，得之于象外，非可以形迹求之也。需要深究参详，久而久之，神运之法，妙理自然悟矣"。与此同时，他还将自己珍藏的一套身体练功秘诀告知于我，其中曰："练功须先神明，明内功后方可将十二大功融合为一，否则不能达到更高境界。神功即明，可言十二大劲：一曰底练稳步如山；二曰紧膝屈腿如柱；三曰裆胯内外凑集；四曰胸背刚柔相济；五曰头颅正直撞敌；六曰三门坚肩贴背；七曰二门横时用肘；八曰穿骨破彼之劲；九曰坚骨封彼之下；十曰内掠敌彼之里；十一曰外格敌彼之外；十二曰撩攻上下内外合一。"③ 以上所述十二大功，不管内外之家，需都练此功法，方能达到神明。而"神明"之说，在王宗岳的《太极拳论》中有很好的说明，"太极者，无极而生，阴阳之母也。动之则分，静之则合。无过不及，随曲就伸。人刚我柔谓之走，我顺人背谓之粘。动急则急应，动缓则缓随。虽变化万端，而理唯一贯。由着熟而渐悟懂劲，由懂劲而渐及神明。然非用力之久，不能豁然贯通焉！虚领顶劲，气沉丹田。不偏不倚，忽隐忽现。左重则左虚，右重则右杳。仰之则弥高，俯之则弥深。进之则愈长，退之则愈促。一羽不能加，蝇虫不能落。人不知我，我独知人。英雄所向无敌，盖皆由此而及也……每见数

---

① 李忠轩口述，徐浩峰整理. 逝去的武林——1934年的求武纪事. 北京：当代中国出版社，2006.224.

② 李忠轩口述，徐浩峰整理. 逝去的武林——1934年的求武纪事. 北京：当代中国出版社，2006.225.

③ 此谱为丹玉魁老师珍藏前人多年习武之经验总结，练任何拳种均需明此功理，无内外之分。

年纯功,不能运化者,率皆自为人制,双重之病未悟耳!欲避此病,须知阴阳。粘即是走,走即是粘;阳不离阴,阴不离阳;阴阳相济,方为懂劲,懂劲后,愈练愈精,默识揣摩,渐至从心所欲。本是'舍己从人',多误'舍近求远'。所谓'差之毫厘,谬以千里'。学者不可不详辨焉!是为论。"

关于对拳法的理解,不管是内家还是外家,前人王宗岳之《太极拳论》已阐释得十分精辟,无需后人晚辈再复多言,以免徒增画蛇添足之嫌,授天下贻笑大方之柄耳!

三、查滑拳器械套路

在徐青山先生所遗《查滑拳谱》中,不单将与查拳相关的拳种和功法进行细致的梳理,同时,还罗列了一些器械拳谱和歌诀。从器械形制和分类看,又可以分为短器械、长器械、双器械等。短器械有查刀、查剑;长器械有查枪、查棍、春秋大刀和凤翅镋等;双器械有双钩、双手带等拳谱歌诀。在这里之所以将这些器械按长、短、双等现代武术的器械分类形式来分,也是为了便于喜爱武术的普通人士能够更好地了解和欣赏与查滑拳相关的器械内容,有些器械套路可能并非单属查拳门派,就类似前文中介绍的一些炮锤、少林等拳术功法一样。而传统武术一般是按照器械的使用方法和技巧来分类的,例如十八般兵器,或者说十八般武艺等。

从历史的角度看,历朝历代的武术和兵器的演变都是与军事战争的作战形式有着极为紧密的关系,从车战、步战再到马上格斗等,都能看到兵器的演化和变更。在随之以后的朝代中,武术的发展一直伴随着军事战争的存在而成为武术发展的主流形式。同时,每出现一种新式武器,则必然产生这种武器的使用方法和技巧,如矛的扎刺、斧的劈砍、戟的刺扎兼勾割、挂等。这些都是在战斗实践的基础上积累发展起来的。在以后的朝代中,从秦汉到隋唐再到宋元,武术基本上是以依赖军队为载体而生存发展的,即使是在唐朝武则天时期设立的武举考试,也多是以弓马骑射和较力为考试的主要内容,完全是应付军事战争之需。到了明清时期,这一阶段是传统武术发展的高峰阶段,那时武术项目之多也是前所未有的,通常概括为"十八般武艺"。"十八般武艺"又分"小十八般"和"大十八般"。"小十八般"即"刀、枪、剑、戟、棍、棒、槊、镋、斧、钺、铲、钯、鞭、锏、锤、叉、戈、矛"等十八种兵器。"大十八般武艺"在林伯源先生所著的《中国武术史》一书中搜集的朱国桢的《涌幢小品》卷12记载为："一弓、二弩、三枪、四刀、五剑、六矛、七盾、八斧、九钺、十戟、十一鞭、十二锏、十三挝、十四殳、十五叉、十六钯头、十七绵绳套索、十八白打。"① 与此同时，林伯源先生还总结到："十八般武艺内容的变化，在一定程度上反映了民间武术内容的变迁，但实际上当时民间武术的内容绝非十八般武艺所能概括。"② 在"大十八般"中又包括了射艺、手搏等技能，涵指更广，各种兵器和技术要求均不同，技击法也各有独到之处。另外需要说明的一点就是"十八般武艺"和"十八般武器"的含义并不相同，二者不能混淆。"十八般武器"即单纯是指各种打造的兵器，"十八般武艺"是指使用和掌握各种器具的技能和方法以及赤手空拳的搏击技巧和能力。所以，我们有时候经常能听到在夸奖某人武艺高强时，会说此人十八般武艺样样精通，拿得起放得下，即是此意。可见在那一时期，传统武术的内容及形式已很规范化了。

（一）短器械

短器械又称为"短兵"，现代意义上的短兵是指中华武术中刀、剑、鞭、锏等技法综合运用的一种对抗性运动。短兵对抗在现代武术的格斗项目中已经较为少见，多存于民间。最早见到的短兵器格斗始于春秋战国时期的斗剑，同时也用于娱乐观赏之用。

1. 查刀

在《查滑拳谱》中，只记载了三路查刀谱。其中一路五神刀、二路查刀和四路四门刀的刀谱已丢失，只遗留了三路太祖十八刀的刀谱，现摘录如下：

三路太祖十八刀刀谱记载曰："单刀出鞘跨能行，推开跃步似云龙。左推单刀秋月样，右推单刀似青龙。鬼谷转世往前进，嫌插进式疾如风。赶马三刀团团转，仗刀跟定十字拳。挠头单刀上下饮，撩刀拦马左右舞。亮刀跟定补拳进，箭步撩衣珍珠舞。插步摩云揩刀急，单刀分鬃谁敢敌。往前插盖马单刀，败回式索头过脑。有人问刀名和姓，太祖流传场中行。"

---

① 转引林伯源.中国武术史.北京：北京体育大学出版社，1994.304 – 305.
② 林伯源.中国武术史.北京：北京体育大学出版社，1994.305.

查刀是单刀习练的一种形式。演练时，一手持单刀，在运用缠头裹脑、劈、砍、撩、扎、斩等刀法时，另一手还要随刀的运行路线做相应的动作予以协调配合。定势动作时，不持刀之手所处位置要符合动作的意向和攻击目标，使身体的各个部位与刀法完全融合在一起，呈现出勇猛、剽悍的威武气势，故有双刀看走、单刀看手的说法。

2. 查剑

在《查滑拳谱》中，还有一套双剑套路，可惜已经失去，只收录了一套单剑套路，剑谱名称为"一路昆吾剑"，现将该剑谱摘录如下：

一路昆吾剑各式名称："迎门献剑，横剑裁腕，蜻蜓点水，伏虎式，仙人指路，渔郎问津，转身刺剑，怀中抱月，白鹤亮翅，金针入地，力劈华山，竹帘倒卷，千斤坠地，换式扶手，祥云捧日，夜叉探海，玉带缠腰，燕子抄水，伏虎式，水柱垂岩，内锋提柳，外锋提柳，闭剑势，金鸡点头，伏虎式，云剑式，黄龙摆尾上中下（三式相连，重复做三次），云剑式，海底捞月，夜叉探海，望巧云，螳螂献瓜，左右格挂，喜鹊献媚，狸猫扑鼠，金鸡独立，朝天一炷香，连环剑，剑刺三生，遮前挡后，打落金钱，顺风领衣，白猿献果，白猿翻身鲜果，摘星挂月，高步刺剑，走马回头，乌龙摆尾，侧身横刺，白鹤亮翅，巧认双针，猛虎翻身，快马加鞭，古树盘根，闭剑势，拨草寻蛇，鸣勋（埙）戏梅，叶里藏花，左右闪电，挡住英雄，翻身劈剑，退步剑，伏虎式。"

查剑的剑法从演练形式上看，与普通剑法没有太大区别。剑法主要讲究以刺、点、撩、挂、截、云等技巧性动作组成，不以蛮力勇猛取胜，注重身形与步法的配合。演练时刚柔相济、吞吐自如、轻盈飘逸、气势连贯，剑法明快洒脱，灵活多变，故民间有"剑如飞凤"之说。

从上文拳谱中对查刀和查剑的描述姿态看，查刀刀谱除了对招式方法描述外，还涉及一些刀势的描述，很多动作都用文字来展现勇猛无畏的气势，俗语有"刀如猛虎"之说。而对查剑的描述，近乎于白描，只是将剑法和动作姿态直接叙述出来，直观性更强一些，但也更能有助于习学者掌握剑法要领。虽然这种谱系的记录方式，仍然难以让初学者无从下手，但从我们通过对照一些传统拳谱和现代武术套路动作的记录形式看，传统拳谱中将一些历史典故和动物形象融汇其中，相对而说要比现今竞技武术这种记录动作招法的方式更为科学准确。

查刀和查剑都属于短兵系列，目前关于短兵对抗的研究，一直存有较大的争议，无论是从比赛形式、器械的形制或是规则的制定上都存有异议，中国传统的短兵器的使用方法和演练技巧是否能够应用于实战格斗呢？这是目前争议的一个焦点。但不管存有何种异议和商榷，都要尊崇一个核心宗旨，即"技击性"，由此我们可以参照日本的剑道来进行一个简单的比较。中日两国在武术方面的交流可以说大多是通过战争作为载体而出现的。先秦至隋唐，古代中国的文化交流处于输出状态，吸收别国主流文化并不多，因而当时的中国短兵器的形制、铸造和技击理论在一定时期内相对于日本要高。而短兵器、短兵技法在各领域的发展，对民间开展短兵技击运动有直接影响。相邻的日本，通过与中国长期的文化交流，结合自己的国情与特色，不但使日本的剑刀锻铸工艺获得突飞猛进，还在吸取中国兵法的长处后，使得各流派的短兵技击术大幅度提高，整体水平逐渐追上中国，并有超越之势。相反，中国短兵技击在两国交流中先领先，后被赶超，以至于反过来出现向日本学习的态势。

自汉代以降，中日交流频繁，从此中国文化便以各种不同方式传入日本。中国短兵技击理论以及短兵的形制和铸造工艺也深刻影响了日本短兵技击的发展。在马明达先生所著的《说剑丛稿》的修订本中记载："据《三国志·魏志·倭人传》载，日本邪马台国的女王卑弥呼，曾于魏明帝曹睿景初二年（238年）六月，派大夫难升米等来中国通好。魏明帝盛情接待这些友好使者，并回赠了一批珍贵礼物，其中包括'五尺刀二口'"。[1] 另在明人郑若曾的《筹海图编》中也有这方面的记载。[2] 隋唐时期，中外文化得以广泛交流，而影响日本最甚，而唐代的短兵器，如刀、剑、铜等器械也传入日本，这为日本发展自己的短兵器提供了经验和参照物。

对日本倭刀制作精良的介绍，在宋代大文学家欧阳修的《日本刀歌》的诗句中也曾有提及："昆夷道远不复通，世传切玉谁能穷？宝刀近出日本国，越贾得之沧海东。鱼皮装贴香木鞘。黄白间杂鍮与铜；百金传入好事手，佩服可以让妖凶。"到明代，日本剑刀又大量进入中国，传播日远，声誉日隆，国家兵器制作机构还进行日本剑刀的大量仿制。"据清修《续文献通考》卷131《兵器》载，洪武十三年设置'军器局'，所制作的各类刀中就有'倭滚刀'。"[3] 明代的日本刀一般刀身修长，刃薄如纸，锐利

---

[1] 马明达. 说剑丛稿. 北京：中华书局，2007.195.
[2] 参看（明）郑若曾. 筹海图编. 李致忠点校. 北京：中华书局，2007.149、161-162.
[3] 马明达. 说剑丛稿. 北京：中华书局，2007.200.

无比，挥动起来十分称手，确有穿坚断韧之效。从刀形上观察，不难看出日本刀继承和发扬了汉代环首大刀的优点，尺度和分量都更加有利于格杀技术的发挥。与中国短兵器相比较，日本刀无论外观上和实用价值上，都确实要高明得多，这说明这一时期我国短兵器已经较日本落后了。关于日本刀的威力，除了历史文献的记载外，在现代的一部纪录片《靖国神社》[①]中也有过影像记录，影片展示了日本军官试刀的图片资料：军刀可以齐刷刷拦腰斩断水桶粗细的稻草垛，草垛中心是用竹竿模拟的人的骨干。[②] 日本刀之所以威力巨大，是由于其刀型呈弧形弯曲状，刀刃和刀背处在锻造时所掺杂的刚的纯度不同所造成的，也就是含碳量不同造成的自然弯曲，但更便利战场厮杀和实用。

上文通过中日两国在短兵器方面简单的历史梳理后，现截取一段明朝抗倭的历史背景来阐释两国在短兵器对抗上的理念认知。明代中叶，日本海盗对我国沿海地区开始大规模的侵扰，日本刀作为倭寇最主要的战斗武器，曾对中国军民造成很大威胁。因此，日本刀法引起了明朝将领和武术家的关注。这在林伯源先生所著的《中国武术史》一书中有着详细的记载："李承勋刊本《纪效新书》卷4《短器长用解》云：'长刀，自倭犯中国始有之。彼以跳舞光闪而前，我兵已夺气矣。倭喜跃，一进足则丈余，刀长五尺，则大五尺矣。我兵短器难接，长器不捷，遭之者身多两断。缘器利而双手使用，力重故也。'明代何良臣在《阵纪》中亦云：'日本刀不过三两下，往往人不能御，则用刀之巧可知矣。'明代程宗猷在《单刀法选》中记载日本刀法是云：'其用法左右跳跃，奇诈诡秘，人莫能测，故长技每每败于刀。'"[③] 由此可见，日本刀的技术的确非同一般。从这些文献记载中可看出，中国短兵器因为器械制作不精良，技法单一，在实战中屡遭败绩。当时中国短兵器在材质、形制以及技法上都低于日本。可见，到明代抗倭时期，中国短兵器技击已经丧失领先地位，无论短兵器的技法，还是形制，都开始停滞不前，实战功用逐渐下降。

中国武术短兵器主要以劈、砍、刺、崩、点、斩等手段进行进攻，动作变化多样，强调技术的综合性，并以灵活多变的格、架、拦截、闪展等

[①] 纪录片《靖国神社》的导演为李缨，描述的是现代有关人们看待日本国民思想意识的一部纪录片。

[②] 李宏宇. 军刀、神社、天皇. 南方周末，2007.8.23：22.

[③] 林伯源. 中国武术史. 北京：北京体育大学出版社，1994：286.

手段进行防守,讲究以智取胜,以巧取胜,任何逞勇斗狠的野蛮拼打只能使对手有机可乘,自己反要吃亏。作为一项体育运动,我国短兵器的比赛不像日本剑道那样激烈、凶狠。在规则制定上,我国短兵器因为护具的不完善,一些凶狠的进攻动作被禁用,大大阻碍了短兵技击的实用性和观赏性,但它确保了比赛的安全,目标定位是以点数取胜,这与武术短兵当时作为一项体育考试有关。

日本剑道打法凶猛,崇尚进攻,技击特点包括进攻和防守两大部分。攻击技术主要分为劈刀与突刺两类技术,包括击面、手、腹、喉等部位。防守技术总体上则以攻为守,运用一些挡、架、拨、带、收、转等辅助动作。日本剑道体现的是动作的杀伤力,虽然用竹刀比赛,但主要强调以重挫对手为制胜的目标,只求凶狠。据明朝屈大均《广东新语·语器》所载:"其人率横行疾斗,飘忽如风;单刀陷阵,五兵莫御。其用刀也,长以度形,短以趋越,蹲以为步,退以为伐。臂在承腕,挑以藏撇。豕突蟹奔,万人辟易,真岛中之绝技也。"[①] 这与中国短兵器形成鲜明的对比,勇往直前、强攻硬取是日本剑道的主要技术风格。

我们对中日两国的短兵对抗形式的分析,其目的并非是要探讨孰优孰劣的问题,而是将其引申到一个更高的精神层面来理解它。以上对中日两国的短兵对比,实际上只是在表面上的浅层分析,其实在其中还隐含着两国国民思想和意识形态上的差异,中国人讲究"练",而日本人更讲究"修"。日本的武士们除了学习必要的剑法的技巧外,还必须学会做到"忘我"的境界,而忘我的境界在日本剑道对抗以及真正实战搏杀中都体现得淋漓尽致,不单纯是方法击刺之论。所以我们在看日本剑道搏击时的方法多为进攻,勇猛直前、不畏艰险,用进攻代替防守。同时其两个主要技术"立劈"与"突刺",都象征其勇往直前的武士道精神,这种精神,多少会受到日本禅宗教义的影响。

日本人的这种改造思想保留了修行的艰苦过程,但却将修行的宗旨放在脑后,他们利用这种艰苦的修行过程来达到提高自身能力的目的,日本士兵拼刺刀的状态同样依赖这种精神理念的支撑。由于中日两国文化背景不同,在看待此种问题时,明朝的一些武术大家往往只是看到其表面现象,并未深刻体会到国民性格的影响。例如在郑若曾的《筹海图编》中写

---

① 转引马明达. 说剑丛稿. 北京:中华书局,2007.219.

道:"倭寇挥刀若神,人望之辄惧而走。以若曾观之,其所长者,刀法而已耳……惟倭性好杀,无一家一人不蓄刀者。童而习之,壮而精之。而我堂堂天朝,一统之盛,礼陶乐化,偃武已久,民不知兵……遂若强敌,不知中国武艺不可胜纪,古始以来,各有专门秘法,散之四方。若招募得人,以一教十,以十教百,即刀法一艺,倭不足以当我,况其他乎!"[1] 由此看来,我们前朝的武术家们只是在剑道的一些招法和技术上对日本刀的功法特点进行了分析,而恰恰忽略了日本国民性格上的阐释,这当然会受到历史认识的局限,只知其然,而不知其所以然。所以日本刀法的厉害之处,并不在其技法上有多么诡秘和精深(这与我国传统武术之博大精深相去甚远),而是隐身其后的民族性格和精神理念,所谓的"武士道"也许就是这种精神的现实写照吧!关于日本国民性的研究,具体内容可参看美国人类学家本尼迪克特所著的《菊花与刀》和《文化模式》等书籍,在此不做过多赘述。

(二) 长器械

在《查滑拳谱》中罗列的长器械有棍术、枪术、大刀和凤翅镗等,而其中枪术最为多样。在我国的传统武术界,很早就有长兵器对搏的形式,最初只是用竹梢,后改用白蜡杆,杆头上用棉布包裹(既可以当枪,亦可以当棍来使用),沾上白灰,然后两人互持长杆采用拦、拿、扎、劈、戳、划、扫等枪棍的技击方法进行对抗,在施耐庵的《水浒传》中,就有林冲在柴进府中用长杆斗败洪教头的场景描述。在书中第八回"柴进门招天下客 林冲棒打洪教头"中写道:"洪教头喝一声:'来、来、来!'便盖将下来。林冲往后一退,洪教头赶入一步,提起棒又复一棒下来。林冲看他脚步已乱,便把棒从地下一跳,洪教头措手不及,就在那一跳里,和身一转,那棒直扫着洪教头臁儿骨上,撇了棒,扑地倒了。"[2] 二人争斗的场面,在书中描写得极为简单明了,只几个照面便将洪教头打翻在地,可见高手过招没有太多的花哨动作,只几下子便胜负立分。在过去,拧"大杆子"是习武之人必须练习的一门基本功,大杆子长约一丈八尺有余,用现今长度换算应该有三四米之长。但是,现今这种功法内容和对抗形式已经

---

[1] (明)郑若曾. 筹海图编. 李致忠点校. 北京:中华书局,2007.966.
[2] 参看施耐庵的《水浒传》第八回.

消失殆尽，尤其是竞技武术运动员基本上不习此项内容了，更不要说长兵对抗了。

1. 查棍

在《查滑拳谱》中，只收集了一趟棍法，称为"五虎群羊棍"，还有一趟一百单八棍法由于拳谱已经丢失，而未有记载，现只将五虎群羊棍棍谱摘录下来：

五虎群羊棍谱曰："五虎风登出少林，风魔夜叉寻敌人。前插后退龙摆尾，上崩地下紧寻身。抽抄翻身分左右，占身提柳两边寻。狐狸棒四门打去，雁落沙滩正当心。玉女穿梭前后步，白猿背棒入洞门。背反三棍败中胜，有人问棍真名姓，走关东打关西不差毫分。"

在传统武术中，不管是哪家棍法，都素以勇猛刚劲有力为特点。棍法动作以劈、扫、戳、挑、拨、抢为主，讲究力大势沉，力贯棍梢，双手握棍，忽长忽短，时圆时直，手臂圆熟，灵活多变，身法与棍势融合为一，简练刚猛，素有"棍打一大片"之说。

单纯意义上的木棍并没有被列入兵器系列中来，古语有"兵器者，凶器也"之说，而纯粹的木棍，只是天然生长之木，例如白蜡杆，细长而直，根梢的粗细程度相似，在古代只是作为刀杆或枪杆之用，并非锐器而应用于战场，多为防身自卫之器。后由于木棍经常被用来做枪杆或是刀杆，故而也就将枪棍、刀棍合一，只是棍无枪头和刀头，所以多为抡打，扎刺远不如枪之威力，劈砍又不及大刀之威。不过，由于棍从枪杆和刀杆而来，虽然没有枪锐刀快，但还是吸收了许多枪术和刀术的技法。比如棍术中也有枪术中的戳、刺和大刀中的劈砍等动作。我们现在所看到的棍，通常是由白蜡木刨皮打磨后的形制，可长可短，粗细均匀，只要用着适手即可，没有一定之规。长棍略高于自己身高，短棍可齐眉，又称"齐眉棍"。

2. 大刀

在《查滑拳谱》中收录的大刀刀谱，只有一路刀谱的记载，又称为"关公十八刀"或"春秋大刀"，而二路关公三十六刀的刀谱已失去。此两路大刀刀谱都是取材于三国时期蜀国大将关羽的典故引申而来，其中许多场景都是我们耳熟能详的历史典故和传说，具体内容摘录如下：

一路关公十八刀刀谱："关公提刀出许昌，进步撩刀谁敢挡。骑行跨定云摩月，东陵关斩孔秀将。献刀赚枪不需忙，鬼谷出洞最难当。倒削踪翻身斩颜良，双走刀杀进疆场。抱丝式金刀献鐏，进步撩刀到洛阳。砍孟檀斩韩福力举青龙，沂水关劈卞喜鬼怕神惊。容彦关斩王恒败中求胜，黄河口杀秦琦刀中擒刀。勒马听封称英豪，三赚刀斩过千员上将。走战场盖马三刀，有人问刀名和姓，汉寿亭侯到阵中。"

  过去习武之人所习练的大刀，又称为习练重刀或是样刀，多为准备武举考试之用，主要考察习武者的力量而设立的一个项目。许多民间习武之人，在习武过程中都要熟练掌握的一门功法，以此来提高自身的力量和身体的协调性。重刀武术是从习武套路中选择出来的一种类似杂耍的把式表演形式，习耍重刀也是回族武术中的一个人们经常习练的内容，其中在回族武术的长器械中就有"关公十八刀"。在中国古代的武举考试中，耍样刀是一个考较举子们使用这种器械能力的必考内容，主要考察他们的力量以及使用长兵器的能力，以便于以后在战场上具备冲锋陷阵、斩杀敌人之功效。这种形式的内容，是融合了一些长兵器的功法演练特点，是集古代战场上所用的大刀、长枪、镗、槊等兵器的综合体，总归是脱离不开这些器械的演练规律的一种综合展示个人高超武艺的形式。在武术界，掌握一门器械的使用方法，都十分强调"身械合一"，这是判断一个习武之人功力高低的标尺。器械是人们身体之延长的部分，一旦熟练掌握后就会更有利于击打敌人，而不能成为累赘。习耍样刀或重刀，其形式主要是以展演为主，通过表演来展示演武者的功力和技巧。从这种形式来看，重刀武术颇类似杂技中的技巧演练，没有固定的武术套路，只是当成一种体现演练者高深功力的形式被展演出来。由于所舞耍的重刀较为沉重，一般都在80斤以上，俗称"样刀"。而怎么拿、怎么舞、怎么提拉都有一定的模式，就好像举重运动员那样，将提、拉和下蹲等技术结合起来，利用生物力学的原理，在展现力量的同时还要体现演练者高超的技巧。这种形式在我国古代的武举考试和民间习武时都是一项必不可少的考较内容。查拳谱中的春秋大刀，以双手持舞为主，挥舞时气势雄浑，主要刀法有劈、砍、撩、抹、带、挂、格、抽、斩、云等。同时，各种大刀的刀法在运用时要背、刃清晰，力达刀刃。

  可以看出，在上文刀谱中除了主要刀法的介绍外，还将历史典故和英雄崇拜融合在历史的场景中。在这个场景中，是根据历史传说和演绎，从描述关羽在离开许昌，挂印封金与曹操不辞而别之后的过五关、斩六将的历史典故。这种记录方式，就好比一个个场景的再现，让人们又重新回归到历史的长河中，通过厚重的历史重构，将今人与古人拉入到时空转化后的情境中来，以通过这种跨越时空的对话方式，以武术套路为载体，将传统武术中的一些招法融入特殊情境中来，从而来感受一种浓浓的文化情怀。通过一路关公十八刀的场景描述，让我们不得不佩服我们的前人和师辈给我们遗留下的宝贵财富。只可惜，二路关公三十六刀的刀谱没有流传下来，但这个刀法在历史上应该是存在的。在明郑若曾的《筹海图编》中曾有提及："惟关王偃月刀刀势既大，其三十六刀法，兵仗遇之，无不屈者，刀类中以此为第一。马上刀要长，须前过马首，后过马尾方善。"[1]

虽然刀谱已失，现今难以看到，但也许在二路关公大刀的刀谱中，可能会给我们展现一个更为隽永的历史画面和宏伟的场景。如果按照这种对关公十八刀刀势的描述，循此脉络，我们可以将这种场景的预设与推理进一步延伸开来。关公三十六刀的刀势描述依然是围绕着关公的一些"英雄事迹"和"历史传说"来进行叙事和命名的。但应该肯定的一点是，关公三十六刀的刀法和刀势都是以关公得志的情形为背景来记载的。例如关云长赤壁大战在华容道义释曹操，在长沙会战黄忠，或者是与东吴交涉过程中的"单刀赴会"，或是与曹军对抗大战庞德以及随后的水淹七军威震华夏等故事展开的，而绝不会也不可能出现在他被东吴军马追赶下，丢樊城、败襄阳、失荆州和走麦城的历史记载为线索来记录关公三十六路刀法的。以上都是根据一些遗留的拳谱中的记载而做的主观臆测，因为拳谱中未有文字记载，故而存有牵强附会之嫌。我们十分期待以后能够看到或发现对此刀谱的记载，但是否这种期待也要成为广陵琴曲之绝响呢？

3. 凤翅镋

"镋"为古代冷兵器中的一种，多为力大无穷之人所用。其外形似叉，中有利刃枪尖，称为"正锋"，侧分出两股，弯曲向上成月牙状，因为它的两边外展像是凤凰的翅膀从而得名。一般这种兵器是鎏金的，所以有人叫它"凤翅鎏金镋"。下接镋柄，柄长七尺左右，因为镋翅似锯，除了劈、砸、勾、挂等功能外，还具有索拿对方兵器的作用。使此兵器之人，既需要勇力，还要具备高超的技巧。常见的有凤翅镋、雁翅镋、牛头镋、鎏金镋、锯齿镋和流星镋等几种。在《隋唐演义》的小说中，隋朝大将宇文成都就使用凤翅鎏金镋，威猛彪悍，勇冠三军。

---

[1] （明）郑若曾．筹海图编．李致忠点校．北京：中华书局，2007．957．

在《查滑拳谱》中，只收录了一路镋法，谱中曰："金镋出式挑盖胸，杀前顾后称奇龙。猛虎下山一溜风，七星怕拿转身进，八卦戏枪定太平。前削后坐龙摆尾，鹞子翻身敌精兵。推身侧打连环计，燕子抄水打阵中。野鸡寻窝人难避，截杀左右戏群英。闪战飞练眉眼紧，张牙舞爪爪龙行。飞天鹞子难招架，进势献镋还手扎。只锁贴枪就进式，捕着外拨草寻蛇。要知镋的名和姓，协战辽王称英雄。"有诗赞此镋曰："走如病形人难防，后手好似虎吃羊。堪管定势望五官，提防他人不需忙。"

在现今传统武术界，有关大镋这种奇特的器械演练方法已很少见，而在现代竞技武术比赛中，更是难觅其踪。现代竞技武术的比赛项目中，只设列了刀、枪、剑、棍等内容。而在所谓的传统武术比赛中，虽有一些独特器械的出现，但也是将其划分为单器械、双器械、软器械等项目，无非是朴刀、双刀、双钩、三节棍、九节鞭、刀里加鞭，等等。而许多传统器械，例如绳标、流星锤、春秋大刀、鞭子杆、双钺、峨眉刺等演练内容都已很少见到了。武术运动员所习练的传统器械往往是在这些常见的器械中来选择，由于有些器械形制较为独特，或是习练起来不易掌握，习学周期长，成绩出得晚，在现代竞技体制理念的影响下，于是乎人们往往不愿意选择这些器械，有急功近利之嫌。同时，人们选择的方式也发生了改变，通常都是根据运动员的身体形态来确定其所使用的器械。例如身材修长的运动员，教练会让他习练枪和剑，而身材短小的运动员，教练会让他习练刀和棍。长此以来，在武术运动员的选材上就会形成一种模式化的选取原则，从开始的选材来确定运动员的发展方向，而该运动员除了习练被事先就确定的武术项目外，与此无关的众多器械的演练方法基本上被搁置在一边，不越雷池半步，从而再选择适合其他器械演练的运动员，并逐渐形成一种定式。这种模式，让人的身体完全被这种体制所打造。于是我们在看现代的竞技武术比赛的时候，就会通过运动员的身体外形来推测出他所演练的项目内容，并由此规范和限制了一个武术运动员向多元化发展的途径。

关于上文中对现代竞技武术运动员的选材问题，不单纯是在武术界，在舞蹈界同样存在，这其中隐喻着一个身体资本的问题。在布莱恩·特纳对拳击运动员以及舞蹈演员的身体分析中，就强烈地体现出来。"清瘦的拳击员如何透过距离、速度与技巧，成为一名拳击手；较为矮胖的拳击员又是如何透过力量与坚忍不拔的意志成为一名拳击手；我们可以进一步主张，身体外形的这种身体资本，通常会把拳击手型塑成某种类型或者多种类型。"[1] 同时，他在论述舞蹈演员的身体后提出："唯有透过繁重的身体课程，才能流畅地表达特定的身体语言。舞蹈（尤其是指古典芭蕾）讽刺的地方在于，为了毫不费劲地演出从而摆脱机械复制的限制，却只能透过日常不断的努力与规训中，舞蹈才能保有它的灵性。作为一名芭蕾舞者或拳击手，都必须成为某种类型的人，而某种类型的人又与某种身体类型有关。"[2] 以上说的是在一种体制规范下的某种行业的特定行为，而作为传统武术则可能脱离这种竞技体制的规范的束缚，传统武术与竞技武术的区别则是在固有体制规范下能动性体现得如何的问题。

现在的武术运动员只是通过选择适合自己身体条件的拳械套路来达到体制内的价值和审美取向，功法练习的内容较少；传统武术则主要体现在功法的习练上，通过长年累月的功力积累，从而达到使得功力上身的目的，是以技击为主要价值取向的。可以根据自己身体的情况采用何种方法和技巧来弥补或增添功力，是一种将自然的身体通过后天的训练而达成的先天与后天的完美融合。记得在与丹玉魁老师的闲聊中，也曾问到过去选择练武之人有何要求时，他给我举了一个武式太极拳传承的故事。武式太极拳创始人为武禹襄，后传给其外甥李亦畬。这两人身材都不高大威猛，尤其是李亦畬的身材较为矮小，但其功夫如入化境，与人搭手过招时，因其矮小之故，发出之力皆为由下向上，常能将人打得双脚离地而"飞"出去，这是太极拳论中"仰之则弥高"的体现。他的亲传弟子郝维真先生据传说身材高大，身高近两米左右。他在跟李亦畬学拳发力时，也循李氏发力的原则，但往往达不到其师境界，常因此而困惑不解。李亦畬见此状，便点拨他，我因矮小故发力向上，你身材高大，则应由上及下，拳理相同，但需要变通方可为之。后来郝维真先生经过细心揣摩，根据自身条件情况，将发力改为由上及下，李亦畬发人能上天，老维先生发人能入地，这正是符合了王宗岳《太极拳论》中所说的"仰之则弥高、俯之则弥深"的道理。由此，老维先生功力日增，并经钻研体悟，从而创出太极拳又一流派，即"郝式太极拳"。后老维先生到北京传拳，遇到形意拳大师孙禄堂先生，此时的孙禄堂先生已是名满天下的武术大家，二人讲拳试手后，据丹玉魁老师讲，两人试手时，老维先生展露出高深的太极功力，使得孙

---

[1] 布莱恩·特纳. 身体与社会理论. 谢明珊译. 台北：台湾国立编译馆，2002. 343.
[2] 布莱恩·特纳. 身体与社会理论. 谢明珊译. 台北：台湾国立编译馆，2002. 343–344.

禄堂先生对老维先生颇为钦佩，于是带艺拜郝维真为师习学郝式太极拳，并经与形意拳技法融合，从而又创编出"孙式太极拳"这一流派。

从丹玉魁老师所举的例子中，虽然有些夸大其词，或有讹传之嫌，但从中我们可以理解古人传拳的要求并非有什么预设条件，而是根据习武之人自身的条件来怎样与拳理相融，并最大限度地发展拳理功法。这与我们现在竞技武术的选材标准是不同的，现今这种统一化、标准化的评价体系和审美取向无异于将武术禁锢在一个单一的竞技体制的框架下，在这种结构框架的制约下，逐渐使得武术慢慢限入到一个故步自封的尴尬境地，而我们提倡所谓的武术要"百花齐放"的多元景象基本上已成绝响！

当然我们并非完全否定竞技武术对传统武术的影响，而是要辩证地看待在两种体制下的运行模式。现代竞技武术与民间流传的传统武术应该说是一脉相承、关系紧密。从目前武术的发展情形看，传统武术仍然是竞技武术的母体和根源，而竞技武术则是建立在以传统武术为厚重基础上的发展和创造。二者既可以相互吸收、兼容并包，也可以协调发展、并行不悖，以便适应不同人群和时代发展的需求。

4. 查枪

在冷兵器时期，枪是百兵之王，凡习武之人历来重视对枪法的习练。枪法主要以拦、拿、扎为核心枪法，枪式平正，枪法直出直入，力达枪尖，其进锐、其退速，有"枪扎一条线"之说。另外，枪法还分为劈、点、崩、砸、穿、挑、盖、扎、拨、扫等内容。运用时，方便灵活，变幻多端，故有百兵之王之美誉。枪术演练时，要求动作清晰明快、刚柔相济、阴阳兼顾、吞吐自如、潇洒大方、势如游龙、气贯长虹等特点，故民间将枪术耍得好的比喻为"枪若游龙"。在《查滑拳谱》中，光收集的枪术就有八九趟之多，不单是查枪，还有一些不同门派的枪术介绍，其中还详细讲解和阐释了习练枪术的要点和枪法的精髓所在，启发甚大，现也一并摘录下来。

在拳谱开篇，就对枪术的技法和要领有一个分析："枪法十六字，贴打落梭、劈崩开挑、点搬飞拿、闪盖穿扎。"同时又云："枪乃兵器之祖，五户分开门路。三扎九点定规模，世人学习细悟。五户枪扎其要，五点取五行，上中下两手两足天地人，三习细悟等式不定。取进（近）不取远，取轻不取重，全在眼力，不在磕腾之力。奸战改取，败中取胜，上下左右皆有转环。"此为枪法之要领，随后又附有一篇练枪歌诀："枪是兵中王，高低远近怕。高不拦低不拿，中枪一点即拆架。去如箭来如线，指人头扎人面，高低远近防都见。枪是束腰锁，先扎手和脚。疾了又加疾，扎了还嫌迟。枪有三大病，身法不正大病，三尖不照大病，当扎不扎大病（附三尖释疑：上照鼻尖、中照手尖、下照足尖）。怀中抱月不在迟，紧处破他短兵入。收退步急便为长，单手一枪为孤王。"

查枪一共分为六路，其中一路转环枪和三路锁喉枪的枪谱已经丢失，现只剩下二路梨花枪、四路中平枪、五路大花枪和六路奇枪四个枪谱。另外还记载了五虎断门枪、四封四闭枪和金丝枪等枪术套路的谱诀，现一一抄录下来。

（1）二路梨花枪

枪谱曰："梨花枪法异人传，开式定南针当先。张飞三枪势占先，后有尉迟倒提鞭。此方定过困龙计，立马横枪在眼前。猛里风快捕地紧，七里哪吒上下翻。莺鸟倒削披枪式，劈了后土俊后山。花枪保太子，秋月大刀还。秦时变通古来传，太公手执钓鱼竿。"

（2）四路中平枪

枪谱曰："提手三枪不需忙，二郎担山赶太阳。双边凤凰单展翅，右边又按小秦王。又蹦又跳往前进，秦王摩旗紧护身。后有黄龙三转身，枪起来黄莺落架，枪落下猛虎转身。往前扎金龙护膝，往后退进步神枪。跃步枪吴枪就扎，迎面枪披手相迎。防身枪步步随跟，回马枪单等来人。狐狸棒往上打去，夜叉棒左右拦挡，铁扫帚打扫晋堂。"

（3）五路大花枪

枪谱曰："英雄持枪立战场，沥泉神枪胸中藏。吕布挟戟多勇猛，前引后坐人难防。进步一枪难招架，二郎担山赶太阳。左按凤凰单展翅，右边又按小秦王。凤凰点头敌人怕，鹞子捕鸟把人伤。金梁架起疾又快，秦王摩旗鬼神忙。上马三枪来得勇，怪蟒翻身疾如风。进步一枪随手使，左右抢棒把阵冲。青龙出水人难破，转身一枪令人惊。窝心巧扎对面使，纵跳抡棒左把枪。力杀四门人胆怕，盖马两枪刺前胸。猛虎翻身防背后，一溜栽花有变更。左边按下诓君计，右边又按埋伏枪。大驳大摆伤人命，怀中抱月伤敌将。金毛狮子滚战场，金枪一亮探海式，转环乱摆鬼神忙。无龙摆尾往后追，白虎拦路把人伤。狐狸棒往上打去，拉败式令人胆惊。回马枪敌将落马，穿梭枪盖世无双。要问枪的名和姓，岳王武穆到中场。"

（4）六路奇枪

枪谱曰："英雄托枪立战场，八门奇枪胸中藏。嗖声三枪往前进，太阳金光耀前枪。伤枪凤凰单展翅，杜枪英奇活阎王。景枪封侯挂元帅，孔枪乱摆做先锋。转环三枪龙吸水，阴阳三枪到战场。劈砍三枪探兵计，转身败式中平枪。云摩奇枪空中舞，宋谷三枪定宋邦。轻枪闪电诓君计，一马三枪最难当。旗开绞行埋伏枪，金毛狮子滚战场。要问枪名与枪姓，三奇法秀到阵中。"

（5）五虎断门枪

五虎断门枪谱记载曰："头路银枪真可夸，两手托定似锋蛇。退一步死蛇塌地，进一步蜈蚣钻塔。献鐏式五分护□（字迹不清），不嫌不拿乌龙摆尾。抽身走巧女纫针，无嫌无拿二路银枪分雌雄。托枪一式定身形，一步三点迎敌人。玉女抽丝有变更，梨花摆头抽身走，巧女纫针有奇功。三路银枪分奇门，白虎拦路将人寻。抱月一式三换手，纵跳飞步梳乾坤。梨花摆尾抽身败，败中取胜□千神。四路银枪定南针，托平一式滚金轮。海底捞沙分上下，燕子夺窝刺前心。金梁落地翻左右，燕子夺窝急回身。五路银枪是天盘，摇头摆尾上下翻。上虚下压取人手，插花盖顶迎目前。纵跳左右邪影败，防备敌人取指尖。六路银枪是地盘，死蛇塌地点足尖。步乘不移枪布地，摇头梨花透胆寒。乌龙摆尾抽身走，燕子夺窝要占先。"

（6）四封四闭枪

枪谱有诗赞此枪："二枪本是两条龙，冲锋对敌称英雄。一上一下来回转，好似猛虎斗蛟龙。"

四封四闭枪谱记载曰："英雄比艺枪擒枪，龙虎相斗在当场。左腿扛枪摩夺式，右摇金枪似寒光。伤枪凤凰单展翅，闪战擒拿滚战枪。金枪前进门面去，上涮架海似金梁。金枪前进胸中去，又涮虎口何须忙。金枪前进探海式，立水护身管下方。金枪前进中平去，又涮按手好还枪。一上一下龙吸水，双凤朝阳列两旁。千尺大蟒难招架，败式就有诓君计。一对青龙场中行，要问枪的名和姓，四封四闭到场中。"

（7）金丝枪

金丝枪谱记载曰："英雄抱枪立战场，把门金锁腹内藏。起手三枪往前进，太阳火光九里藏。抡枪凤凰单展翅，金毛狮子滚战场。金龙出水套丝枪，横枪度气人难防。景枪凤飚捕云中，青蛇百步做旋风。乌龙摆尾往后打，转环劈面枪相迎。大亮枪逢山开路，滚身摘花在当中。琵琶式往前进,拨草寻蛇败回来。夜行犁人难防,喊声宫娥心胆惊。要问此枪名和姓,金丝神枪到当中。"

在上文所录的枪谱中,有一个特点依然十分明显,那就是仍然延续前面所录各种拳械谱系中的典故和历史传说为场景来铺垫描述。其中涉及传说中使枪的英雄好汉不胜尽数,甚至还有历史传说人物的出现,例如有张飞、尉迟恭、岳飞、吕布以及杨家将,等等。但上文中所说的历史人物所使用的枪,应该都是适用于马上作战时的大枪,通常都有一丈多长,例如传说中的张飞使的"丈八蛇矛枪"就有一丈八尺长,而这种枪同归到大枪系列中,基本上是用于马上作战,秉承的是"一寸长、一寸强"的作战原则。于志钧先生曾言及:"真正意义上的枪,是指丈二以上的长枪,拒敌于丈二之外,丈二之内,以刀辅之,这是步战。骑兵马战,两军对冲,一拥而过,胜负立显。此时之枪,不分内外,两骑擦过,对冲之后,负者被刺于马下,胜者直前。"[①] 而民间所使用的枪,要比大枪短,是便于步下作战的,在武术界称为"花枪",这是两个完全不同的枪术体系。但是,在民间要想练好花枪,必须先要习练大枪,我们通常称为"拧大杆子"。这种"大杆子"一般长约两到三丈,前细后粗,尤其是两手所握之处通常都有茶杯口粗细,一手握不过来,为的是提高臂力和提高全身的协调能力。在过去,使大枪是武举考试的必考科目。在唐朝武则天长安二年(702年),正式设立了武举取士的科举制度,以武入仕成为当时习武之人步入仕途的一条捷径,其考核内容有:长垛、马射、步射、平射、筒射、马枪、翘关、负重、身材等项目。按其测试内容,大致可以分为三类:武艺,主要是射术和枪术;力量与体力,即翘关和负重;最后才是测身材和言语。正是由于古代设立武举选士的原因,才使得这种习练大枪的传统一代代延续下来。而在上文中所提到的"翘关",考校的就是举子们的臂力,是习耍长兵器的必备功力。

古代的"翘关"又称拓关,是指人们用手举起城门上的大门闩。因此,这里的"翘"和"拓"都有抬、托、举的意思,而"关"指的就是城门栓。据汉朝人高诱的解释,翘关的方法是"以一手捉城门关顯而举之"。就是说,用一只手握住门闩的一端,另一手把四五丈长的木栓挺举起来,这需要很大的力量。我们知道,古代的城门一般都建造得又宽又

---

① 于志钧. 中国传统武术史. 北京:中国人民大学出版社,2006.156.

厚，十分坚固，而这宽厚的城门必然要以巨大的木头来做门闩，所以当时的门闩都十分的粗重和结实。翘关并非是简单地把门闩举起来就了事了，而是用手抓住门闩的一端，另一手作为支点将之翘举起来。根据历史资料的记载，古时的城门通常有四五丈宽，而门闩的长度与之相当，甚至更长，试想一下，抓住四五丈长的木头一端把它举起来需要多么大的力量。

"翘关"是中国古代一项特殊的举重活动，它经常用于军队训练士兵的力量，目的是通过练习以增强士兵们的手臂力量。在中国古代战争中，交战的双方均使用的是冷兵器，如大刀、长矛等都是经常使用的长兵器。长枪因为其锋锐利，能在较远距离击敌而成为军中、尤其是在车战中最常使用的武器。长枪通常体长一丈八尺左右（古尺较现在要短），有些通体为钢铁打造，很是沉重，军人在使用它时，为了最大限度地发挥长枪的功效，一般都是尽量握住枪的尾端，就是枪攥处。例如三国时期张飞的武器就是丈八蛇矛，关羽使用的青龙偃月刀传说有82斤重，还有五代时期著名的战将王彦章使用的大枪就有30多斤重。不过从历史的角度来说，一些类似张飞的丈八蛇矛、关公的青龙偃月刀等特殊形制的器械都是在明朝时期才出现的，是传说和小说的文学杜撰和演绎。但不管怎么说，这些长兵器的使用都需要军士要有极大的臂力支持，而锻炼军士臂力的主要方法就是采用"翘关"这种方式来训练的。据史料记载，唐代对翘关活动十分重视，唐太宗在选拔亲兵卫队时，就把能"翘关五举"，即一口气翘起五次作为必要条件。由此说明，兵器重量和使用方法的有机结合，有助于增强战斗效果。

军旅武术往往是根据实战所需而进行的有目的的军事训练，长器械的使用一度是古代战争的主要作战兵器。随着军事作战形式的改变，许多军旅武术逐渐退出历史的舞台，逐渐脱离军队这个载体，而使得各种使用器械的方式慢慢流入民间，并经过不断研习和改进，逐渐成为民间习武之人所必练之内容。

关于军旅武术向民间社会转变的原因，各家观点较为一致。在古代战争中，冷兵器的使用是中国古代军旅武术的主要内容。同时徒手的拳术搏击和摔跤也是士卒克敌防身、锻炼体魄的重要手段。不过到了近代，由于新式火器的出现，武术才逐渐淡出军事战争的舞台，武术也才真正趋于民间化。这种大规模的体育文化的交流，尤其是以武术为代表的民族体育，一旦融入中原文化领域中来就会产生实质性的变化。这是由于中原地区的文化长期处于发达状态，且人口密集，信息通畅，因而也是各地区各民族武术凝汇的中心，并且在此发展壮大起来。同时由中原地区向各地区、各民族辐射传播，从而使得传统武术在民间进一步得到充实和丰富。与此同时，由于武术在民间的广为普及和开展，也加速了军旅武术与民间武术形式的分野，传统武术的体系也逐渐在民间得到完善和发展。虽然军旅武术在民间兴盛的原因也存有许多说法和观点的争议，但最重要的就是军事战争中火器的出现，结束了冷兵器在战争中的作用，只能是当作一种体能训练而存在。所以传统武术进入民间势所必然。另外，武术在民间的开展也与当时社会环境有关，例如到了明清之际，天地会、小刀会、义和团、红灯照等组织就是以习武为名，将一些拳民通过集会的形式将其组织在一起，以对抗来自政府的压力，他们提出的一些口号也多为"反清复明"、"扶清灭洋"，以此来凝聚人心。只是到了后来，这种宗教仪式淡漠后，就演变为纯粹的习武行为了。

枪术所以敢称"百兵之王"，并非是指其拥有比其他兵器更为先进的技法和策略，而是指其不易习练的原因在里头，俗语有"年刀、月棍，不撂手的花枪"之说。枪法要想练得精，必须时时揣摩，用心体会，否则运用得不好，一旦上战场，反而会成为累赘而有性命之忧。其实，将枪定为"百兵之王"的由来，并非民间共识，是因为这是由一个明末清初的著名枪术大家提出的，他就是《手臂录》的作者，著名武术家——吴殳。转引于志钧先生在其《中国传统武术史》一书中的话曰："枪为诸器之王……他说（指吴殳）'以诸器遇枪立败也。'因为他是枪术大师，他的枪术已经达到很高的水平，才出此言；换了其他人，未必如此。他说：'真枪，手手杀人，敌未有能至一丈内者。'又说：'我身前三尺枪圈子中，蝇蚊不能入。'"[1] 由此看出，枪能称得上"诸器之王"，不单是难学难练不易掌握，同时也要看使枪人的功夫好坏。吴殳作为一代枪术大家，使枪的奇才，并非浪得虚名，他不单自己枪练得好，而且还总结了宋、明以来许多枪法精品，通过自身揣摩和实战总结，进而编撰出享誉后世的枪术名著《手臂录》。

在与邢台武术家丹玉魁先生的访谈中，他曾经聊起徐青山先生的枪术，他说："徐老师的枪术要得好，扎出的每一枪都'嘭嘭作响'，枪一抖，枪樱子根根竖立，枪尖乱颤，两手阴阳把相合，一捋枪杆，大枪扑棱

---

[1] 于志钧. 中国传统武术史. 北京：中国人民大学出版社，2006.157.

棱直响。我就亲眼看到他在一次练习枪术时，突然有一只狗闯进练功场地上来，徐老师先用枪头按压住狗脖子，致使它不能动弹，然后借助狗的力量将其挑起在空中，并再次按住狗头，让对方跑不了，动不得，有劲使不上。其实这是一种高深的功力作用，借力打力。就像太极拳中所说的揽雀尾动作一样，小麻雀立在手掌中，它要想飞就必须展翅蹬腿，这时功夫高深的人就能感受到麻雀的蹬伸之力，从而卸掉这种劲力，让麻雀飞不了。"这番话虽然有所夸张，但是能够形象地体现武功高深之人对外来劲力的感悟，这种功夫实际上就是"粘劲"。他还提到，徐青山先生在军队习武时，也要练习拼刺刀。实际上，刺刀的招法也是由枪术演化而来，在漫长的历史岁月中，枪一直是冷兵器时代主要武器，从未真正退出战场，即使到了第二次世界大战期间，刺刀仍然存留在战场上。拼刺刀首先要粘住对方的枪杆，就是枪的中部。对方进，你就压或拿（这是枪术中所说的拦、拿、扎法），他若退，你就借势前刺，反正不能让对方逃脱，这就是武术中所谓的"粘枪"。拼刺刀的关键要领，就是不让对方的枪脱离自己的枪，在拿住对方并迫使对方无法反击后，再实施进攻。

（三）双器械

在传统武术中，双器械的演练技法与单器械的技法往往会大相径庭，虽然都是同样的器械形制，但左右之分与身体的协调配合则是最为关键之处。比如说单刀与双刀在演练上就有质的区别，俗语有"单刀看手，双刀看走"之说。所谓的"走"就是刀与身法的默契配合，以避免误伤自己，相对于单器械来说，使用双器械的技巧难度要大一些。不单是双刀如此，其实所有的双器械的演练技巧皆同此理。因在徐青山先生所遗拳谱中，只是记载了双钩和双手带，故而抛开其他双器械，这里只对此二者进行简单介绍和分析。

1. 双钩

护手双钩属于双器械的一种，因为造型精巧奇特，要想熟练掌握很是不易，而且实用价值极高。护手双钩的形制较为独特，通体长约三尺左右，兵刃前部弯曲成钩状，并略带外翘，锋利无比。双钩尾部如吕布所使用的方天画戟状，月牙与尾尖都极为锋利，双手持握，既可以保护两手的安全，还可以用来攻击敌人。双钩的主要方法有勾、搂、圈、拦、带、挂、锁等技巧，演练时注重身体与器械的协调统一，左右手相互配合，勾、挂、锁、带一气呵成。同时双钩舞动起来，可以兼顾四面，罩住八方，是双器械中威力较大的一种兵器，历史记载中的武殿璋和传说中的绿林大盗窦尔敦都是使用此种兵器。在徐青山先生所遗拳谱中记录的就是以武殿璋为附会人物的双钩使用方法，其记载的双钩共分两路，即一路护手钩和二路护手钩，现转录如下：

首先拳谱记载练钩有十字诀："捕、按、钩、搂、嫌、插、捲、镰、捧、锁"十种技法。其次，拳谱还记录了一路护手钩和二路护手钩的歌诀和诗赞，歌诀与诗赞交互辉映，相得益彰。

拳谱记录一路护手钩歌诀为："双凤滑钩朝太阳，斜行扭步鬼神忙。回手按下思钩式，左右盘旋把人伤。捋撩钩伤人不识，侧挂横钩不需忙。爬山越岭取首级，陵阳阁上把名扬。"后有诗赞此钩法曰："双凤滑钩入陵阳，钩掛捲镰把名扬。捕按捧锁阴阳手，避水等鱼占鳌头。"

拳谱记录二路护手钩歌诀为："英雄提钩入陵阳，避水等鱼临战场。乌鸦捕海独用力，黄莺入林百鸟藏。急用捧锁变化处，闪门钩掛后安康。钩掛提柳随手使，见机生情放豪光。"后有诗赞此钩法曰："手中宝刺世无双，多学多练好称强。至急能壮英雄胆，此乃名人救苦方。"

除去上文两路护手钩的招法记载外，在该拳谱中还录有使双钩的说条，也就是我们通常所说的一些练钩时的注意事项以及此钩的出处和背景。说条曰："护手钩为人常悟，不知此物乱胡。心中无依能讼，老虎头上钩本无，乃不镶老虎头。若问此物出何处，此即武家流传出。上有钩来下有戟，难以认来难练奇。有人练好其中艺，直到疆场无人敌。分水夜叉双手刺，殿璋双手似阴阳，能挡来人万杆枪。引动不见兵器面，出手能把上将伤。此物不过五六寸，双手一起似凤凰。上扎五官并七窍，下有接手一命亡。"

要想练好护手双钩，并非一朝一夕之功力可为，而是要经过长年累月的磨炼才能掌握好这种独特兵器的各种方法和技巧。在我跟随徐青山先生习练查拳的几年中，这些器械都未曾习练过，但在我的师兄弟中，师父往往是根据各个徒弟的特点来分派的，只有当功力达到一定水平的时候，才可以习学各种器械。

2. 双手带

双手带多为民间称谓，通常称为朴（读"泼"音）刀，其形制类似于大刀,是一种长而宽的钢刀,可以装在木柄上成为比一般刀要长的长兵器,也可以卸下来单独作为一种短兵器。使用时,两手握刀柄,像使用大刀那样,利用刀刃和刀本身的重量,来劈杀敌人。朴刀虽与大刀相似,但要比大刀短,比常人身高略长,重量也较为轻便,是较为适用于步下作战的一种常见兵器。单从形制意义上说,双手带要比朴刀短,目前竞技武术比赛中使用的多是朴刀,不能称其为"双手带"。由于"双手带"用途广泛,古时是闯荡江湖的人的常用兵器。但"双手带"的套路技法,不光是在竞技武术比赛中难得一见,即使在传统武术习练者之中也已不多见了。

在现今武界,关于双手带的起源与说法一直存有争议,争议的焦点集中在"双手带"的外形是否就是朴刀在"清代军中兵器'双手带'的演变,并非宋代朴刀的遗制。"① 关于朴刀形制的研究,在马明达先生所著的《说剑丛稿》一书中所收录他的"朴刀与'朴刀局段'考"的文章中,就此遗案有过审慎的分析。他通过大量历史文献考证与自身家学的缘故,围绕着《水浒传》中人们熟知的梁山好汉们所用的一种步下防身兵器——朴刀而展开,根据其形制和使用方法,探讨宋代的朴刀与我们现今武术界所说的朴刀是否一致。不管"朴刀"其源流如何,我们暂且不管,但从其行文中所提到的"双手带"一词,是源于清代军队官兵们所经常使用的一种步下作战兵器。但在当时,清代军中所使用的朴刀,也有长短之分。所谓的"长短"是根据所握刀把的长短来区分的。我们现在看到的朴刀形制多为长把的,双手可以灵活滑动转换。而短把的双手带,在使用时,双手基本保持固定,但遇到紧急情况和作战需要时,也可以单手使用,只是由于这种刀较一般单刀要沉一些,故而通常都是双手把握,所以在民间也称其为"双手带"。例如在抗日战争中,西北军所使用的"大刀片"的外形就类似于清代绿营官兵配备的这种短把朴刀的形制。

关于对朴刀的争议,在马明达先生的《说剑丛稿》中,专门有大段的文字来进行说明,在此不做赘述。但不管朴刀其形制如何演变,我们目前看到的一些民间武术人士的习练或是竞技武术比赛中的表演,朴刀的外在形制基本上都是长把的,清代绿营短把朴刀和西北军所用的大砍刀已经难以在民间看到了。在本人所收集的徐青山先生所遗留的拳谱中,也没有介绍过双手带的外在形制,也许在当时记录拳谱之人,并未将一些器械的外

---

① 马明达. 说剑丛稿增订本. 北京:中华书局,2007.157.

在形制作为主要内容来记载，而只是记录了拳谱中双手带的使用招法和谱诀，也许我们能够通过这些招法和谱诀来寻找一些线索，从而更好地接近其真实面目也未可知，现将谱诀摘录如下[①]：

谱中记载双手代（带，拳谱中的"代"字均应为"带"）法曰："西洋代法更有益，划起单托抱代式。挥代转身骑马式，回背一删顺风旗。转身左掛劈代计，进步一删身后持。腰斩平删速回归，上步右勾折手劈。反身右背拉败式，平删腰斩折手欺。反删归作背代法，反身三撩翻身劈。平删折步右背代，指代右基折撩奇，骑马撩折把人欺。上步翻身折背计，翻正撩阴一计犁。归中撩阴回身跺，撤步钩掛折手披。右趸代来悬右腿，转身吐信叫人迷。单掛抱代折手劈，右边抄水进法疾。裹脑旁步左抄水，折手腰斩岂是虚。翻删归背按败式，傍步子于内藏松。"另有诗赞此代法："双手代刀出西洋，钩掛删被里面藏。但能悟彻常习练，威震海内保家邦。"

我们发现在拳谱歌诀和诗赞中，双手代的出处源于西洋，这种说法，在当今武术界从未提及，也未有人进行考证。由此而看，双手代这种兵器是否源于我国还有待商榷。由此而联想到与我国紧邻的日本所使用的倭刀，应该与双手代有亲缘关系。但在我国民间有称日本为东洋的说法，而日本人的倭刀术后演变为剑道，在技击思想和意识上一直受到我国武术家的推崇，并经前朝武术名家将此术引入我国，这在前文中曾有过论述。日本人所使用的长刀，从使用方法和形制来看，与我们的双手带（或代）有异曲同工之妙，在前人的论述中可以清晰地感觉到，例如"长刀，自倭犯中国始有之……刀长五尺，则大五尺矣。我兵短器难接，长器不捷，遭之者身多两断。缘器利而双手使用，力重故也。"[②] 另据一些文献记载，明代军队所用刀的形制受到日本刀的影响，已经与宋代不太相同了，在《中国历代军事装备》一书中，记录了茅元仪在《武备志·器械二》中所罗列的三种短柄刀图样，并有文字解释："一种为短刀，是骑兵用的；一种为长刀，仿日本式，刃长五尺，柄长一尺五寸，重二斤八两，用双手握柄砍杀，利于步战；另一种为腰刀，长三尺二寸，重一斤十两，柄短形弯，通

---

① 因该拳谱中记载的双手带的"带"为"代"，不知是通假字还是错别字，或是讹传下来都有可能，因二字指代含义不同，后辈不敢妄加改动，故而保留其原文字样，如有差误，留待有识之人考证。

② 转引林伯源. 中国武术史. 北京：北京体育大学出版社，1994. 286.

常与盾牌并用。"① 其中在介绍长刀的形制时,明确说明是仿照日本刀的形制演变而来,而且"刃长五尺,柄长一尺五寸,重二斤八两,用双手握柄砍杀,利于步战"的解释,更是说明了这种器械的使用方法。

现在关于倭刀与我国短兵器交流的研究,今人多借鉴明清时期的众多武术家所撰录的文献资料,多图片而少实物,在文字叙述上基本延续着前人所记录的内容,没有太多的经验总结。这种情况的发生,也许是源于学术范式的束缚吧。人们研究武术,总是容易将其圈围或是限定在某一个领域之中,再加上武术各门派之间的保守和名利的关系,社会环境的局限,甚至片面地以师承之间的口传心授为根据的传说附会,都会影响到事实的真相,同时也大大影响和降低了考证过程的准确性,久而久之就会画地为牢,形成故步自封而坐井观天。所以关注圈外人士对武术的研究,往往会从不同角度得到启发,更可能会有意想不到的重大收获。而关于倭刀与短兵器的研究,"圈外人"周纬②先生在其所著的《中国兵器史》一书中,既有图片展示,也有文字说明,而且许多图片都是真实实物的展示。周纬先生在此书中,曾对中日两国的军事作战兵器,尤其是类似现在讨论中的"倭刀"更为关注。关于明朝中日两国兵器的交流情况,在书中提及:"砍兵之重要者,如长刀(长六尺五寸)、腰刀(长三尺二寸)以及铁钩枪、龙刀枪、钩镰刀均是。但此长刀、腰刀两种,新式刀制,均为先代所无,系仿日本大刀式,长其刃而短其杆,用两手握柄以砍劈敌人身体或其兵器者,与旧式长杆短刃之长刀大刀制恰相反。"③ 从周纬先生的论述中,我们可以得知,在明朝时期,中国的长刀(双手使用之刀),大多是刀头要比刀杆短,与我们前文中所提到的朴刀外形极为相似。而从日本传来的长刀形状则与此相反,是刀身长而刀柄短,这种形制的长刀,在当时的中国是没有的。周纬先生除了对中日两种兵器的外在形制、尺寸、重量进行了细致描述外,同时还将两种兵器的实战功效做过对比和分析:"此种刀(指

---

① 中国军事史编写组. 中国历史军事装备. 北京:解放军出版社,2007. 308 – 309.
② 根据《中国兵器史》作者简介整理:周纬(1884 – 1949)安徽人,中国古代兵器研究的先驱。1903 年赴法国留学,获巴黎大学博士学位,归国后任职于外交部、立法院、中央大学,曾参加中国政府代表团出席巴黎和会。其毕生倾心兵器史研究,将大量精力投入到中国及亚洲各国古代兵器的研究中,并广泛接触兵器研究者和收藏家,遍访图书馆和博物馆,搜集研读相关著述,收集了几百件古兵器珍品和近万幅资料图片。在大量第一手资料的基础上,他对中国历代兵器的发展源流、形制演变、制作工艺进行了开拓性的研究,取得了丰硕的成果。
③ 周纬. 中国兵器史. 北京:中国友谊出版公司,2010. 169.

日本长刀）之效能较大，可用猛力砍劈，折断敌人长兵之柄，或削断砍损敌兵之刃，进而砍断敌人之身，非单手所执之刀剑，尤其是钢质不佳及体质较轻之刀剑之所能抵御也。"① 而这种描述恰恰与几百年前的戚继光对日本倭刀功效的描述做了一个鲜明的注解：我兵短器难接，长器不捷，遭之者身多两断。缘器利而双手使用，力重故也。

由此可见，我们的双手带（或双手代）与日本的倭刀术是很相似的，而且这种使用器械的方法和形制应该是由日本传入中国的。现在在我国传统武术器械中，有一种兵器被称为"苗刀"，此苗刀之名的由来并非是源于苗族人所用之刀，它是根据其外形好似田间青苗的形状，刀身要比普通单刀更为细长一些，刀背儿宽，刃非薄，尖刃部锋利无比，后手握柄也比普通单刀要长一些，可以双手持握，因其外形酷似小麦泛青时的形状，故而称为"苗刀"。同时，刚泛青的麦苗的边缘十分锋利，稍有不慎就会被它划伤，有经验的农人，在下地收割小麦或是收玉米进青纱帐时，都要穿上长衣长裤，为的就是避免被锋利的青苗划伤。所以苗刀之名的由来，除了外形似青苗状外，还留有其锋锐利的寓意在里头。

如果单纯从苗刀的外形和演练技巧看，与日本的倭刀术十分相似，但在其基础上经过前人的不断总结和实践，又增加了一些中国武术的使用技巧，使其日臻完善。不过我们还是承认，苗刀或是双手带应该就是根据日本人的倭刀形制和使用方法演变而来的，明朝著名抗倭将领戚继光在《纪效新书》中就曾记载过"长刀，自倭犯中国始有之"。日本的这种刀术特别简练实用，在抗倭初期，明朝军队往往难以抵挡倭寇的攻击。从这些文献记载中可以看出，中国短兵器因为器械制作不精良，技法单一，在实战中屡遭败绩。当时中国短兵器在材质、形制以及技法上都低于日本。可见，到明代抗倭时期，中国短兵技击已经丧失领先地位，无论短兵的技法，还是形制，都开始停滞不前，实战功用逐渐下降。由此可见，日本刀的技术的确非同一般。只是到了后来，戚继光吸取经验教训，通过特殊的训练，在吸收归纳了我国西南地区土家族、壮族等少数民族的一些阵法和器械演练技巧之后，创编出一套便于集体攻防的阵法，当时称之为"鸳鸯阵"，才大大地提高了明军的实战功效，挽颓势于既倒。例如在王钟翰先生所著的《中国民族史》第三节南方各民族人民反抗民族压迫及抗倭斗争

---

① 周纬. 中国兵器史. 北京：中国友谊出版公司，2010. 169.

中有过精辟的评述:"短兵相接,倭贼甚精,近能制之者,惟湖(南)广(西)兵的钩镰枪弩之技"。[1]

以武技立国的日本人,把武技用于民族精神的铸造,通过习武的艰苦过程来激励和培养青少年的成长,在注重个体对抗实用性的基础上,更重视程式和礼仪,通过让青少年练习这些项目而达到了解民族传统遗留下来的一些礼仪和文化内涵。文化是习得的,不是靠生物性的遗传而获得的产物,用人类学的术语来说就是"濡化"。这个概念是由美国人类学家赫斯科维茨提出的,他认为:"从个体角度来看,濡化是人的学习和教育;从群体角度来看,濡化是不同族群、不同社会赖以存在和延续的方式和手段,同时也是族群认同的过程标志之一。"[2] 同时他认为:"人类具有两种传承功能,一种是生物性传承功能,即人类的生存与繁衍;另一种是人类与动物不同而独有的,即文化的习得与传承,也就是文化濡化,其本质意义仍是人的学习与教育。"[3] 在日本除部分项目走现代竞技之路外,大部分武道仍保留较强的民族传统。现在的剑道、相扑、空手道等一系列日本传统项目,追其源头都是由我国传入的,这些项目在日本生根发芽,焕发出青春的气息并长盛不衰。而在其发源地——中国,则有许多项目已消失殆尽,甚至要反过来向日本学习。

我们经常迷惑于日本民族的进取精神之来源,其实这与他们的培养机制、等级观念和宣扬的国民性格是紧密联系在一起的。在中国学术界关于中国人性格的研究较为少见,只是在 20 世纪 80 年代由台湾学者出版了一部集心理学、人类学、社会学、精神医学以及史学和哲学等学科的《中国人的性格——科际综合性的讨论》的论文集,该书颇受欢迎,多次重印。台湾学者陈其南对此书赞誉有加:"民族所作为国内社会科学界的领航机构,经过讨论会和著作的出版而获得肯定……可惜这个著作似乎成为研究中国人性格的绝响,而再没有继续循此方向做更系统化和深入探讨的作品问世。"[4] 在人类学理论流派里,作为文化与人格学派的代表性人物,本尼迪克特通过《文化模式》和《菊花与刀》来研究一个族群或一个国家整体

---

[1] 张延庆. 从瓦氏夫人抗倭看西南少数民族武术与中原武术的交流与融合. 体育文化导刊,2004,12:69.

[2] 卢克·拉斯特. 人类学的邀请. 王媛、徐默译. 北京:北京大学出版社,2008.74.

[3] 卢克·拉斯特. 人类学的邀请. 王媛、徐默译. 北京:北京大学出版社,2008.74.

[4] 胡鸿保. 中国人类学史. 北京:中国人民大学出版社,2006.167.

国民的集体性格，以及她的同门——著名文化人格学派的玛格丽特·米德，她所撰写的《萨摩亚人的成年》也受到后来一些人类学家的质疑，其质疑的焦点是文化是否能够决定一个民族性格的集体意识，青春期究竟是由文化决定的，还是生理的影响。① 我们现在倡导的是文化的相对论或整体论，而不是决定论，美国人类学家西德尔·希尔弗曼曾对文化历史学派的研究报以质疑，他批评说："强调一致性而忽略内部的多样性，这是一种不关注历史发展的或变化的功能主义方法。"② 虽然被后来学者质疑文化人格学派的观点，但在一定历史阶段，这种理论学派的方法和观点仍然具有一定的指导意义。从表面现象上看，中国短兵和日本剑道只是两个不同的体育项目，但其背后隐含着一个民族文化的思想理念，而体育精神的培养是脱离不开文化背景的影响而客观存在的。

通过前文大量的比对和文献的记载，我们发现，中日在武术交流上是十分频繁的，而且大多数是通过战争的方式来实施的。但与西洋的战争情形，在文献中却较少提及，那么在徐青山先生所遗拳谱中双手带源于西洋传入之说，也可能是一种附会的说法吧，也未可知，但愿是主观臆想！

四、对练

对练套路，一般为二人或三人在预先设定和编排好的条件下所进行的具有攻防假设性实战演练，包括徒手对练、器械对练、徒手与器械对练三种形式。所谓的徒手对练，就是运用一些踢、打、摔、拿等方法，按照攻、守、进、退等技巧，将其编排成拳术对练套路进行模拟实战，例如对打拳、对擒拿、推手等；器械对练，就是敌对双方各持不同或相同兵器，运用劈、砍、击、刺等技术组成的一种对练套路。主要形式有长兵对练、短兵对练，或是长短兵器混杂对练等，例如单刀进枪、双刀进枪、朴刀枪、盾牌刀等；徒手与器械对练，顾名思义，即指一方徒手，另一方持械而进行的攻防演练套路，例如空手夺枪、空手夺棍等。

以上三种形式的对练，多为事先编排设计好的对打套路形式，主要是

---

① 夏建中. 文化人类学理论学派——文化研究的历史. 北京：中国人民大学出版社，1997.184.

② 弗雷德里克·巴特等. 人类学四大传统——英国、德国、法国、美国的人类学. 高丙中等译. 北京：商务印书馆，2008.356.

锻炼习武者在经过了长期的拳术习练之后，逐渐将日常所习学的招法运用到实战当中，这是习武者学以致用的一个必然过程。一旦熟练掌握了对练时的要领和技巧时，才可能进行下一个环节的练习，即实战格斗。在民间对格斗的称谓也许没有太多的讲究，但如果按照现代武术项目的分类，可以把格斗分为散手、太极推手、短兵对抗，在民国时期还有长兵对抗和摔跤等项目设置。

关于短兵对抗和长兵对抗，在前文中有所交代，不需赘述，现在就将其他几个对抗项目一并介绍如下。散手，又称为散打，是现代武术格斗项目。散手，古称相搏、手搏、卡、弁、白打、拍张、手战、相散手等。现在的散手比赛是两人按照一定的规则，穿戴上必要的护具，如手套、护头、护齿、护裆等，在对抗中运用踢、打、摔等方法和技巧来制胜对方的一个类似西方搏击形式的运动项目。这种形式与我们古代所说的打擂台极为相似，只是古代打擂台没有什么护具，只是徒手格斗。由于现在的这种形式的散手与西方搏击术较为类似，于是乎在当今武术界关于散手是否属于武术范畴一直存在争论。这是因为，现代散手运动的主要技法多借鉴西洋的拳击和韩国的跆拳道的腿法，而只有快摔是取材于中国式摔跤的技巧，故而人们对散手的看法始终存有纷争。显然这种看法也有失偏颇，如果梳理一下我国的历史，其实很早就存在这种形式的对抗（当然是不带护具形式的对抗），例如秦汉时期的"手搏"，就可以看出我国在当时已经具有比较成熟的格斗技巧了。其实早在春秋战国时期，手搏已开始成为一种专门的搏斗技能了，到了汉代以后，手搏技能得到了进一步的发展和提高。在《汉书·甘延寿传》中记载："试弁，为期门，以材爱幸。"[1] 这里的"试弁"指的就是手搏考试。这说明在当时是通过手搏科试来选拔期门军中的武士的。关于手搏的研究，在林伯源先生所著的《中国武术史》一书中有过详细的介绍，如他提到："《汉书·艺文志》有《手搏》六篇，列兵技巧十三家中。班固曰：'技巧者，习手足，便器械，积机关，以立攻守之胜者也。''习手足'必包括练习手搏的内容。汉代人著作中的'搏'字，大致可概括为两种含义：一种如《说文解字》：'搏，索持也。'即拿执对手；另一种如《汉书·李陵传》如淳注：'手对战也。'或同书《灌夫传》颜师古注：'搏，以手击之。'如果用现代武术术语加以释义，

---

[1] 转引林伯源. 中国武术史. 北京：北京体育大学出版社，1994.101.

前者可理解为'拿'或'摔'，后者则可理解为'打'，这可能就是当时'手搏'的基本技术范畴。"① 可惜的是，手搏运动只是在汉代得到了较大规模的开展，很快就销声匿迹了，在以后的历史中，随着武术中的各种拳术套路的兴盛和发展，手搏之名渐渐不为人们所提及了。

太极推手项目，本来是习练太极拳术中的一个必经历程，但是作为一项对抗项目来说，就是两人按照一定的规则，使用太极拳中的"五功八法"，又称为"太极十三式"。即以掤、捋、挤、按、采、挒、肘、靠、进、退、顾、盼、定为主要技击和擒拿方法来制胜对方，并且还要体现太极拳的功法特点。所谓太极十三式是指以掤、捋、挤、按四正手法（八卦中的坎、离、震、兑称为"四正"）和采、挒、肘、靠四斜手法（八卦中的乾、坤、艮、巽称为"四斜"又称"四隅"）取太极八卦之意向，以步法的前进、后退、左顾、右盼、中定为太极五行相生相克之理（此五行，即金、木、水、火、土也）。将手法与步法相合而成的太极十三式拳架，比较形象生动地反映出太极拳所具有的传统哲学思想的精髓，并在这种理念的指导和作用下，双方在粘连粘随、不丢不顶、不离不弃的情形下，通过肌肉的本体感觉来判断对方用劲的意图和发力的技巧，然后再借力打力，采用"四两拨千斤"和"舍己从人"的巧劲把对方发出去的一个对抗项目。这个对抗项目主要是用身体的各个感官来感受外来之力的击打情况，并做出应激反应，采用适合技巧来制服敌人。要想练好推手，首先要练好太极拳，二者相辅相成，缺一不可。

由于太极拳流派众多，拳架、功理、心法等自然存有差异，但其原理同为借鉴我国传统哲学中的精髓理念，故而从拳理来推之，其法万变不离其宗。然而，又因拳法理念过于深奥玄妙，后人多有不知，如无深厚儒、释、道之学养及悟性，是难以觅得其踪的。所以为不误导和主观附会，下面就将自己在田野考察中采访丹玉魁老师对太极拳技击心法转录下来："奇正相依，打人为奇，谓之'奇变'②。你奇我奇，奇变奇，奇你不奇我为奇。一奇二奇不三奇，三奇变二合一奇。知奇未奇未中奇，奇中之变才为奇。掤、捋、挤、按为四正，采、挒、肘、靠为四奇。进、退、顾、盼、定为五形，五行逢三必磕，二中间为三，此理变换复杂，但万法皆与

---

① 转引林伯源. 中国武术史. 北京：北京体育大学出版社，1994. 101 – 102.
② 丹玉魁语，"奇（ji）变"为技击之法，"正"为防"奇"为攻，奇正相依互为变化，方为技击之道。

阴阳相关"。又言及"掤、捋、挤、按本为一体,不能将其分开而单练,所谓的'引进落空'就是掤、捋、挤、按的外在表现,太极拳讲究的是'引进落空合即出'便是此意,打人、发人在一瞬间即可完成,哪有现代这种你推我搡、磨来磨去或是顶牛的推手形式,之所以出现这种情形,是不明其理之故"。

其实我们知道,练拳就是一个由简到繁再由繁到简的循环往复过程,练为知己,打为知人。所谓高深技击原理,就是将身体之力化为一点而发之,此为返璞归真也!而"奇变"之理,则是建立在古人对天文、历法、天干、地支、阴阳、五行、八卦、九宫等与易经、河图、洛书等"玄学"的认知与理解,有此基础方能体悟武术技击之真髓。在历史上,"传统武术正是广泛吸取了诸如古代哲学、兵学、中医学、导引养生学等的理论成果,从而才形成了被誉为'博大精深'的文化体系。现代武术理论,更是一门广泛涉及除了体育学以外的自然科学类、人文社会科学类的交叉性学科。"[1] 关于上文涉及阴阳、五行、八卦以及河图洛书中的玄奥之理,在古代可能更多地归为道家的"方术"。至于这方面的研究,在李零先生所著的《中国方术续考》中有过讨论,他认为:"我发现它对改变我们对古代知识体系的认识确实非常重要,特别是对我们习以为常过于'现代化'的科学/宗教概念是一种有效的'解毒剂',但我并不认为中国早期宗教的主体就是'方术'。相反,我倒觉得它接近'科学'要远胜于'宗教',恐怕更主要地还是一种知识性的东西。"[2] 同时,通过他反复多次的查证考古文献和出土文物,进一步指出"方术,它不但和巫术有关,和道教、前道教有关,而且和中国历史上的科学也有不解之缘。因为天文历算和针石医药,今天我们叫'科学',原来却是属于方术的范围。可惜的是,现在研究科学史的,他们的科学观太强,总是把它当作'伪科学'。我对方术的看法不是这样。我认为,这是现代对古代的偏见。"[3] 由此而看,习学这类"方术",是前辈武人对我国古代传统文化认知体系的一个途径,这对习武之人来说是至关重要的。吾辈愚钝,不能深知,懵懂未化尔!

至于摔跤而言,古代曾是属于武术范畴之中的一项技艺,但随着现代体育项目的分类,摔跤逐渐脱离了武术体系,成为一个独立的项目了。我

---

[1] 周伟良. 一个不可忽视的学术领域——谈武术理论研究. 体育文化导刊, 2004, 5:20.
[2] 李零. 中国方术续考. 北京:中华书局, 2007.101.
[3] 李零. 中国方术续考. 北京:中华书局, 2007.367.

们现在所说的摔跤项目通常包括中国式摔跤以及从西方引进的自由式摔跤和古典式摔跤。抛开后两种摔跤项目不谈,中国式摔跤应该是在融合了多民族的摔跤形式发展演变而来,其中以满族的"布库"和蒙古族的"博克"为核心,经后人的总结与实践,逐渐形成的一个具有民族特色的摔跤项目。中国式摔跤与我国的传统武术有着极为密切的渊源关系,在传统武术中的许多擒拿和摔法大多都是取材于摔跤的技术范畴。

除去以上几个对抗项目外,其实在民间还有一种对抗形式存在,也就是民间所说的"拆手"。所谓的"拆手",是一个民间俗称,简单地说就是把所学拳术套路中的单个动作拿将出来,由师父讲解动作的使用方法,然后再由两人按照讲解的方法进行实战练习。久而久之,便会熟能生巧,一旦遇到敌方进攻,就可以下意识地使出各种技巧进行防守或是反击。这种形式的练习,其内容多种多样,招法也丰富多彩,例如有抓、拿、别、摔、肘、抠、点、踢、索、带等各种招式,没有预先规定,也不受各种规则所限,以制胜对方为最终目的。因为没有规则所限,危险性也较大,所以通常都是同门师兄弟之间才可以做此练习,要求点到即止,以避免失手伤人,造成不必要的麻烦。

在徐青山先生遗留的拳谱中,还记录了一些有关查拳的对练项目的介绍,内容不多,从分类来看,主要是分成拳术对练和器械对练两种形式。但遗憾的是,拳谱中只是罗列了一些对练的名称,而没有将对练内容以谱诀的形式记载下来(这是对练的性质所决定的)。没有对练拳谱的动作描述是因为对练往往是结合实战场景的预设,只是将平时练功时的各个攻防技巧拿到现实中来反复演练,以备战场之需。它是"练"和"打"之间的中转,也是一个个人习武的必经过程和途径,没有什么一定之规。但是,人们可以将一些拳法中的擒拿格斗方法融入实战场景中来印证这种技巧的合理性和实用性,故而将这些动作编排成组合,通过长期的配合演练,从而打造和提高人们的攻防意识,以便遇到特殊情况和意外打击时所表现出的一种潜意识的反应。因在拳谱中没有组合定式,现只好将对练名称一并摘录下来,具体有:1. 拳术对打:四路查拳对打、露八杰对打、康八腿对打、扳搭靠子对打、六路短打;2. 器械对练:大棍破枪、双刀破枪、朴刀破枪、双钩破枪、双手代破枪、月牙铲破枪、马背刀破枪、三才剑对刺、中平枪对扎、双棍对打、双铜破枪、镗破枪、关公十八刀破枪等。

在上述所列的一些对练套路里,在我儿时就经常能看到徐青山先生及其弟子们演练的有四路查拳对打、扳搭靠子对打、大棍破枪、双钩破枪、镗破枪、关公十八刀破枪、月牙铲破枪、中平枪对扎等几个项目对练，也许还有其他的对练，但本人没能看到过。由于曾经跟随徐青山先生习武三年左右，但前期大部分时间都是练习基本功和一些基本入门的查滑拳套路，并未过多接触过器械和对练的习练。不过在随师学艺的三年中，还是简单学过一些简单的对打，比如扳搭靠子对打，就是我们当时主要练习的一个项目。简单来说，扳搭靠子对打主要是两人通过手臂和腿部的互相磕击来增强小臂和小腿的击打和抗击打能力，这也是传统武术练功的一种方式。在传统武术中，除了两人的这种骨骼肌肉的对碰磕击外，还经常采用撞树、击打木桩来提高身体各部位的击打能力，例如肩背靠、胯击等形式。在现代的散打项目中，我们经常能看到运动员会拿着一个小木棍来反复敲打和磨压小腿的迎面骨，其目的也是增强抗击打能力。

  从上文拳谱中记录的对打方式来看，尤其是器械对练，许多内容都是围绕着"枪"展开的，可见"枪"在实战中的作用，故而称枪为"百兵之王"是实至名归的。在徐青山先生所遗拳谱中，除去查滑拳以外，着墨最多的就是枪术的套路谱诀。另外，在与丹玉魁老师的交流过程中，他也曾反复告之"枪是游龙，兵器之主；剑似飞凤，兵器之祖。功夫练到一定程度必须研究之，二者融合为一，便是拳架之精华也"。枪剑之功皆为扎刺，而扎刺之点即为合力作用点，如何将全身之劲合于一线，并凝汇成点作用到敌人身体之上，则是武术最高境界。高手对峙，一招一式则置人于死地，岂有死缠烂打之状出现，徒增笑料尔！记得在与丹玉魁老师的闲聊过程中，曾问及传统武术的技击如何在战场上实战的话题，他认为战场中的实战与普通人之间的过招是两码事。

  普通意义上的"过招"是在一定规则或是事先约定的情形下的对抗，即便是争斗，也不是以致对方于死地为目的的。而战场上的拼杀，则是你死我活的真杀实砍，万不可耍花，一切以致对方于死地为目的，是实打实的真功夫。除了具备高深的武功外，还必须具备常人所不具有的胆识。当问及胆量如何"练"时，他笑眯眯地说道："武术的胆气训练，只能是在实战对抗中获得，别无他法。当功夫达到一定程度时，就会胸中有数，也就是'胸有成竹'，例如一些动物，当它自觉遇到危险或是不敌对方时，就会选择逃跑，作用到人身上同样此理，不过一旦没有逃跑的余地和路径，不管是人还是动物就会与敌人殊死拼杀。大将军在阵中，威风八面，这种气势就足以威慑到对方。"这时候，让我联想到在本书正文部分中曾经提到过一个词汇——虎豹雷音。虎豹雷音之说，原意是习武之人通过常年的习练功法后，体内隐隐然有一种类似从动物腹腔发出的声音，这是一种气息，更是一种气势，在面对敌人时这种气势就会自然流露而咄咄逼人。关于此说，在古代的一些史籍中有许多描绘动物的外形和习性的记录，可以做一参考。例如蔡鸿生先生在其《狮在华夏——一个跨文化现象的历史考察》[①]一文中多次引用古人对狮子习性的描述，如刘郁在《西使记》中云："狮子雄者鬃，尾如缨，拂伤人。吼则声从腹中出"。马欢的《瀛涯胜览》阿丹国中说："其狮子形似虎，黑黄无斑，头大口阔，尾尖毛多，黑长如缨，声吼如雷，诸兽见之，伏不敢起，乃兽中之王也。"《洛阳伽蓝记》有云："于是虎豹见狮子，悉皆瞑目，不敢仰视。园中素有一盲熊，性甚驯，帝令取试之。虞人牵盲熊致，惊怖跳踉，曳锁而走"。由此可见，狮子其形威猛、其性剽悍，可称百兽之王。[②]

动物的这种习性，往往会转借到习武行为中来，为了验证此说，丹玉魁老师便现身说法。他和我分别拿一根长约三尺左右的细竹棍为刀或剑相互对峙，他的竹棍只要搭上我的竹棍，而我则感觉就十分别扭，并陷于进退两难的境地。我一旦进攻他则侧身形顺势捋着我的竹棍前削，如果躲闪不及，不单是伤及持棍之手，而且还会被对方攻击到自己躯干和脖颈之危。一旦确定你要后退时，他则采用"一步两脚、两步一跷"的步法急进而入，同时他在近身时会发出"哼哈"之音，使人难以摆脱，似乎自己的周身都被对方的兵器所笼罩，处于进退维谷之境地，这种感觉正是被其气势所压之故。

关于练人胆量一说，丹玉魁老师是一种无意识上的认知，但又与明朝多位军事家在一些练兵思想上有所重合。古之交战在于两军士气，兵之胜负者，气也；气者，气势也！俗话说"艺高人胆大，胆大艺更高"。抗倭名将俞大猷认为："练胆必先教技，技精则胆壮，胆壮则兵强也。"[③] 而另一位同处一朝的抗倭名将戚继光则进一步认识到，光有精强的武艺并不一定就具有超人的胆量。例如他曾言道："艺高人胆大，是艺高止可添壮有

---

① 王宾、阿让·热·比松主编. 狮在华夏——文化双向认识的策略问题. 广州：中山大学出版社，1993. 135 – 150.
② 参看张延庆. 中国舞狮的起源与文化演变. 体育文化导刊，2003，11：78.
③ 参看范中义. 戚继光评传. 南京：南京大学出版社，2004. 205.

胆之人，非懦弱胆小之人，苟熟一技而即胆大也。"① 同朝郑若曾就此言及曰："何谓练胆？有所畏，有所恃是也。盖军士畏贼则不畏我。平日武场中操演，信赏必罚，常如在阵时，使兵知我之威，必不可犯，灰其退走之心，遇敌而忘之。是之畏有所畏也。"② 以上这些人的观点，也许跟实战的效果和目的性相关。例如，同门师兄弟之间的过招自然难以与陌生人打斗相同，其主要体现在内心的变化。而如果在战场上，如果畏敌，自然就会后退，便无胆气。但自古治军之术对这种情况就有严格的军法处置，一旦临阵退缩同样会被处死。既然同样是死，士兵在战场上就会意识到，退缩不前必死无疑，而勇往直前则尚有生还之望，二者对比，其心自明。时间既久，胆气自然就会增长。

虽然丹玉魁老师并未上过战场，但他反复提及徐青山先生在军队中的练武情形。通过前文的论述，可知军旅武术与民间武术之间其实是存在本质上区别的，一个是战场上你死我活的拼杀格斗保全性命之术；一个为强身健体、防身自卫和怡性养情的修身之法。目的和宗旨不同，所达到的结果自然也就大相径庭。这种情形，在本书的正文部分，曾引用寒川恒夫先生所撰写的一篇论文"日本武术的分类"来阐释二者的区别。寒川恒夫认为，现今日本武术分为两大类别：家传和流派型的杀伤捕拿术，依附于日本体育联合会的竞技武术。这两种类型，就好似我国的传统武术和竞技武术的分类一样，是两种不同体制背景下的产物。一种适用于"争斗"，一种适用于"决斗"。所谓"争斗"与"决斗"两个概念之间的差异，是其根据和借鉴传播学派的德国人类学家弗雷贝纽斯在《争斗和决斗》一书中，关于"争斗"与"决斗"之间存在差异的观点来进行梳理和分类的。他从弗雷贝纽斯关于斗争的两种手段的论述出发，来分析武术的概念以及对江户时代的日本武术流派进行划分。其在开篇部分就提到："武术一般被理解为搏杀术，但是，在21世纪的今天，大多被理解为具有安全保障的竞技运动，武术究竟属于竞技运动还是搏杀术，将会影响武术的分类研究。"③ 寒川恒夫虽然在讨论日本的格斗术时也曾涉及这一点，但他并没有敏感地意识到，由于目的和结果的不同会对双方心理上产生影响。而我国古代的一些武术家和军事家则清醒地认识到，练人胆气是需要在战场上通

---

① 参看范中义. 戚继光评传. 南京：南京大学出版社，2004. 205.
② 参看范中义. 戚继光评传. 南京：南京大学出版社，2004. 207.
③ 寒川恒夫、付文生. 日本武术的分类. 上海体育学院学报，2007，5：69.

过你死我活拼杀之后才能获得的,这也是习武之人增长胆气所必须经过的一个心路历程。

武术究竟属于竞技运动还是搏杀之术,其实很早就在我国武术界内存有纷争和讨论。武术前辈蔡龙云先生撰写的一篇发表在《新体育》刊物1957年第2期上的"我对武术的看法"一文,曾引起武术界的轩然大波,争论的焦点是围绕着武术是否以"唯技击论"而展开的。从刚开始的理论思辨和学术探讨,进而升华到阶级立场和政治思想观念层面上的博弈。我们现今再回头看当时的纷争时,无非是两种理念的争议:一是我国的传统武术是否仍以实战技击为主要发展方向;二是武术是否可以引进西方竞技体育的方式,向"操化"或"舞化"具有一定健身旨趣的方向发展。换一句话说,就是武术的发展是否要保持传统武术的技击特色。这在后人的文章中引用蔡龙云先生的观点后分析认为:"蔡先生认为武术自有它的'击'、'舞'两个形式规律……他并且认为时代需要扬舞抑击。他的依据是,既然任务在于'增强人民体质',要否定它的'花',就看'花'是不是能完成这个任务?对于'击','仅保留它的运动特点'就行了。作者把'增强人民体质'当成继承民族传统武术最终目的,因此,他肯定了武术套路形式向体操方向'花'的倾向。这正是未摆脱传统功利观念的影响,否定传统体育与西方近代体育间存在本质差别,坚持'中体西用'认识模式,导致对武术的认识'仅停留于具体方式的研究'错误思想观念的继续。"[1]

从上面的讨论和纷争中,我们可以理解为,这是在当时历史发展的大背景中展开的,很难说谁对谁错、孰是孰非。但从那次纷争开始之后,也就造成了武术发展方向上的分野,从而奠定了我国武术发展的两种机制——即传统武术模式和竞技武术模式的诞生。其实我们发现,人们在谈论武术时,往往常用最简单的两个字就可以体现武术的特点,就是武术的"打"和"练",是"打"还是"练"?这个问题其实很好回答,就是打练结合,既打又练、彼此不分方为武术之道,人为地将其分开恰恰违反了武术发展的规律。"打"是武术中的技击方法和技巧的体现,而"练"则蕴含着更为深厚的文化底蕴,所谓的"修身养性"则是传统武术文化提倡的宗旨和境界。从某种意义上来说,"练"有修炼的蕴意,"养性"更是一种

---

[1] 吕继光等. 武术竞技化过程中的观念变化. 体育学刊, 2002, 3: 50.

人生的追求。武术通过一些套路形式，结合气息的运用，从而达到身形兼修的目的。在我国古代，很早就有行气和导引之术的存在，二者都是在不假外物（偶尔使用器械，在马王堆汉墓出土的导引图中就有44个既有空手的，也有使用器械牵拉身体的人物形象）的情形下，通过简便易行的养性练气之术而起到延年益寿的功效。但二者也有区别，其区别仅仅在于"行气是呼吸吐纳之术，不一定配合形体运动；而导引是二者结合在一起。用现代气功术语讲，就是前者是'静功'，后者是'动功'"。①

一动一静和动静相宜本为武术之道，也是修身养性之术。这个时候我们就会注意到传统武术的另一个特点，那就是"养"。在中国传统文化中，养生自古以来就受到人们的重视，而武术则是一个很好的载体。武术不单是"打"和"练"的外在形式问题，同时还要结合以"养"为宗旨趋向。所谓的"养"不只是简单的养生问题，同时其更深层次的原因是"养浩然之正气"，达到以气护体的目的，气息的运用则是其精华所在。肢体运动与气息的有机结合是武术常见的一种运动模式，武术的气势之所在，与西方的拳击、自由搏击等竞技运动形式不同，其中蕴含着高深的文化内涵和哲理思辨在里头。"气"发于内而形于外，除了辅助发力之外，还具有养身护体之功效。例如在中国传统文化中，一般将"病"称为"邪"，邪则如风，无孔不入，人体一旦出现病症，通常认为是有邪气侵入体内而致病。而武术通过一些专门的气息调理可以扶正祛邪，使身体内的血脉运行旺盛，气血盛则百病不侵，气血弱则风邪有机可乘。

在中国传统医学中，就有一些专门通过呼吸调理的辩证思想来防止疾病的。例如八段锦、五禽戏、易筋经和六字诀等。以六字诀为例，诞生于南北朝时期的六字诀，是一种吐纳导引、内外兼修、舒缓圆活、动静结合、简单易学、安全有效的养生方法。六字诀在功法理论上一直与中医五行学说有关，肢体动作和意念原则又遵循了中医经络循行的规律，其最大特点就是将发音与五行五脏学说相联系，值得长期练习。然而，千百年来历代医家、养生家又从不同的角度对六字诀进行了补充和发展，以致到了20世纪80年代，社会上流行着不同形式的六字诀及与六字诀相关的功法十余种。各种功法虽各具特色，但缺乏规范。为此，国家体育总局结合现代社会的特点和全民健身运动的需要，在对传统功法进行大量整理与研究

---

① 李零. 中国方术正考. 北京：中华书局, 2007. 281.

的基础上，编创了一套具有时代特征的健身功法——健身气功"六字诀"（以下称"新六字诀"）。新六字诀的一个重要贡献，便是确定了六字诀中"吹"、"呼"、"嘘"、"嘻"、"呵"、"呬"六个字的发音及练习顺序问题。由于六字诀的功法主要是以呼吸吐纳的方式来进行的，所以，在呼吸形式上就十分讲究，而且具有很强的严谨性。

在过去，对六字诀中的吐气是否出声这个问题，历代都没有一个确切的说法。而新六字诀的要求是"吐气不出声"。具体来说，对于初学者，可以吐气出声，主要是为便于口型校正，防止憋气；功法熟练后，则应逐渐转为吐气轻声，乃至匀细柔长的无声状态。另外在六字诀与动作的配合上，在明代以前，六字诀没有动作配合的记载，基本就是单纯的吐纳方法。后来，才在武术动功中慢慢变成助力练气的声法练习。新六字诀则设计了一套辅助吐纳的导引动作，简单、舒缓，以健身为主。新六字诀强调"腹式呼吸"，而且是逆腹式呼吸。因为常规的腹式呼吸是吸气鼓腹，呼气收腹，而新六字诀讲的是吸气收腹，呼气鼓腹，所以是"逆腹式呼吸"。这是道家思想中的"五行相生相克"的朴素唯物主义哲理，"金生水、水生木、木生火、火生土、土生金"；"金克木、木克土、土克水、水克火、火克金"。对应到脏腑器官上就是"肺属金、肝属木、肾属水、心属火、脾属土"；五官对应为"鼻通肺、目通肝、耳通肾、舌通心、人中通脾"。

"气"无形无质，人们触摸不到，但又真实存在，故而玄奥难测。古时人们练气，又称为练"内丹"。所谓内丹之说是根据外丹而来，内丹修炼的理论，主要源于道家的宇宙观。"内丹是在早期道教练养方术，特别是行气胎息术基础上发展而来的。内丹术借用外丹名词，以人身体为炼丹炉鼎，以体内精、气、神三宝为药物，通过意念导引之在体内循环运转，最后在丹田中结成金丹（或称圣胎），谓如此可以飞升成仙。"[①] 其基本原理就是"通过人体内精气神三要素的炼化，先炼精化气（合三为二），再炼气化神（合二为一），最后炼神还虚，返本归真。"[②] 对内丹的认知，李零在《中国方术正考》一书中言到："在道教文献中，人们常把服食金丹黄白称为外丹术，而把模拟炼丹的行气、导引和房中术归入内丹的范畴，因而形成用炼丹的概念来统括一切神仙方术……内丹术的技术本身，像行气、导引、房中术当然都起源甚早，并不晚于炼丹术，而肯定早于炼丹

---

① 李申主编．中国古代宗教百讲．北京：中国广播电视出版社，1993.230.
② 李申主编．中国古代宗教百讲．北京：中国广播电视出版社，1993.231.

术。但概念术语是模仿外丹,必须出现于外丹术形成之后,这点是没有办法改变的。特别是它把天地视为大鼎炉,人身视为小鼎炉,把练气化神比作炼丹,这类基本想法显然是源于炼丹术……内丹源于外丹,又模仿外丹,并于外丹形成统一的体系,这是中国古代炼丹术拓展的基本轨迹。"[1]

在传统武术中,不管是哪个门派的功法内容,气息运用一说都不可忽视,并成为一种必修功法。练气之源通过上述所论可知均是来源于道家的炼丹之术,这一点基本达成共识。于志钧在《中国传统武术史》中,就练气之理有自己独到的认知:"练气本为道家修炼之术,用之于传统武术,有'纳气'、'行气'、'运气'、'使气'之分。纳气于天(自然界)以养'精',行气于身以通经络,运气于腠理(皮下与肌肉之间的空隙)以护身,使气于骨以克敌。中国武术,不分内外家,没有不练气的。而西方绝无'练气'之说,什么是'气'?西方一为不知,二为不信。"[2] 于志钧先生的分析来源于自身实践之后的认知,而具体怎么练习呢?根据李申编著的《中国古代宗教百讲》一书中的解释是可稍窥端倪的:"内丹术主要根据《周易》一书的阴阳五行、八卦爻象理论及中医经络学说来解说丹法。称精气神为先天所生的三味丹药,以人体下丹田为炉(在肚脐下三寸下[3],卦象为乾),以中丹田和上丹田为鼎(在心部及脑部,卦象为坤),利用意念的力量将三味药沿任、督二脉运至三丹田中烹炼,最后结成金丹。"[4] 上述所说可能过于玄奥,而具体步骤则在该书中有一个详细过程的描述,因引文较长,故而在下文单列成段:

"炼制内丹的过程一般分四个步骤,即筑基、炼精化气、炼气化神、炼神还虚。前三步称为'命功',最后一步称'性功'。第一步筑基是入手准备阶段,因为人生在世,劳心损力,先天所生的精气神三宝多有亏损,有病者亏损更多,因此须在正式炼丹之前先祛病补亏,犹如盖房之前先要打好基础,故称'筑基'。筑基补亏的方法主要是气功,即用神调动精、气沿任、督二脉运行,从下体会阴、尾闾穴位沿督脉(脊椎)上行至头顶上丹田(泥丸宫),然后从头顶沿任脉(面部、胸腹)下行,降至下丹

---

[1] 李零. 中国方术正考. 北京:中华书局,2007. 300.
[2] 于志钧. 中国传统武术史. 北京:中国人民大学出版社,2006. 34.
[3] 所谓三寸就是横排的三指,过去古代将一指称为一寸。
[4] 李申主编. 中国古代宗教百讲. 北京:中国广播电视出版社,1993. 231.

田，如此上下反复运转，打通任督二脉，称为转河车。经过多次运转，达到精气神三全后，就可以正式进入丹田。第二步炼精化气，称为初关，主要是使精气互化互凝，结成先天之气，称为'大药'。其方法仍是以神调动精气沿任督二脉运转，在上、下丹田中反复烹炼，据说经过阴升阳降，水火互济，精气便可凝成大药。第三步炼气化神，称中关，主要是炼去大药的阴质，使成纯阳。其方法是使神与大药（气）只在中下二丹田中反复升降运动，最后阴质渐尽，元神、无气凝结为一，成为金丹。命功阶段至此完成。第四步炼神还虚，称为上关。主要是将炼成的金丹沐浴温养，达到虚寂无为。这一阶段吸收了禅宗明心见性的修炼方法，识见自身的本来面目，大彻大悟，'阳神'飞升，与道合真。"①

从上段的引文中可以看出，内丹术的理论和方法实是较为玄奥难解，非得具有深入的实践过程和扎实的易经基础方能理解，除此以外，别无捷径可循，也就难以体会这高深静定之后的身心反应。所以，到目前为止，不单是在武术界，即使在自然科学研究领域中，也难用语言表达清楚。现今国内外流行的各种气功术，多数源于道教的行气胎息和内丹术，传统武术的许多拳械套路形式，可以说就是这种类似行气导引等养生术的变体。武术套路中的动作，除去一些本身所具有的技击攻防思想外，后人还会添加一些肢体筋骨的牵引动作，与导引术所提倡的"导气令和，引体令柔"的健身宗旨类同。武术用于实战格斗，需要杀伐斗勇，固属于军事技击范畴之内，但平时还有体育和表演的性质存留。比如拳术套路，因为是徒手演练，作为打造身体的训练模式，实与导引相近，二者之间有着不解之缘。比如导引术的"五禽戏"就是模仿动物的形象来附着到人体身上，通过牵拉肢体以达到健身的目的。在传统武术拳术中，许多拳术都是借鉴动物的各种姿态，附加上一些技击动作融合而成的拳术组合形式，甚至一些拳术还以动物名称来命名，如猴拳、鹤拳、鹰爪拳、蛇拳、螳螂拳，等等，并将其划归到象形拳一类中。即使没有按照动物形象命名的拳种，在套路中也能看到这种将动物形体借用进来的情况出现，这在许多民间遗留的拳谱中都有体现。借用李零先生的话说，就是"今世所传拳法，虽然较

---

① 李申主编. 中国古代宗教百讲. 北京：中国广播电视出版社，1993. 231–232.

早的授受源流一难追寻，但像少林五祖拳（龙拳、虎拳、豹拳、蛇拳、鹤拳），形意十二形（龙形、虎形、猴形、马形、鼍形、鸡形、鹞形、燕形、蛇形、鹰形、熊形、鼍形），还有其他各种象形拳，很多都是模仿动物，以'禽戏'为基础，可以肯定是来自相当古老的传统。"①

这个时候我们再回到弗雷贝纽斯在对"决斗"和"争斗"两种概念的探讨上来，并借助其中的分析来探讨中国武术形成的这两种体制背后的深层原因。寒川恒夫在文章中提到："弗雷贝纽斯在《争斗和决斗》一书中，从民族学的角度建构了人类战争史，具体区分了部落间解决纠纷的两种手段——'争斗'和'决斗'。他认为，争斗（即战斗）和猎捕动物一样，不考虑对手的生死问题，而且对于被认为是异族的人常常实施抓捕，其主要采取设伏和突然袭击、偷袭的形式。与此相对，决斗则被认定为同族集团间喜欢采用的一种形式，通过决斗决定采纳某一方当事人的意见，可以说，决斗与争斗的根本不同在于它是以保护生命为前提而展开的优劣判别行动。而且，决斗时间、地点、方法及何种状况为胜都由双方事前具体商定。这和今天以规则来判定胜负的体育运动如出一辙……如此，人类和动物一样，也把真正的斗争区分为争斗和决斗。"②

现今武术所形成的两种体制，其实就是武术在不同的历史发展时期和阶段性特点在社会中的体现。传统也好，竞技也罢，是决斗还是争斗，是搏杀术还是健身娱乐的花式杂耍，都要符合时代发展的需求。我个人的观点是它曾是御敌防身之术，也是除暴安良之法，更是冷兵器时代战场上的搏杀之技。但在当下，它在社会上的主要功能是强身健体、愉悦身心和传承民族文化，这无疑是 21 世纪我国民族武术发展的新特点，也是武术对时代的一种新适应。

通过前文对武术体制成因的几个方面论述可知，一种事物能流传下来必定有它一定的文化背景和适宜的生存环境，需要经历长期的历史文化积淀才能体现出来，并非一朝一夕之事。但我们应该清醒地意识到，许多传统武术的内容和功法等，均已濒临失传或是处于生存情况不乐观的状态。我们不可能回归到历史境况中来，而传统武术生存的文化土壤也已难再次形成。在前文对几个观点的探讨中，有些理念可能已经不适合当前传统武术发展的需求，我们需要重新树立对待传统事物的历史观和文化观。武术

---

① 李零．中国方术正考．北京：中华书局，2007.299.
② 寒川恒夫、付文生．日本武术的分类．上海体育学院学报，2007，5：69.

文化的成因只是一个在历史特殊阶段下，客观环境造就了它的兴盛和辉煌，已经不可能适应当今社会的文化需要了，对传统武术的功效也要进行客观上的重新定位，所谓的"辉煌"，有时也只能是无奈地让它湮留在历史的文化长河中。目前，在我国的非物质文化遗产名录中，有不少与武术相关的内容，而非物质文化遗产的特点就是其在传承和延续上不像物质文化遗产那样有所凭依，其所主要涵括的民俗在根本上是一种生活文化，而不是书面文化。保护传承人势在必行，但令人感到不安的是，这样的保护也只是保护一些传统的技能。而"非物质文化遗产"实际上不仅仅是一种技能，还是一种生活方式和生活态度，所以它的传承者往往是一个区域的全体民众。如果只保护个别人，将其周围的人分离开来，成为特殊人物，会有什么样的效果，我们还持一定的怀疑态度，这种情况在正文对河北邢台市徐青山先生的家传武术的调查和研究中得到了证实。

附 录 二

在附录一中，主要是根据徐青山先生所遗留下来的《查滑拳谱》对一些拳械套路和功法以及与查拳相关的武术文献和资料的整理，同时添加了一些借鉴前人习武经历和个人对武术的认知而来，尤其是个人见解十分浅薄。中华武术博大精深，各家门派体系和拳术理论都具有独特的功法习练内容和方式，很难一一述尽，限于自身学识的浅陋，在对一些武术理念和传统文化的理解上存在主观臆想之嫌，且多为管窥之见，实在是难登大雅之堂，有不到之处，尚请业内各界人士批评指正！

在附录二中，是本人近些年来发表或未发表的一些与回族武术相关的论文或感想，虽然粗陋，但也一并附上。由于我们研究水平和掌握的文献以及实地考察的资料有限，错误之处在所难免，其中有些认知尚有待商榷，但不失为一种观点的提出，以提供一个便于交流的方式。笔者不想把自己的研究或观点作为一种知识强加给关心这一领域的有识之士，而是期望各位专家学者提出问题，引起一种关注或思考，并给予多方的指导，只做抛砖引玉之为，并无过分奢念。在论文中肯定有许多漏洞和难以阐释清楚的地方和观点，但正像克利福德·格尔茨在其《文化的解释》一书的前言中所说的那样，是否将一些自己以前所撰写的论文或文章进行修改以后再重新展示给读者，还是就将以前所写的文章原封不动地附着上去，这是一个诱惑，也是一个两难的选择。借鉴人类学的研究方法和理论来研究传统武术应该说目前尚未成体系，即使有这方面的介入，也多为"碰触"了一些皮毛，且为一鳞半爪式的。作为一个从事武术研究的人员，我实在是不甘心依循体育人的研究手段而亦步亦趋，从而把研究论著写成读后感或是一些引文的连缀，这不过是在重复和翻新前人的研究路径。我总想在继承旧法的同时探索一些新的结论，既符合人类学的研究范式，又能体现目前研究传统武术所遇到的瓶颈，开拓思路，融入多家学科才能在意义上显得更为广阔一些。不过，还是应该遵循一句话，就是在历史上形成的东西，就让它历史地存在吧，改写和修饰既不可能，也不应该。仁者见仁，智者见智，对于传统武术理论与实践的研究观点，也只是百家中的一家之言，希望广大业内人士，特别是研究民族传统体育文化的专家、学者共同探讨，欢迎各位读者、专家、学者不吝批评指正，共同为少数民族传统体育可持续发展出谋划策。

从回族武术文化现象透析我国少数民族武术的传承与发展

我国除去汉族以外还有55个少数民族，每个民族都或多或少保留有独具特色的武术内容，但是通过查阅以往的研究资料和历史文献可以发现，人们对少数民族的武术文化研究却相对滞后和无序，很少有人问津，只是在研究各民族传统文化的书籍中做一些简单的介绍，一般是一带而过，没有专门对武术文化的内涵做系统的研究和诠释。然而，少数民族的习武之风自古以来就十分盛行，其本身附着有浓厚的民族色彩和文化底蕴。少数民族武术作为一种文化形式，它把军事、生产劳动、宗教信仰和风俗习惯有机的融合在一起，使其不仅有着高度的技巧性、对抗性、娱乐性和观赏性，而且其自身所独具的一些表现形式、技击原理和兵法战术思想都与中原内地的武术文化不同，我们可以从不同侧面观察到不同民族之间的民族特点和文化差异，是各少数民族在不同的历史发展时期的一个文化缩影。

武术是中华民族共同的精神财富，各民族对武术的起源、形成和发展都有贡献，而回族的武术活动尤其引人注目，武术实际上已成为回族文化的重要构成部分。回族武术文化的形成、传承与发展在我国来说，是一个比较典型的事例，它的许多拳术内容、格斗形式、技击思想和文化内涵都对我国传统武术有着十分巨大的影响，不仅丰富和完善了传统武术体系，也展示出少数民族武术区别于中原传统武术的浓厚文化特色。现在回族武术已有许多内容融入我国传统武术体系中来，成为中华武术的一个重要组成部分。本文无意研究回族武术的内容和其具体形式表现及拳术流派的演变，而是想通过回族武术成功传承和发展的独特文化现象来阐释分析少数民族武术文化的成因，揭示我国少数民族武术发展、传承的内部规律，以便使得更多的少数民族武术文化的发展能够得到良好的借鉴与启迪。

一、回族武术文化现象成因的多角度分析与探究

由于历史的演进，政局的更迭和民族人口的流动迁徙等原因，使得民

族文化赖以生存、发展的自然条件与生计方式从古至今绝非一成不变。生态环境的改变又影响了一个民族的生活生产方式，同时又由于生态环境的相似程度也使许多少数民族的生活方式趋于相同。在这种外部环境的影响和制约下，一些少数民族的文化内质也在悄无声息地发生着演变，而回族武术文化现象就是一个典型事例。

（一）民族迁徙与军事战争对回族武术文化形成的影响

从历史上看，我国在历朝历代都存在着不同程度的民族迁徙和交融，只是迁徙的地域、范围和程度不同罢了。造成民族的迁徙与流动无非有这样几种原因，即军事战争、政治需要、生存或逃避灾难等。

我们都知道回族是一个外来民族，并非我国土生土长，而且相对于外国其他原生民族来说它的形成较晚，在我国来说是一个比较年轻的少数民族。从历史记载来看，回族是由域外多种民族成分在长期发展中逐渐融合而成的。早在唐宋时期就有大批的阿拉伯和波斯商人陆续来到我国，但大批的迁入我国则是与蒙古帝国的西征分不开的，同时也是回族武术在中国形成、传播和演变的雏形时期，民族的迁徙融合成为当时多民族武术交流与融合的先决条件。13世纪初蒙古崛起以后，成吉思汗及其子孙开始大规模的西征。在征服战争中，将被俘的青壮年阿拉伯和波斯人签发为兵，并编入到蒙古军中以补充蒙古兵源，也就是后来的"回回军"。这些被编入蒙古军系列的回回军随后参加了蒙古灭西夏、金和南宋王朝的战争，随其南征北战。元朝建立后，这些回回军由于戍边、驻防和屯垦的需要遍布全国各地，其人数之多成千上万，非唐宋可比，随之出现了"元时回回遍天下"的局面。元朝军队本身就是由多民族组成的，各民族不同的或是相同而不同风格的武术技艺便有机会荟萃在一起，使中国传统武术的内容愈加丰富多彩。

查阅历史文献可知，构成回回军的主要来源有两大部分，一是西域诸地各部族首领降服时所带来的普通军士和有一定技能的工匠艺人；二是蒙古在西征时强征西域各族以及青壮年阿拉伯和波斯人入伍。元初时，回回军数量极多，后在统一组织管理下屯田拓荒，从事农垦生产。这种情况一般分为两个过程，其一为灭南宋之前，屯田是一种临时措施，军事性质很强，主要服务于战争之需；其二是元朝统一全国后，把屯田作为一种制度固定下来，并且推广到全国，目的是"寓兵于农，以省粮饷"，以便解决驻军的兵饷粮运之需。在当时，回回军的屯垦主要分为四个地域：西北、云南、豫鲁及江南等地。其中由于山东河南一带是南北对峙的分界线，胡汉混杂，军事冲突较多，故元朝十分重视在此地的戍守。《元史·兵志》载："河洛、山东据天下腹心，则以蒙古、探马赤军列大府以屯之……南北混一之后以蒙古、探马赤军屯于中原之地。"[①] 不过随着战事的结束，回回军的屯垦使部分士兵逐渐脱离军籍，慢慢地融入当地居民中，同时也形成了局部区域的"大散居、小聚集"的居住格局。

正是由于大量的从军人员的身份转变，也使得许多军事武艺内容大量地流入民间，并逐渐传播开来，慢慢地形成具有浓郁特色的武术流派。同时又因为在初期都是本民族的成员之间习练和传承，逐渐地他们所习练的武术内容经后人长期的归纳和总结，就慢慢形成了现今的回族武术流派的雏形，这也是早期回族武术流派的形成时期。在当时的战争条件下，各民族对使用的武器虽然表现出显著的共同性，但由于所习方法不同，所以仍有互相学习的现象。另外由于一些回回工匠艺人的到来，为蒙军制造了大量的军事器械，例如蒙古军常用的环刀即是如此。林伯源在《中国武术史》中提到："《黑鞑事略》中记载'环刀，效回回样，轻便而犀利，把小而扁，故运掉而易。'此形制过去中原少见。其他如剑、斧、瓜锤、刀各器之名称种类繁多，形式亦不一致。"[②] 可见当时各民族由于条件地位的不同，有各自的习武传统和特点，而元朝的建立，使这种武术文化的交流加强了，回回武术是其中主要内容之一。

（二）民族的形成和生态环境的变迁对回族武术文化形成的影响

回族武术流派的形成除去迁徙和战争的影响外，还跟回民族的形成和生活的历史背景以及生态环境的不断变迁有着极大的关系。

元朝统一全国后，大规模的军事战争逐渐减少，但小范围的战争和局部的民族冲突并未减少。在元代，由于回族是外迁民族，其作为一个民族共同体尚未形成，并没有自己的原始聚居地。但是由于其在元朝统一全国的战争中回回军做出了巨大的贡献和发挥了至关重要的作用，所以回回人

---

① 马广德. 略论回族的地域特点. 西北第二民族学院学报，1995，4：64.
② 林伯源. 中国武术史. 北京：北京体育大学出版社，1994.259.

(当时又称色目人)十分受朝廷的重用,社会地位和政治地位也相对较高,并没有因其是外来民族而受到统治者的压迫和排斥。不过,元朝统治的时间相对较短,紧跟而来的元末农民大起义推翻了元朝的统治,朱元璋建立起了大明王朝。朱明王朝建立之后,回回人失去了故元时期的优越地位,外部环境压力加大,而相应的回回的内聚力却增强了,加速了民族共同体形成的步伐,从民族学对回族的界定来说,到了明代中期,回回人最终形成了一个新的民族共同体,从此回族作为一个真正意义上的民族登上了中国历史的舞台。正是在这种特殊的历史条件下,造就了他们艰难创业、自强不息的奋勇性格和心理状态,以生气勃勃的精神活跃于中华大地上。

回族在我国形成后,并没有停止全国范围的流动和迁移。到了清代,回族人民备受歧视、欺压和血腥屠杀,因此不断爆发大规模反清武装起义。他们意识到,要卫族、卫教,就须有强健体魄。于是回族勇武、团结和不畏强暴的民族性格得到培养和锻炼,各地清真寺内纷纷设立习武场,每日晨昏礼拜后,大家聚在一起习武弄棒,探究武艺。另外,回族历史上有擅长经商的传统,《旧唐书·康国传》记载:"(胡人)善商贾,争分铢之利……利之所在,无所不到。"[①] 在封建社会不安定的情况下,为确保旅途安全,练武防身乃势所必然。再有回族在封建社会晚期动荡的背景中生存压力较大,养成很深的自卫防范心理,习武强身更加普遍。清代乾隆皇帝就曾说过:"中土回人,性多拳勇。"亦有文曰:"(回族)不仅能吃苦,更有尚武之风,善骑射,精狩猎,枪法、刀法均极精准,老少男子均有此风,且多善拳术……"[②] 说的就是这一特色。在这种社会历史背景下,回族武术获得了长足的发展。自明代以后,回族武术就渐成气候,回族擅长使用的杆子鞭(亦名西域鞭)、梢子棍、峨嵋刺、索来拐(又名鱼刺拐)等,在汉族中很少见到。清代中后期,回族武术活动更为兴盛,"教门弹腿"就产生在那时,故民间谚语说:"南京到北京,弹腿出在教门中。"后经历代回族优秀武术家所创立的弹腿、查拳、臂挂拳、心意六合拳、八极拳、回回十八肘等,均已成为中国武术中的宝贵财富。

正是由于回族没有原始聚集地和遭受压迫以及经商等原因,才造成了这种回族人口不断流动和迁移的不确定性,同时也使得回族遍及全国各地。除去西北宁夏等地区是回族的主要聚集地外,河北、河南、山东、云

---

① 毛阳光. 北朝至隋唐时期黄河流域的西域胡人. 寻根,2006,2:37.
② 张一民. 当代宁夏体育. 银川:宁夏人民出版社,1989.

南和闽浙等地也居住着大量的回族民众，这一点与其他一些少数民族的居住格局有着很大的区别。例如，蒙古族居住的内蒙古地区占全国蒙古族人口的比例为73%；壮族居住的广西境内占全国壮族人口的比例为92%；维吾尔族居住的新疆地区占全国维吾尔族人口的比例为99%；藏族居住的藏、川、滇地区藏族人口占全国藏族人口的比例为70%；西南地区的布依族、白族、傣族、彝族等居住在西南的比例为98%，而回族居住在宁夏地区的人口占全国回族的比例只有18.9%，[①] 回族总人口在我国各民族中位居前列，在全国形成了西北、云南、中原、华北、江南五个主要聚居区域。由此可见，回族在全国的分布与其他少数民族比较是最广泛的。所以随着这种全国范围的流动，使得许多的回族武术内容流传到全国各地，对回族武术文化的发展和传承起到了推波助澜的作用。

（三）宗教信仰对回族武术文化形成的影响

我们知道在回族形成过程中，伊斯兰教发挥了重要的凝聚作用。可以说如果没有伊斯兰教传入我国，就不可能产生回族。回族的族源是多元的，它没有一个诞生地或者说源头，在形成回族的时候，他们唯一的共同性是他们的宗教信仰。另外，不同族源的西域回回人定居在中国各地后，共同的宗教信仰把他们密切地联系在一起，伊斯兰教成为沟通回族成员之间社会关系的主要渠道，并深入到社会生活的各个领域，从而形成回族独特的风俗习惯，于是回族人在各地纷纷建立起了用于礼拜的清真寺。他们围寺而居，形成了大分散、小集中，与其他民族广泛杂居的分布格局。由于回族人民有崇尚习武、不畏强暴的民族性格，自古以来，凡回民聚集的地方大都有练武的风俗习惯。过去无论男女老幼，习武风尚很是浓郁，他们每天在做完礼拜和吃过晚饭后，便"齐集寺院，弹腿打拳，玩枪弄棒，切磋琢磨，互试比赛"。迁移到南方各地的回族也多擅长武术，河南、河北和山东等地的回族更是酷爱习武，均保持着回民族练武的习俗，并世代相传、繁衍不息。

从社会发展的现实来看，民族宗教可以是单一民族的宗教信仰，也可以是超越地域、超越民族的世界性宗教，伊斯兰教就恰恰具备这样的特

[①] 国家统计局人口和社会科技统计司编.中国人口普查资料.北京：中国统计出版社，2002.

点。在我国并不是只有回族信仰伊斯兰教，除去回族外，还有维吾尔、哈萨克、柯尔克孜、塔吉克、塔塔尔、乌孜别克、东乡、撒拉、保安族也是信仰伊斯兰教的。过去在统治阶级的民族压迫政策下，保卫民族利益和生存成为民族斗争的目标。由于伊斯兰教与这些民族的密切关系，这个目标往往以保卫宗教的形式出现，故曾有"舍命不舍教"和"为教而战"的口号。这里所要注意的是，他们的民族感情和宗教信仰往往交织在一起，互为表里，很难分清其中什么是民族的，什么是宗教的。由于共同的宗教信仰，使得这些民族也保持着一些共同的民族习俗和尚武习惯。许多的回族武术内容，例如一些教门拳在这些民族中也有所传承和发展。他们在习武过程中处处都体现了浓厚的伊斯兰教的特色。比如"汤瓶七式"，它的起式和收式都以穆斯林洗"阿卜代斯"即小净的汤瓶为标记。并且汤瓶七式整个动作刚柔并济，与穆斯林礼拜相似。还有"回回十八肘"是以肘法居多的短打招法，起式就有依玛式（食指放在鼻前）意为信主独一，结尾有"都瓦式"（双掌抹脸，捋髯动作）意为穆斯林面向真主，应有所祈求和感恩。

虽然回族武术形成了自己的流派，但它受中原武术文化的影响较大，交流也比较频繁，吸收了许多内地武术的内容，除了个别的"教门拳"保持本民族特色外（如回回十八肘、弹腿、汤瓶七式等），许多回族武术内容已逐渐与中华武术体系融合在一起（如查拳、劈挂、八极等），这也是其能得到迅速传承与发展的重要潜因之一。

（四）与主流民族使用相同的语言和文字对回族武术文化形成的影响

我国自古以来是一个多民族、多语言、多文字的国家。现在，我国55个少数民族中有54个民族有自己的语言，其中有22个民族使用着28种民族文字。所余的一个没有使用本民族语言的是回族（畲族、满族等本有自己的语言和文字，但现今已不使用），[1] 这是一个很独特和有趣的文化现象。我们知道，回族的先民是从西亚和中亚地区迁徙而来的古波斯、突厥和阿拉伯人，以及蒙古西征签发回来的由多个民族成分组成的回回军。由

---

[1] 牛锐. 保护语言多样性 构建和谐语言环境. 中国民族报, 2005.10.28.

于其民族成分复杂，各民族使用的语言也不尽相同。这些人初到中国时，他们大都讲阿拉伯语或波斯语，基本上还保持着原来国家固有的文化传统。明朝建立后，明太祖朱元璋因元代统治者过去曾歧视压迫汉族人，于是便下令禁胡人讲胡语姓胡姓，在马明达先生的"朱元璋歧视色目人"的文章中曾介绍过当时的历史背景，在郑晓《吾学编》卷一载："洪武元年二月壬子（1368年），禁胡服、胡语、胡姓。"① 谈迁《国榷》卷三的记载："洪武元年二月壬子，诏复衣冠如唐制，禁胡服、胡语、胡姓名。"② 于是许多色目人便纷纷更改姓名并将汉语当作本民族主要语言。由此开始，这些人所使用的本民族的语言就逐渐退出了历史的舞台，改用汉语进行交流，但在一些日常用语中仍能感受到一丝痕迹，不过基本上失去了用于人际交往的功能。

其实，少数民族拥有自己独有的语言和文字也是一把双刃剑。民族语言在少数民族和一些民族地区有着极大的使用空间。据统计，我国目前约有1/2的少数民族人口使用本民族语言。民族语言和文字的使用在一定程度上保持了本民族传统文化的纯洁性和文化传承的单一性，但反过来说，也同时阻碍和迟滞了与其他民族文化交流的途径和传播。例如"武术"在各少数民族中的称谓有着很大的区别和叫法，苗族称武术为"舞吉保"；傣族总体称其为"整"，而西双版纳傣语称"芬整"，德宏傣语叫"嘎整、嘎拳"，景谷傣语则叫"令整、令拳"，而且各种拳术和器械的称谓也都是由本民族的语言音译过来的。由于各少数民族的语言和文字的不同，致使武术在一些民族地区没有统一的称谓和规范，传承的空间十分有限，这对各民族的武术文化的传播与交流是极为不利的，在社会上的影响力也打了折扣。

在历史发展的进程中，语言和文字起着传承历史文明和民族文化的纽带作用，是各民族交流的主要工具。正由于回族使用了与主流民族——汉族相同的语言和文字，才使得许多回族人民所独有的传统文化能与其他民族优秀的文化融合在一起，并得到良好的传承与发展。习武活动作为回族的一个主要风俗习惯，其大量的武术内容和运动形式逐渐地融合和纳入到我国传统武术范畴中来。例如回族人民喜练的查拳、弹腿、八极拳、华拳、洪拳、炮拳、心意六合拳等，均为回族独有的拳种，现在都已在全国

---

① 马明达. 朱元璋歧视色目人. 回族研究，2006，1：98.
② 马明达. 朱元璋歧视色目人. 回族研究，2006，1：98.

各地和各民族中间迅速传播开来，同时一些器械的形制、演练技巧、技击格斗方法和制造工艺也一并融入进来，诸如春秋大刀、杆子鞭、索来拐等。

二、回族武术文化的成因对我国其他少数民族武术传承与发展的启示

通过前文的论述可以发现一个特殊现象，即回族与其他民族相比有两大特殊性：其一，回族是我国人口分布最广的少数民族，几乎与汉族相当，而回族人口不及汉族的1%，在中国几乎所有的县级以上的行政区域都有回族分布，是除去汉族以外人口分布最广的民族。其二，回族是自民族形成开始就使用汉语言文字的少数民族。虽然回族先民也使用过阿拉伯语、波斯语和突厥语，但民族形成时即开始使用汉语。由于这两大特征的原因，使得回族文化的发展自始至终与主流民族保持一致。而其他一些少数民族居住的地区大多为边远山区，交通、经济和文化都极为不发达，语言文字使用的空间极为有限，这些因素都阻碍了与主流民族的交流。以壮族为例，壮族是除去汉族以外人口最多的少数民族，由于大部分壮族人口世居岭南各地并大量使用自己的语言，使得许多本民族的武术内容鲜为人知。正是由于受生态环境和社会历史文化环境等诸多因素的影响，致使各民族武术文化呈现出自己的流存轨迹，影响力相对较为薄弱。

我国是一个多民族的国家，少数民族的习武之风自古以来就十分盛行，每个民族都有自己独特的武术内容和传承方式，但由于自身的一些原因，使得许多少数民族武术的精华并未能让更多的人认识和了解它。而回族武术文化的社会成因也许可以在某种程度上对我国各民族武术文化的传承发展给予启发和帮助。

三、结语

回族武术是中华武术的一个重要组成部分，对中华武术的发展做出过巨大贡献。回族武术在发展过程中较好地适应了社会和各种生态环境的影响，从而得到了较好的保护和传承。随着时代的变迁，回族武术在社会上又扮演了不同的角色并不断得到改造和发展。它曾是御敌防身之术，也是

除暴安良之法。在当下,它在社会上的主要功能和形式是强身健体和愉悦身心,同时作为我国民族传统文化之一,它又担负起文化使者的任务,成为让世界人民认识中华民族体育文化的有效途径之一,这无疑是21世纪我国民族武术发展的新特点,也是武术对时代的一种新适应。曾有观点认为,对于非物质文化遗产,应让他们保持原样,认为这样才是对人类遗产的最好保护。而回族武术的多样传承和对社会的适应是对这种观点的有力反驳。这种传承与适应是一种文化的变迁,是对少数民族武术文化创新保护的一种方式,同时也为武术文化注入了新的活力。回族武术文化的社会成因并不是偶然形成的,民族文化不是一种完全封闭和孤立的文化,而是一个多元文化的综合体,它在本民族文化的基础上,将许多外来文化的因素转化吸纳为自己的成分,从而才能变得生机勃勃。(本文略有改动,原文刊载于《体育文化导刊》2006年第11期)

非物质文化遗产中的三类回族武术

在我国公布的两批"非物质文化遗产名录"里,"沧州回族武术"、"天津回族重刀武术"和"山东冠县查拳"榜上有名。"现在联合国对文化遗产有一条规定,那就是独一性。"① 也就是说一种文化遗产不可能既是这个国家的,又是那个国家的,可以同时或联合申报,但不允许不同的主体申报同样的文化遗产。而上述三项武术均与回族关联紧密,虽然同属一个族群范畴之内,但三者被同时纳入到非物质文化遗产的名录中,其间必然隐含着某种本质的区别。本文通过田野调查和比较分析,试图从"地缘关系"、"亲缘关系"和"族缘关系"的视角来研究非物质文化遗产名录中,三种不同类型回族武术的认同与差异。

一、同一类别中的三种回族武术

我国的非物质文化遗产共分为:民间文学、民间音乐、民间舞蹈、民间美术、传统戏剧、曲艺、杂技与竞技、传统手工技艺、传统医药和民俗十大类。② 其中把三种不同类型的回族武术一起划分到"杂技与竞技类"。但这种分类方式,从某种角度来说是强调了其共性——竞技性,而忽略了个体差异——文化性。回族武术受多元文化背景的影响,文化的差异和地域环境造就了其不同的遗存形态。一种文化的形成大多离不开这个民族所生存的历史背景、生态环境和宗教信仰的制约。三类回族武术同属一个族群范畴,又同时被列入非物质文化遗产名录中,是因为其在拳派体系、传承途径和演练形式上存在一定的差异性,而这种差异性或许正是其能列入非物质文化遗产名录的原因之一。

---

① 张英. 传统节日事关文化安全. 南方周末,2008. 2. 7.
② 根据中国首批非物质文化遗产名录整理而来。

（一）沧州回族武术

"沧州回族武术"应该说是一个武术体系，内容包括多个拳种和流派，其风格特点差异较大。河北沧州具有"武术之乡"的称谓，在当地的回族、汉族以及其他民族中，不论男女老少都十分喜爱打拳练武。不同的族群身份并不能阻碍沧州各民族对武术的认同，尤其是对于回族群众来说，更是一种心理认同方式的体现。在沧州民间，一旦问起那些习武的男女老少的民族成分时，都会得到一个肯定的答复。而在当地，不管是什么民族成分，都对武术有一种认同感，人们谈起武术，都略晓一二，甚至还能打上一套拳术，并以本地被冠以"武术之乡"而自豪。在与外地人的交谈中，沧州本地人总是骄傲地聊起沧州武术的门派、拳种以及关于武术的传说和逸闻趣事。经常会有这样一种有趣的现象，当问及一个习武之人的故乡时，如果这个人是河北人氏，别人总会说你是不是沧州人。因此，武术已作为"沧州人"的一个重要表征因素了。但沧州又是一个回族聚居地，武术除了作为沧州的地缘象征外，同时也是回族心理认同的标志。在以沧州为地缘象征的庞大武术体系中，许多拳种和流派是因众多的回族武术名家的原因而名扬天下的。例如河北沧州孟村镇的回族武术大师吴钟，雍正朝被誉为"北方八极拳术之初祖"，创出刚劲有力的八极拳。另外，由于一些拳种的功法特点、技击要领、演练形式虽各不相同，但各门派和拳种之间又有内在传承之缘，许多当地的回族武术名家都能兼擅所长多个拳种和流派的功法习练要领，并融会贯通其风格特点而形成一个大的武术体系，诸如其体系下的通背、劈挂、翻子、八极、苗刀、风磨棍、大枪等拳械内容。这些拳派在当地开展得十分广泛，为了便于归类和划分，人们从而将地域和族群融而为一，统称为"沧州回族武术"。

（二）天津回族重刀武术

"天津回族重刀武术"，其形式主要是以展演为主，通过表演来展示演武者的功力和技巧。从这种形式来看，回族重刀武术颇类似杂技中的技巧演练，没有固定的武术套路，只是当成一种体现演练者高深功力的形式被展演出来。由于所习练的重刀较为沉重，一般都在 80 斤以上，俗称"样刀"。而怎么拿、怎么舞、怎么提拉都有一定的模式，就好像举重运动员那样，将提、拉和下蹲等技术结合起来，利用生物力学的原理，在展现力量的同时还要体现演练者高超的技巧。这种形式在我国古代的武举考试和民间习武时都是一项必不可少的考校内容。现在天津回族重刀武术的掌门人是曹氏家族的曹仕杰，其父曹克明研创了一套以"方便连环铲"为特点的演练套路，名为"春秋八步"。该套路以铲、叉、撩、拨、盖及胸背舞花为主，既有传统大铲的动作，又融合了春秋大刀、枪、棍、棒等一些长兵器的技巧和内容，令人耳目一新。

这个家族多次代表天津参加各类传统武术的赛事，而其所展演的就是以此套路为基础，又融合了一些杂技中的演练技巧，充分展示了回族重刀武术的精华，并连续在全国民族运动会中获得金奖。[①] 之所以称其为天津的"回族重刀武术"，是因为这种形式的武术是以家族为纽带的传承模式。在中国的传统社会里，一旦涉及祖传的功法、技艺或秘方时，都有一个不成文的规矩，通常情况下是"传男不传女、传媳不传婿"，以防技艺流于外姓人家。而天津掌握这门技艺的曹氏家族，就是回族群体中一个典型的家族作坊模式。在选择传承人的条件中，首先是家族中的男子，从这一点来看，其实满足了两个条件，既是男子，又是回族，不但确保了祖传技艺在家族中的传承，还保证了族群关系的纯洁性。从这一点来看，天津回族的重刀武术更具有在族群心理认同上的特征。

（三）山东冠县查拳

"山东冠县查拳"从外在形式来看是一个独立的拳种流派。"山东冠县查拳"虽然在称谓上没有明确标明"回族"二字，但由于其为回族教门拳的一种，故而多在回族群众中习练和传承。由此自然被纳入到回族武术体系中来，并在民间达成契约和共识，一提起查拳通常认为是回族武术中的一个流派，实际上查拳已成为回族武术体系中一个具有"回族"隐喻特色的象征符号。由于冠县地处冀鲁交界，所以查拳在这些地区有着较为深厚的群众基础，在回族中开展得极为普遍。起源于冠县张尹庄的查拳，是流传全国及海外的一个影响较大的回族武术拳种，在当地开展得十分广泛，

---

① 戴雁军. 重刀铸就民族魂——访天津市回族重刀武术第四代传人曹仕杰. 回族文学，2007.1：45.

群众多以田间和场院为场地，在一年四季的农闲时节习拳练武。在20世纪80年代初，国家进行了一次全国性的武术挖掘整理工作。由于查拳是回族武术的主要拳种，所以以张文广先生为首的查拳挖掘小组，首先选定了查拳的发源地山东冠县为重点调研地区，发掘和整理了大量的回族武术资料。①

查拳不是单纯的套路组合，而是由基本功法、基础套路和根据个人功力高低来排序的十路查拳整合在一起的一整套训练体系。查拳的基本功，包括以腿法见长的"弹腿"、以"扑步穿掌"为主要动作的"滑抄"和以拳法为主的"捣锥"组成。弹腿是以腿法为主要内容的查拳基本功，按阿拉伯文字28个字母排列组成的28个基本动作组合，又叫二十八路弹腿。目前流行的是前十路，后十八路比较复杂。为了便于记忆，把它编成两套类似拳套的套路叫腿拳势，分为一趟腿拳势，二趟腿拳势，又称为"二路腿拳"②。其实"弹腿"、"滑抄"和"捣锥"都是查拳的基本功法，只有当这三种功力达到一定水平的时候，才能开始学习查拳的其他套路。阿拉伯文字的28个字母与弹腿结合起来，实际上就类似汉字的象形文字那样，每个字母根据排序或是外在表象来与弹腿配对，28个字母对应二十八路弹腿，从初级到高级，从简单到复杂，实际就是一种根据功力高低的排序，第一个字母表示的就是"头路弹腿"。所以查拳在演练形式上具有明显的伊斯兰文化的特点，不管是内行还是外行，只要是略微熟知伊斯兰文化的人都能通过其外在的拳式表现而认同查拳与回族的关系。

二、三类回族武术的认同差异

在非物质文化遗产中的三类回族武术，它们都有一个明显的标志，即"回族"是它们共同的符号。但在拳法内容、体系结构和传习上具有很大的区别，故而在认同层面上也存在很大的差异，这是一个具有相通而又不同的特殊内部结构。所以通常情况下研究者要关注彼此的相似性和差异性，然后对这些相似性和差异性做出解释，以便寻找出其中的原因。认同不仅是认的过程，同时也是一个被认的过程。

---

① 张文广. 我的武术生涯. 北京：北京体育大学出版社，2002. 223.
② 王杰、姜周存. 回族查拳武坛奇葩. 中国穆斯林，2008. 6：53.

（一）"地缘"认同中的沧州回族武术

沧州的回族武术名家众多，许多流派均为回族武术家所创，同时这些拳种流派也多在回族群体中传承习练。在这些人中，有些是某些重要武术流派和拳种的主要建构者；有些人则对武术的传播与交流产生了重要作用。由此而在人们头脑中形成一种潜意识，即在沧州习武的人多为回族。所以附着在武术上的就存在两种层面的认同，一提起沧州，人们自然就会联想起武术和回族。当对其他民族的人问及有关沧州的标志时，人们的第一反应是武术，然后才是回族；而如果问及的是回族时，他们首先反应的是回族，然后才是武术，前后顺序相反。沧州武术门派众多，有些拳术是以回族武术家而名晓天下，但传承过程中并非独在回族子弟中传习。但是，当人们说到沧州武术时，人们还是会以回族武术拳派为其代表，这样回族武术就成了地方文化的一个代表符号。

沧州的回族武术是以个人的影响力而成名的，可以说是"拳以人显、人以武名"的一种状况，并不是一个族群共同的认同，实际上是通过地缘认同而认同回族武术的。沧州回族武术的这种情形，与西北地区的回族武术流派相类似。我国西北地区的宁夏、甘肃、青海、陕西等地，自古以来就是回族和信奉伊斯兰教的少数民族聚居的地方。在历史上，这里的回族武术名家辈出，尤其是近现代的一些武术大家的出现，其对我国传统武术的影响并不亚于沧州地区的回族武术。例如马氏家族的代表人物马凤图、马英图兄弟二人（回族），追随西北军著名将领张之江一同建立和开创了对武术界来说具有划时代意义的中央国术馆，并培养出一大批影响后世的著名武术家，现今的武术泰斗张文广（回族）先生便是其中之一。后来马凤图先生辗转来到了西北，并在甘肃定居下来，悉心钻研武术，经过他数十年的传习推广，以"通背劲"为特征的劈挂、八极、翻子、戳脚等全套拳法以及大枪、风磨棍、苗刀、鞭子杆等器械套路，已广泛流行于西北诸省区，成为以后西北诸省区参加全国性武术活动的代表性拳种套路。比较有意思的是，张之江和马凤图二位都出生在沧州地区，而且都是自幼习武，可见沧州武术影响之深远。

(二)"亲缘"认同中的天津回族重刀武术

天津回族重刀武术,之所以在重刀之前加上"回族",是因为习练重刀这门传统技法,不独是曹氏回族一门独有之技,许多民间习武之人,在习武过程中都要熟练掌握的一门功法,以此来提高自身的力量和身体的协调性。重刀武术是从习武套路中选择出来的一种类似杂耍的把式表演形式。习耍重刀也是回族武术中人们经常习练的一个内容,其中在回族武术的长器械中就有"关公十八刀"。在中国古代的武举考试中,要样刀是一个考校举子们使用这种器械能力的必考内容,主要考察他们的力量以及使用长兵器的能力,以便于以后在战场上具备冲锋陷阵、斩杀敌人之功效。这种形式的内容,是融合了一些长兵器的功法演练特点,是集古代战场上所用的大刀、长枪、镋、槊等兵器的综合体,总归是脱离不开这些器械的演练规律的一种综合展示个人高超武艺的形式。

在武术界,掌握一门器械的使用方法,都十分强调"身械合一",这是判断一个习武之人功力高低的标尺。器械是人们身体之延长的部分,一旦熟练掌握后就会更有利于击打敌人,而不能成为累赘。天津不是回族聚居地,而重刀武术又不是回族所独有的功法习学内容,所以就突出了"回族"的称谓。在天津,重刀武术实际上已成为回族的外在表征。我们在观察一个表征时,有时候你会注意到,"同一种资源可能会被不同的族群在用,都在说所有权或占有权,都是一样的东西,反而变成是民族的了,或者说民族这个层面得到了更多的强调。"[①] 因为这个家族的民族成分是回族,才被定性为回族重刀武术,从归属感来说,是通过亲缘关系而认同回族重刀武术的。

(三)"族缘"认同中的山东冠县查拳

查拳与汤瓶七式拳和回回十八肘在回族武术界被称为"教门拳",而除去查拳以外,其他两种拳法均已难觅其踪了。查拳作为回族武术中一种具有标志性的门派而被人们所认同,其地位和表征意义自与沧州回族武术

---

① 王建民. 艺术人类学新论. 北京:民族出版社,2008. 234.

和天津回族重刀武术不同。沧州与天津的回族武术由于是地缘和亲缘的关系，并未达到整个族群的共同认同。而查拳则与此大相径庭，一提起查拳，人们自然认同它是回族的一个拳种流派，反而不用在名称上再添加回族"商标"了。所以，山东冠县查拳不用更名为"山东冠县回族查拳"，其含义是说查拳在山东冠县这个地方具有悠久的历史，流传较为广泛，而其他地方虽然也有习练查拳的，但影响力却不如冠县那么深远。

由于查拳具有浓厚的伊斯兰文化的烙印，通常都能从其身体外观来达到对查拳的认同。在查拳套路里有一些极具穆斯林文化的典型动作，例如"提壶"动作，现在称为"虚步提肘"。提壶动作是从穆斯林做礼拜时所用的汤瓶转化而来的。信奉伊斯兰教的信民在做礼拜前洗小净时都要用到汤瓶，汤瓶有大有小，但规制相同，壶把是竖型镶嵌在壶体一侧，另一侧的壶嘴高高翘起。提壶应该有两层含义，首先，从身体外观来看，就是抬右臂屈肘握拳似壶嘴，屈左臂握拳于腰间如壶把，头正身直，其外型就类似穆斯林洗小净时所用汤瓶的翻版；其次，从把握汤瓶的姿势上看，一般是拳眼斜朝上，是一个提举的用力状态，手中无壶，而心中有壶，右臂屈肘这种上提的姿态，实际就是查拳中的一个发力动作。类似以上动作在查拳套路中还有许多，经常会反复出现。但查拳的功法习练还是以技击为主要内容，并非完全由这些典型回族特点的动作组成，而是查拳的一些典型动作与其他拳种有所差异。

查拳的演练风格、特点、内容、节奏、外型、定式等都趋于相同，在查拳每个套路中的"起式"和"收式"，都有一定之规，其动作结构与回族的礼拜仪式是极为相似的。例如查拳的捋髯式，这个动作就是取材于男人们的习惯动作引申而来。一般情况下，信奉伊斯兰教的男人习惯留须并作为自己的外在表征，许多回族老人，都蓄着很长的胡须，由于生物性的遗传原因，多为连鬓络腮胡须。但也有一些独特的现象，据文献记载，在一些伊斯兰教派的面容修饰上是不留鬓须的，哲赫忍耶教派的穆斯林为了表示对始传者马明心的纪念，"不再留腮须而只留下巴胡。"[1] 每当他们练完一套拳术后，都有一个习惯性的捋髯动作，以表示一个套路的结束。另外这种双掌抹脸，捋髯的动作，也暗含了伊斯兰教的礼仪，回民礼拜结束时，都有这样一个动作，穆斯林称其为"都瓦式"，意为穆斯林面向真主，

---

[1] 王正伟. 回族民俗学概论. 银川：宁夏人民出版社，1994.81.

以示感谢真主的恩赐,查拳中这类动作往往是作为套路的结尾姿势出现的。但打拳习武不仅是男人们的惯习行为,现在的许多回族女子也十分热衷于此,但在查拳套路中却十分鲜见由女子转化而来的动作原形。这种现象的产生应该说是与信奉伊斯兰教的穆斯林的宇宙观而决定的,他们认为:"男人的双重角色是真主的仆人和女人的主人;女人最主要的责任是无条件服从相互强化的世俗与神圣父权制,把其视为传达安拉旨意的唯一通道。"① 在人类学界,女权主义者工作的对象是一个以差异性的和暴力的面目出现的他者。但往往这些被授权的、关于根本差异的虚构有可能成为实体性的,从而导致他们本想瓦解的压迫性社会形式的重现。②

身体特征决定了妇女的命运,限定她们的性别职责和合法社会圈子。她们的主要工作范围是家庭,只有出现极端情况,并且是为了家庭利益,妇女的活动范围才可以扩大到自家院门之外,进入危险的公共生活领域。不可避免的远行必须采取适当的预防措施,所以我们经常看到穆斯林妇女出行时要戴面纱,以此将性别隔离边界扩展至男性公共场所,以起保护妇女的功能。③ 但其背后的真正原因则是要避免男性因受诱惑而犯罪,仍然是把这种罪过附加在女性身上。社会性别是女性主义人类学一直关注的中心议题,强调文化在人的性别身份形成中的关键作用。在中国由于受传统文化的影响,女性是依附的,其地位是卑微的,整个人生都附属于家庭。④ 由于妇女很少出现在公共场合中,就会受到社会地位、角色、家庭等因素的制约,所以许多素材都是以男性动作为主的表征而体现的。从中也可看到一种等级和权利关系的隐喻,妇女在公共领域中的地位和阶序问题一直是人类学家所关注的。

可见,社会规范制约了妇女在公共场合的出现,回族人的习拳练武早期是要在清真寺中进行的,这种场合是不能有女人在场的。所以,在回族武术套路内容的形成过程中,除去技击成分的含义外,一般情况下,人们是将女子剔除在外的。如果说前两种回族武术是以当地的回族武术名家和

---

① 水镜君、玛利亚·雅绍克. 中国清真女寺史. 上海:生活·读书·新知三联书店, 2002.41.

② 詹姆斯·克利福德、乔治·E. 马库斯. 写文化——民族志的诗学与政治学. 高丙中等译, 北京:商务印书馆, 2006.310.

③ 水镜君、玛利亚·雅绍克. 中国清真女寺史. 上海:生活·读书·新知三联书店, 2002.41.

④ 丁宏. 文化——性别与回族社会. 西北民族研究, 2008.3:35.

家族方式来达到一种族群认同的话,那么,查拳可以说是隐含在其背后的一种族群的象征,其涵盖的范围从族群认同意义上显得更为广阔。

三、结语

其实各种不同类型的回族武术内容,其间都存在着彼此之间的相通性,既有相似性也有差异性。王建民先生在《艺术人类学新论》中,通过大量个案分析,详细阐释了族群认同与艺术的关系。他认为:"原本族群认同只是多种认同的一种,也许存在着对家庭、家族、辈分、性别、姓氏、区域、氏族、部落的多种认同,认同可能会指向山川、河流、地理坐落、行省、朝廷、帝国等多个目标,附着在某些文化特征之上,或者更确切地说时常用某种艺术形式加以表达。但是到这个时候,会发现它逐渐地被固定在民族这个层面上,或者说民族这个层面得到了更多的强调。"[①] 而所谓的"层面"应该是一种场景的再造,回族武术同样是建构在民族这个层面上来谈认同的。所以不同的场景通常涵盖的意义是有差别的,而这种差别正是我们所要探求的。武术是中华民族共同的财富,各民族对传统武术体系的构建和发展都有贡献,而回族武术尤为引人注目,武术实际已成为回族文化的重要组成部分和表征系统了。

(1) 沧州回族武术,是一个庞大的武术体系,并不隶属某一门派。而沧州又是回族聚集地,许多拳种都是以回族武术家而名晓天下,并非独在回族子弟中传习,受地域影响较大。为了便于归类和划分,故而非物质文化遗产将其命名为"沧州回族武术"。

(2) 天津回族重刀武术,是一种类似杂技形式的技巧演练。将许多武术器械演练的特点杂糅在一起,串联成套,以提高习武之人的功力为主要目的。因以家族作坊为传承纽带,而这个家族的民族成分是回族,从亲缘归属感来说,非物质文化遗产将其定性为"天津回族重刀武术"。

(3) 山东冠县查拳,是一个独立的门派拳种。查拳被称为回族的"教门拳",许多功法内容和演练形式,都具有浓厚的伊斯兰文化底蕴,通常都能从其外在身体表征来达到回族的认同。而查拳并非冠县独有,因冠县为查拳的发源地,查拳名家多出于此。因而,非物质文化遗产省略了"回

---

① 王建民. 艺术人类学新论. 北京:民族出版社,2008. 234.

族"二字，将其定名为"山东冠县查拳"。

（4）三种认同方式并不是作为一个"边界"来严格区分回族武术的相似性和差异性，而是在探讨一个认同的标准。这个标准往往是动态的，在时空转换中，标准也会发生改变，但这个时候，会发现它逐渐地被固定在民族这个层面上，或者说民族这个层面得到了更多的强调。

（5）非物质文化遗产的分类方式过多强调了共性，忽略了个体差异，将三种不同类型的回族武术共同划入"杂技与竞技类"，突出了它的竞技性，但却削弱了传统武术文化的多样性。

山东冠县查拳田野调查个案分析

20世纪80年代初，国家进行了一次全国性的武术挖掘整理工作。由于查拳是回族武术的主要拳种，所以以张文广先生为首的查拳挖掘小组，首先选定了查拳的发源地山东冠县为重点调研地区，发掘和整理了大量的回族武术资料，并邀请全国7位回族老拳师到北京进行查拳的整理工作，编纂出版了《中国查拳》等书籍，整理出了查拳十路、滑拳四路、洪拳四路、炮拳三路、腿拳二路等套路，还录制了24套回族主要武术内容。时隔20多年后，我们重回冠县县城所在地冠城镇进行田野调查。冠县地处山东西部，与河北邢台毗邻而居。据一些相关资料显示，现在冠城镇总人口约11万余人，少数民族8000余人，以回族居多。起源于冠县张尹庄的查拳，是流传全国及海外的一个影响较大的回族武术拳种，在当地开展得十分广泛，群众多以田间和场院为场地，在冬春农闲季节习拳练武。

此次调查对象为清真寺的阿訇及周边十岁以上的回族群众，共发放问卷231份，有效回收218份，有效率94%。其中男性占85.7%，女性占14.3%。职业以普通乡民占48.2%，公务员占20.5%，大、中、小学生占16.7%，事业单位人员占8.6%，其他职业人员占6.0%。文化程度主要偏向中等学历，高中占46.5%，初中和小学占45.7%，大学占7.8%。调查内容主要涉及人们对查拳内容的了解程度、习练原因、传承方式、开展活动的组织机构、对查拳现状的态度等几个方面。

表1　对查拳内容的了解程度

了解程度	10—20（岁）	21—40（岁）	40岁以上
完全不了解	65%	52%	0%
了解一些，限于听说	12%	33%	50%
略懂查拳套路	20%	12%	39%
精通查拳套路	3%	3%	11%

（注："精通"是指能熟练掌握具有代表性的查拳套路，如十路弹腿和十路查拳等内容）

通过表1可知人们对查拳的了解程度随着年龄的降低而逐步降低，而值得一提的是此次调查还仅限于在本民族中的访谈和调查,尤其是一些回族青少年,身在查拳发源地,却对本民族的传统武术知之甚少,这种现象是最危险的,它使查拳失去了发展的基础。

表2　查拳传承方式

传承方式	所占比例
家　传	6%
师从阿訇或拳师	94%

表2的样本是从略懂和精通查拳人员中选取的调查对象。从中得知,查拳的传承方式主要是人们通过清真寺的阿訇或拳师的口传心授以及自愿在清真寺里健身和休闲来获得查拳知识。一旦一定的环境改变,如阿訇或拳师的逝去和围寺而居的格局受到城镇规划的肢解,查拳的传承也将会慢慢地趋于消亡。由此可见,查拳的传承方式单一,且是口传心授,这种方式容易造成传承的中断,出现断层现象。查拳的传承和发展,从主体、形式到内涵,都离不开人。因此,从理论上讲,它是一种"活态"文化。正是由于这一"活态"性特征,其传承的生命线保护不当就会中断。

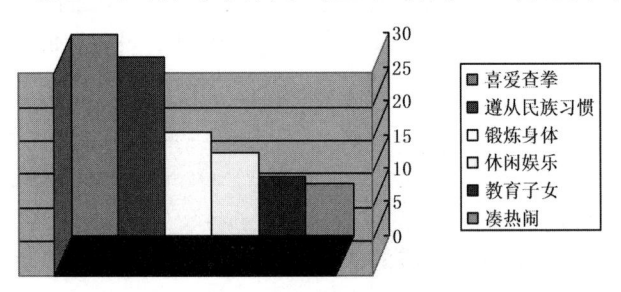

图1　习练查拳原因

从图1可以看出,冠城镇回族群众习练查拳原因按样本总体比例排序为:喜爱查拳占29.7%,遵从民族习惯占26.5%,锻炼身体占15.2%,休闲娱乐占12.4%,培养教育子女占8.6%,凑热闹占7.6%。表明他们练习查拳多因兴趣爱好,民族意识驱动,也为满足健身娱乐需要,其直接动机明显。

表3 开展查拳活动的组织机构

组织形式	所占比例
自发形式	68.6%
宗教部门组织	23.7%
体育部门	7.7%

从表3可知，查拳练习活动主要由乡邻自发占68.6%，宗教部门组织占23.7%，而体育部门甚少出面组织，仅占7.7%。从调查中可以看到，由乡邻自发组织活动的比例较大，反映出查拳等民族传统体育活动群众基础较深，群众对民族体育活动需求较强。而由宗教部门组织的比例次之，大多由当地的伊斯兰教协会和清真寺里的阿訇等当地德高望重者来进行组织。而由体育部门组织的比例最小，这一现象也隐透出部分地方职能部门未能着力组织当地的民族体育活动。

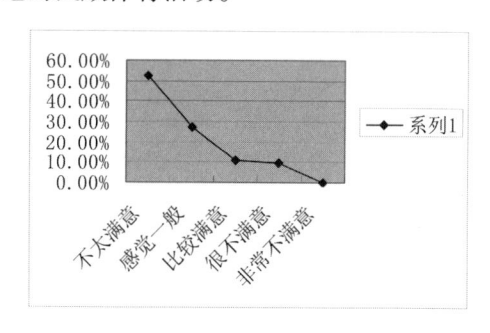

图2 民众对查拳开展现状的态度

从图2可知，人们对查拳现状的态度。不太满意的占52.3%，比例最大；其次是感到一般，占到27.4%；比较满意的占10.8%；很不满意的占9.5%；没有非常不满意的。这显示出否定性评价明显超过肯定性评价，中性评价超过强烈性评价而不及温和性评价。反映出查拳开展状况未能达到回族群众的期望值。民族体育活动的开展，尤其是作为当地群众主要参与的武术活动还不能满足他们的需求。

通过上述对查拳在冠城镇留存状态的个案分析可知，现实境况并不乐观。在此需要说明的是，对冠城镇查拳调查的重点并不是其在此地的师承关系，对流派体系也未做具体深入研究，而是通过普通回族民众的眼光和与查拳近距离接触中对查拳的认识和自身感受为出发点的。通过考察，我们发现这样一个现象，在地处查拳发源地的冠城镇，人们对其的总体感觉是陌生的，从事查拳练习的目的性很随意，不少年轻人不知道查拳，更不知道查拳发源于冠县。拳师们的担忧源于现在的人们对查拳的认知程度很低，在与当地群众的聊天过程中许多人都会说"我所认识的朋友没有一个练拳的，它好像离我们很遥远。"民众并没有意识到作为本民族的一种代表性文化正处于消失的边缘，这也是我们最不想看到的一种状态。我们知道，回族武术对我国传统武术体系的形成和发展曾起到至关重要的影响作用，其贡献相对于其他少数民族来说是不可同日而语的。

（以上数据得到李琳同学的大力帮助，在此表示感谢）

附 录 小 结

在本书正文以及附录一和附录二中，大多是关于回族武术和一些传统武术流派的研究和理论探讨。但在我国来说，并未将回族武术剥离于传统武术的范畴，恰恰是极大地丰富了我国传统武术体系的完善和建构。回族相对于汉族来说是"少数民族"，但针对于传统武术来说，却又并未过多地体现"族性"。之所以用"回族武术"来作为一个流派的划分标准，应该说是源于回族群众的尚武传统和民族精神，这跟其受文化背景和生存环境相关联，就类似少林、武当、太极拳等流派一样，是传统武术体系中一个极为重要的组成部分。

由于历史原因和地域环境的影响，北方的少数民族武术较重实用而轻套路，多适用于军事战争的需要而生存。同时，因为在宗教信仰上的相似性和统一性（北方民族大多信奉萨满教、伊斯兰教、藏传佛教等），往往是多个民族信奉同一宗教，这样就导致了武术内容和表现形式趋于相同。再有北方少数民族的生活环境往往是在大漠、草原等相对较为辽阔的地域，一望无际，没有明显的地域阻隔和形态的变化。所以，北方少数民族的武术内容相对于南方少数民族的武术内容往往更容易受到中原武术文化的影响。近年来，在我国兴起的"非物质文化遗产保护"工程中，许多以武术内容为代表的门派拳种纷纷提出申请。在已获得批准的前两批国家"非物质文化遗产名录"中，"少林武术"、"武当武术"、"回族重刀武术"、"沧州回族武术"、"山东冠县查拳"、"永年和焦作的杨氏、陈氏太极拳"、"邢台梅花拳"等榜上有名，而与少数民族相关联的只有三个回族武术流派。可以说，回族武术已经成为北方少数民族武术的主要表现形式了。

回族武术与其他少数民族武术不同，尤其是我国南方一带的少数民族的武术内容存在着根本上的差异。我国是个多民族的国家，少数民族的习武之风自古以来就十分盛行，每个民族都或多或少地保留有自己独特的武术内容和特殊的传承方式，但由于一些多方面的原因，使得许多少数民族武术的精华并未能让更多的人认识和了解它。通过查阅以往的研究资料和历史文献发现，人们对少数民族武术文化的研究却相对滞后无序，很少有人问津，只是在研究各民族传统文化的书籍中做一些简单介绍，大多是以本族文化的附属品出现，没有专门对武术的内容和留存形式做系统的研究和诠释，致使各民族武术内容呈现出自己的流存轨迹，影响力相对较弱。而回族武术文化的社会成因也许可以在某种程度上对我国各民族武术文化的传承发展给予启发和帮助。

生活在南方的众多少数民族中，其传统武术所遗留的形式都十分独特，背后蕴藏着颇深的文化内涵。它集宗教、民俗、生产、仪式于一体，是最佳了解和认识各民族日常生活和文化的途径。少数民族武术从内容上看，它是民族文化风俗的一部分，在宗教祭祀仪式中体现得尤为显著；从功能上看，它具有传承历史，展现民族风情，增进族群认同的作用；从形式上看，它是人们生计方式的现实反映；从特点上看，它又具有文体相融的文化艺韵和审美情趣。之所以称其为少数民族武术，就必然存在与世俗意义上的传统武术的区别。本研究并非单纯在"武术"前加上"少数民族"几个字眼，就认为树立起一个新的研究对象。应该说，少数民族武术与传统武术的区别就在于其具有鲜明的民族特色和文化表征功能。从内在元素的提取到外在形式的展演，信息传达的是这种符号所代指的少数民族武术文化是否鲜明、准确，而原始蕴含的实战格斗技能反而退为次要地位了。

在人类学界，经常会涉及族性与认同关系的话题探讨，也许人们可能在无意识中，让更多的文化被贴上了民族的"标签"，以便证明对该文化的占有并进而所独有。应该说，许多少数民族传统习俗的独特遗存形态只是多种认同的一种，是附着在某些文化特征之上的，但更多层面上还可能会存在文化资本和利益之间的博弈上。仪式场景的再造，已使得初民社会场域中巫蛊之术的神秘性大大降低了。由于一些仪式的过分展演化倾向愈发严重，从而让许多民族体育或民族舞蹈从中撷取的元素的能指过于"碎片"化，进而失去符号代指的准确性。例如在西南众多少数民族中流传的"爬刀山"，作为一项宗教仪式的活动内容，是一种"方术"，它不但与初民社会的巫术有关，同时也和道教、前道教有关，是西南一带多个少数民族共有的一个民俗现象，很难准确地把它定性或归属到哪一个族群中（但"傈僳族刀杆节"已经被列为第一批国家非物质文化遗产代表作名录之中)。如果一定要追根逐源的话，这种充满浓郁道家文化特色的宗教仪式，恰恰体现了中华民族"多元一体"的传统文化情怀。

在全书即将结束之时，我们不妨在此借鉴王建民先生在《艺术人类学新论》中所探讨的族群认同与艺术的关系的观点来阐释这种行为："原本族群认同只是多种认同的一种，也许存在着对家庭、家族、辈分、性别、姓氏、区域、氏族、部落的多种认同，认同可能会指向山川、河流、地理坐落、行省、朝廷、帝国等多个目标，附着在某些文化特征之上，或者更确切地说时常用某种艺术形式加以表达的。但是到这个时候，会发现它逐渐地被固定在民族这个层面上，或者说民族这个层面得到了更多的强调。"[1]

---

[1] 王建民．艺术人类学新论．北京：民族出版社，2008.12：234．

参考文献

一、中文文献

[1] 布尔迪厄. 实践理论纲要. 宋伟航译. 台北: 麦田, 城邦文化出版: 家庭传媒城邦分公司发行, 2009.

[2] 布尔迪厄. 实践感. 蒋梓骅译. 南京: 译林出版社, 2012.

[3] 弗雷德里克·巴特等. 人类学四大传统——英国、德国、法国、美国的人类学. 高丙中等译. 北京: 商务印书馆, 2008.

[4] 崔志强、张士闪. 梅花桩拳派文场武场习俗与传统文化精神. 山东体育学院学报, 1996.4.

[5] 常振芳遗著, 翟金生整理. 一、二、三路查拳. 北京: 人民体育出版社, 1985.

[6] 戴雁军. 重刀铸就民族魂——访天津市回族重刀武术第四代传人曹仕杰. 回族文学, 2007.1.

[7] 玛丽·道格拉斯. 洁净与危险. 黄剑波、柳博赟、卢忱译. 北京: 民族出版社, 2008.

[8] 丁宏. 文化——性别与回族社会. 西北民族研究, 2008.3.

[9] 范景鹏. "飞腿"沙亮在查拳传承中的作用. 体育学刊, 2009.2.

[10] 范中义. 戚继光评传. 南京: 南京大学出版社, 2004.

[11] 费孝通. 乡土中国. 北京: 北京出版集团公司北京出版社, 2011.

[12] 费孝通主编. 中华民族多元一体格局. 北京: 中央民族大学出版社, 1999.

[13] 冯斐尔. 贸易政治: 神话与谎言. 南方周末, 2010.3.25, 第16版.

[14] 克利福德·格尔茨. 文化的解释. 韩莉译. 南京: 译林出版

社，2008.

[15] 谷世权编著．中国体育史（下）．北京：北京体育学院出版社，1989．

[16] 顾颉刚著．何启君整理．中国史学入门．北京：北京出版集团公司北京出版社，2011．

[17] 国家统计局人口和社会科技统计司编．中国人口普查资料．北京：中国统计出版社，2002．

[18] 莫里斯·哈布瓦赫．论集体记忆．毕然、郭金华译．上海：上海人民出版社，2002．

[19] 寒川恒夫、付文生．日本武术的分类．上海体育学院学报，2007.5．

[20] 迈克尔·赫茨菲尔德．人类学——文化和社会领域中的理论实践．王建民、潘蛟主编，刘珩、石毅、李昌银译．北京：华夏出版社，2009．

[21] 胡鸿保．中国人类学史．北京：中国人民大学出版社，2006.167．

[22] 胡小明等．当代国外体育人类学——主要学说编译．国家体育总局体育社会科学、软科学研究项目，项目编号：604SS04004．

[23] 斯图尔特·霍尔．表征——文化表象与意指实践．徐亮、陆兴华译．北京：商务印书馆，2003．

[24] 保罗·康纳顿．社会如何记忆．那日碧力戈译．上海：上海人民出版社，2000．

[25] 詹姆斯·克利福德、乔治·E·马库斯编．写文化——民族志的诗学与政治学．高丙中等译．北京：商务印书馆，2006．

[26] 卢克·拉斯特．人类学的邀请．王媛、徐默译．北京：北京大学出版社，2008．

[27] 罗伯特·莱顿．艺术人类学．王建民主编，李东晔、王红译，桂林：广西师范大学出版社，2009．

[28] 大卫·勒布雷东．人类身体史和现代性．王圆圆译．上海：上海文艺出版社，2010．

[29] 李北达．中国武术理论与舞蹈实践．上海：上海音乐出版社，2004．

[30] 李刚. 道教的身体观初探. 天府新论, 2009.6.

[31] 李宏宇. 军刀、神社、天皇. 南方周末, 2007.8.23: 22.

[32] 李零. 中国方术正考. 北京: 中华书局, 2007.

[33] 李零. 中国方术续考. 北京: 中华书局, 2007.

[34] 李零. 兵以诈立——我读《孙子》. 北京: 中华书局, 2006.

[35] 李申主编. 中国古代宗教百讲. 北京: 中国广播电视出版社, 1993.

[36] 李陀. 关于七十年代的记忆. 读书, 2009.4.

[37] 李忠轩口述, 徐浩峰整理. 逝去的武林——1934年的求武纪事. 北京: 当代中国出版社, 2006.

[38] 梁永佳. 玛丽·道格拉斯所著"洁净与危险"和"象征自然"的天主教背景. 西北民族研究, 2007.4.

[39] 林伯源. 中国武术史. 北京: 北京体育大学出版社, 1994.

[40] 林耀华. 金翼. 上海: 生活·读书·新知三联书店, 1989.

[41] 刘汉杰. 把式房的乡村属性与入世态势——以沧州武术为个案. 西北民族研究, 2005.1.

[42] 刘汉杰. 沧州回族武术文化初探. 西北民族研究, 1997.1.

[43] 刘汉杰. 沧州回族武术文化的内聚与外衍——以八极拳的传承、传播为例. 回族研究, 2005.2.

[44] 刘鸿池. 传统查拳（中）. 北京: 人民体育出版社, 2006.

[45] 刘建. 拼贴的"舞蹈概论". 北京: 民族出版社, 2010.

[46] 刘建、张素琴、吴宏兰. 舞与神的身体对话（上）. 北京: 民族出版社, 2009.

[47] 刘建、张素琴、吴宏兰. 舞与神的身体对话（下）. 北京: 民族出版社, 2009.

[48] 罗征、林东河、左军山. 邢台武术源流. 石家庄: 河北人民出版社, 2007.

[49] 吕继光等. 武术竞技化过程中的观念变化. 体育学刊, 2002.3.

[50] 马广德. 略论回族的地域特点. 西北第二民族学院学报, 1995.4.

[51] 马建春. 回族武术概述. 西北民族学院学报, 2000.2.

[52] 马金宝. 回族武术. 回族文学, 2006.1.

[53] 马锦丹.中原回族武术.回族文学，2007.4.

[54] 马明达.试论"回族武术".回族研究，2001.3.

[55] 马明达.说剑丛稿增订本.北京：中华书局，2007.

[56] 马明达.朱元璋歧视色目人.回族研究，2006.1.

[57] 马永胜.弹腿讲义.太原.山西科学技术出版社，2011.1.

[58] 马正伟.回族民俗学概论.银川：宁夏人民出版社，1994.

[59] 马塞尔·莫斯.人类学社会学五讲.林宗锦译，梁永佳校.桂林：广西师范大学出版社，2008.

[60] 毛阳光.北朝至隋唐时期黄河流域的西域胡人.寻根，2006.2.

[61] 牛锐.保护语言多样性 构建和谐语言环境.中国民族报，2005.10.28.

[62] 瞿明安、和颖.身体部位的象征人类学研究.世界民族，2009.1.

[63] 全国政协文史资料研究委员会，山东省政协文史资料研究委员会编辑组.一代枭雄韩复榘.北京：中国文史出版社，1988.

[64] 宋兆麟.巫觋——人与鬼神之间.北京：学苑出版社2001.

[65] 水镜君、玛利亚·雅绍克.中国清真女寺史.上海：生活·读书·新知三联书店，2002.

[66] 布莱恩·特纳.身体与社会理论.谢明珊译.台北：台湾国立编译馆，2002.

[67] 维克多·特纳.象征之林——恩登布人仪式散论.赵玉燕、欧阳敏、徐洪峰译.北京：商务印书馆，2006.

[68] 维克多·特纳.仪式过程——结构与反结构.黄剑波、柳博赟译.北京：中国人民大学出版社，2006.

[69] 王宾、阿让·热·比松主编.狮在华夏——文化双向认识的策略问题.广州：中山大学出版社，1993.

[70] 王东杰.地方的，也是中国的.南方周末，2011.12.15：30.

[71] 王岗.中国武术发展需要"大武术"认同观.武术科学，2008.8.

[72] 王建民.艺术人类学新论.北京：民族出版社，2008.

[73] 王杰、姜周存.回族查拳 武坛奇葩.中国穆斯林，2008.6.

[74] 汪明安、陈永国.后身体：文化、权力和生命政治学.长春：吉林人民出版社，2004.

[75] 王明珂.华夏边缘——历史记忆与族群认同.北京：社会科学

出版社，2006.

[76] 王明珂．羌在汉藏之间——川西羌族的历史人类学研究．北京：中华书局，2008.

[77] 韦晓康、方征主编．民族传统体育教材．北京：民族出版社，2002.

[78] 翁乃群．官阶、辈分，师生、父子．读书，1998.1.

[79] 吴丕青．沧州回族武术．回族研究，1997.1.

[80] 吴图南．国术概论．北京：北京市中国书店，1984.

[81] 武术训练教材编写组．全国武术训练教材（上册）．北京：北京体育学出版社，1991.

[82] 夏建中．文化人类学理论学派——文化研究的历史．北京：中国人民大学出版社，1997.

[83] 肖学周．中国人的身体观念．兰州：敦煌文艺出版社，2008.

[84] 邢台市政协文史资料委员会编．历史的足迹．第九辑．石家庄：河北人民出版社，1993.

[85] 邢台市政协文史资料委员会编．历史的足迹．第四辑．石家庄：河北人民出版社，1989.

[86] 许烺光．家元：日本的真髓．于嘉云译．台北：南天书局有限公司，1990.

[87] 许烺光．宗族・种姓・俱乐部．薛刚译．北京：华夏出版社，1990.

[88] 叶舒宪．身体人类学随想．民族艺术，2002.2.

[89] 于志钧．中国传统武术史．北京：中国人民大学出版社，2006.

[90] 张本源、吴志清著，范克平整理．南京中央国术馆首期教授班讲义——四路查拳图解．中华武术，2004.9.

[91] 中国军事史编写组．中国历史军事装备．北京：解放军出版社，2007.

[92] 张光直．中国青铜时代．北京：生活・读书・新知三联书店出版社，1983.

[93] 章立明．文化人类学中的身体研究及中国经验探讨．世界民族，2010，5.

[94] 张尧均. 隐喻的身体——梅洛-庞蒂身体现象学研究. 杭州: 中国美术学院出版社, 2006.

[95] 张士闪. 从梅花桩拳派看义和拳运动中的民俗因素. 民俗研究, 1994. 4.

[96] 张一民. 当代宁夏体育. 银川: 宁夏人民出版社, 1989.

[97] 张文广. 我的武术生涯. 北京: 北京体育大学出版社, 2002.

[98] 张文广. 中国查拳. 济南: 山东教育出版社, 1998.

[99] 张文广等. 查拳源流初探. 北京体育学院学报, 1984. 7.

[100] 张延庆. 从瓦氏夫人抗倭看西南少数民族武术与中原武术的交流与融合. 体育文化导刊, 2004. 12.

[101] 张延庆. 中国舞狮的起源与文化演变. 体育文化导刊, 2003. 11.

[102] 张艳霞、徐保安. 近代山东体育. 济南: 山东友谊出版社, 2009.

[103] 张英. 传统节日事关文化安全. 南方周末, 2008. 2. 7.

[104] （明）郑若曾. 筹海图编. 李致忠点校. 北京: 中华书局, 2007.

[105] 周士菊. 南拳北腿山东查. 春秋, 2007. 1.

[106] 周纬. 中国兵器史. 北京: 中国友谊出版公司, 2010.

[107] 周伟良. 梅花拳拳理功法的历史寻绎. 体育文化导刊, 2002. 5.

[108] 周伟良. 师徒论——传统武术的一个文化现象诠释. 北京体育大学学报, 2004. 5.

[109] 周伟良. 一个不可忽视的学术领域——谈武术理论研究. 体育文化导刊, 2004, 5: 20.

[110] 朱自清. 经典常谈. 北京: 北京出版集团公司北京出版社, 2011.

二、外文文献

[1] Roberts, John M, Malcolm J. Arth, and Robwet R. Bush. Games in Culture. *American Anthropologist*, Vol. 61 (New Series), No. 4, 1959, pp. 597

-605.

[2] Mooney, James, The Cherokee Ball Play. In *American Anthropologist*, Vol. III. (Old Series), No. 2, 1890, pp. 105 - 132.

[3] Philip, Moore, Scouting an Anthropology of Sport, in *Anthropologica*, *Canadian Anthropology Society*, Vol. 46, No. 1, 2004.

后 记

由于本书是根据本人的研究生论文修改之后整理而来，所以在写作和修改过程中，每每会产生时空流转的幻觉，仿佛又回到当时的求学历程中，故而不得不在此感慨一番！真是时光荏苒，岁月如歌！转眼间在这种兼顾"教师"和"学生"双重角色身份不断转换的过程中，紧张、忙碌但又温馨充实的三年求学生活已经告一段落了。短暂的"学生"时光，让我重新体验了曾经远离自己多年的美好回忆，感慨颇多！

在本书即将完成之时，内心充满忐忑。忐忑不安是因为在写作过程中，限于自身学识的浅薄和对民族传统体育文化的理解，仍存在许多困惑和对理论知识的欠缺和不足，从而在涉及的学术领域和资料的引用上存有牵强附会之嫌。即使一些浅陋的观点，也可能会造成"一叶障目，不见森林"的误区出现。古语有云"大象无形、大音希声"，而本书内容却有"半瓶之醋"的嫌疑，故而通读下来汗颜之至，也使得内心备受煎熬，实在是不足为外人所道。但学海无涯，艺无止境，是骡子是马总是要拉出来遛一遛的。于是抱着这种私念，即使力有不逮，权且把它当成一个新的人生起点或是一种对自身的鞭策来对待，反而让自己内心饱受的纠结之情稍稍有所释怀。

本人的求学经历和该书的写作过程应该说是我人生的一个节点，既充满了求知探索的艰辛，也体验到经过努力之后保留在身体记忆中的苦与乐，收获后的幸福自在心知。可以说是这种"煎熬"的过程，无形中展现了个人成长的"心路历程"。由于早期即从事武术训练的原因，过多地将精力和时间放置到习拳练武的场域中来，读书学习并未形成一种习惯。在我的成长历程中，与体育相关的活动，可以说时时刻刻不离左右，体育似乎已经成为我的一种生活方式了，即使是刚来到中央民族大学的那段时间,大多只是从事一般性的体育教学工作,对民族传统体育文化的研究涉猎较少,生活过得"悠闲自在"。但在这所汇聚了众多研究民族文化的前辈先贤的中央民族大学,让我身体的各个"角落"无时无刻都能感受到这种文化气息的存在,并使我有机会接触到了一些人类学和民族学研究领域的专家教授,他们的思想和认知让我受益颇多。人生的阅历大多来自实践的认知,而读书和学习则是将这种来自实践的阅历上升到理论认知的一个最为有效的工具,人生的乐趣莫过于对一种所谓"常识"的理解。也许在开始只是一种兴趣使然,但随着认识的不断加深,这种兴趣在不知不觉中,慢慢潜移默化为心灵深处的一个精神支柱了,研究旨趣也从兴趣转化为一种责任和使命。

人类学家很早就意识到通过文化阐释来理解一个外在物象的惯习行为,并通过个案的分析,来提炼出事物的普遍性,再从人类学角度对其形成的社会过程加以考究和研析,以便走出个案的局限性。在这里就不得不提到引领我进入人类学领域的我的研究生导师,我国著名人类学教授王建民先生了。在一个很偶然的机遇中,我有幸成为先生的"入室"弟子。在随师学习的三年中,通过零距离的接触和耳濡目染,让我领略了何谓大家风范。先生渊博的学识,儒雅的谈吐,谦逊的品格和严谨的治学理念,都令我钦佩和艳羡,他的谆谆教诲和真知灼见让我终生受用不尽,并成为我一生追求的典范。同时,在这三年的学习过程中,还要感谢让我有机会聆听到授我以学识的潘蛟教授、张海洋教授、潘守永教授、张曦博士、兰林友教授等老师的课程,正是在他们渊博学识的引领和启发下,才坚定了我的学术探索之路。同时,还要感谢在该书的写作过程和讨论中提出宝贵建议的赵丙祥老师、黄剑波老师、张亚辉老师等各位学者专家,在此一致谨表谢意!

与此同时,除去感谢各位教授、专家和老师们的理论指导和帮助外,在这里还要郑重表示对我的授业恩师徐青山先生的深深敬意和怀念之情,如果先生在天有知,本书权当是弟子对先生厚爱的回报吧!另外,感谢在本书写作过程中给予我大力支持和帮助的原邢台市体委武术教练丹玉魁先生(本人曾随丹玉魁先生习武多年)。在我做田野调查过程中,丹玉魁先生不但赠送了大量的与书文相关的资料和素材,同时还言传身教,手把手地传授和讲解了许多传统武术的知识和见解,使我切身体会到传统武术的博大精深和蕴意之广,这些都是我一生受用不尽的宝贵财富。除此以外,还要真诚感谢徐青山先生的家人徐春生、徐建波，徐青山先生的弟子白金成、李建忠、王胜利以及与我儿时共同习武的伙伴高志强、吕学文、范长红等的无私帮助，正是由于他们的鼎力相助，才使得我在田野调查中获得了大量的原始资料和访谈素材。最后，仍然要感谢家人和我的同事们的支持与无私奉献，感谢中央民族大学体育学院的领导以及中央民族大学的相关部门的大力资助，正是源于来自各方面的支持，才为我本书的写作奠定了雄厚的基础保障，在此一并致谢！

张延庆
2013 年 9 月